Cornelia Marschall

Harmonie

für Körper, Geist und Seele

Bewährte Qigong-Übungen und philosophische Betrachtungen zur Lebenspflege

DRACHENHAUS VERLAG

IMPRESSUM

Titel: **HARMONIE FÜR KÖRPER, GEIST UND SEELE.**
Bewährte Qigong-Übungen und philosophische Betrachtungen zur Lebenspflege
Text: Cornelia Marschall
Lektorat: Nora Frisch
Redaktion: Nora Frisch
Covergestaltung: Julia Hofmann
Layout und Satz: Datagrafix GSP GmbH, Berlin
Kalligrafien: Wang Min

Bibliografische Information der Deutschen Nationalbibliothek: Die Deutsche Nationalbibliothek verzeichnet diese Publikation in der Deutschen Nationalbibliografie; detaillierte bibliografische Daten sind im Internet unter http://dnb.dnb.de abrufbar.

Gedruckt in Tschechien auf FSC-Papier.

FSC www.fsc.org MIX Papier aus verantwortungsvollen Quellen FSC® C084279

ISBN: 978-3-943314-86-1

Lieferbares Programm und weitere Informationen:
www.drachenhaus-verlag.com
www. facebook.com/drachenhaus
www.instagram.com/drachenhaus.verlag

INHALTSVERZEICHNIS

EINSTIMMUNG

HARMONIE FÜR KÖRPER, GEIST UND SEELE.
15 ESSAYS FÜR EIN SELBSTWIRKSAMES, HEITERES UND GESUNDES LEBEN. IM DIALOG MIT DER LEBENSKRAFT.
ERNTEZEIT, ESSENZEN UND VERBINDUNGEN.

> Ich gehe zu der Ecke meiner Bibliothek, wo die Chinesen stehen – eine schöne, eine friedliche, glückliche Ecke. In diesen uralten Büchern stehen so gute und oft so merkwürdig aktuelle Sachen.
>
> **Hermann Hesse**

In diesem Buch geht es um die Tradition chinesischen Denkens und um die Wirkung bewährter Übungen auf Körper, Geist und Seele. Ich werde darüber berichten, was ich in mehr als zwei Jahrzehnten des Lernens und Übens erfahren und verstanden habe.

Angefangen hat dieses Buchprojekt damit, dass ich mich an einem noch frischen Augustmorgen unten am Seeufer zur Qigong-Übung „Stehen wie eine Kiefer" aufgestellt habe und in den „Dialog mit meiner Lebenskraft" getreten bin. Lange schon beschäftigte und mühte ich mich mit dieser Haltung. An diesem Morgen nun war ich angekommen: stabiler Stand und innere Aufrichtung, entspannte, fließende Schultern, der Blick locker in die Ferne gerichtet. Ich war mit mir, dem Leben und meiner Umgebung im Einklang.

Auch an solchen Augenblicken, an diesen „turning moments", möchte ich Sie teilhaben lassen. Begleiten Sie mich durch 15 Essays, in denen ich drei wesentliche Aspekte meines Lebens miteinander verknüpft habe: die Liebe zu schöner Sprache und Poesie, die Entdeckung nützlicher psychologischer und philosophischer Leitgedanken sowie die Begegnung mit den Wurzeln und der Methodenvielfalt des Qigong.

Inzwischen habe ich die magische Alterszahl 66 erreicht und natürlich geht das Älterwerden mit einigen körperlichen Beschwerden einher. Zugleich erlebe ich zunehmend Freiheitsgrade in meinem Leben, die ich auf mehr Ruhe und Gelassenheit, aber auch auf eine strukturelle Veränderung im Denken und im philosophischen (Selbst-)Gespräch zurückführe. Der Geist obliegt heute nicht mehr dem Primat, sich auf immerzu dringliche und drängende Aufgaben fokussieren zu müssen. Es geht nicht mehr stetig um die Bewältigung von Krisen und den flüchtigen Zauber schneller Lösungen.

Vielmehr lösen sich die Gedanken heute leichter aus ihren Gefügen. Sie mäandern schon mal in kleinen Rinnsalen durch unbekanntes Terrain und münden zuweilen in Gewässer von beachtlicher Größe. Das Denken ist freier und assoziativer geworden, experimentier- freudiger und gehaltvoller. Das hat auch die Inhalte der hier vorliegenden Essays beeinflusst.

Ich erfreue mich nunmehr an einer Sammlung geistig-körperlicher und literarischer Schätze, an den Früchten meines Lebens. Und so kommen diese Texte einer Ernte gleich: die Essenzen der Schatzsammlung sind sorgfältig herausgearbeitet und fließen in die vorliegenden Essays ein. Dabei steht jedes Kapitel für sich. Auf diese Weise ist zugleich eine Verbindung zu den Übungsmethoden des mir vertrauten Lehrsystems Qigong Yangsheng entstanden: auch hier ist jede einzelne Form eine in sich vollständige Übung.

Im deutschsprachigen Raum widmet sich die Medizinische Gesellschaft für Qigong Yangsheng der Verbreitung und Weiterentwicklung des Lehrsystems des chinesischen Arztes und Qigong-Meisters Jiao Guorui (1923-1997). Über deren Lehrerinnen* habe ich einen tieferen Zugang zum Weg der Lebenspflege Yangsheng gefunden. Selbstkultivierung in diesem Sinne umfasst sämtliche Aspekte des Lebens.

Dabei kommt der Körper- und Atem-Praxis, durch die das Qi genährt und reguliert wird, im Yangsheng eine besondere Bedeutung zu. Das dynamische Wechselspiel von Yin und Yang

* Ich habe in den Texten abwechselnd die weibliche und männliche Form benutzt.

zeigt sich in den Qigong-Übungen sehr konkret. Die Selbstwahrnehmung wird feiner und es entwickelt sich ein leichterer Zugang zur Mitte. Auch psychotherapeutische Methoden fördern die Innenschau und können zur Heilung von seelischen Verletzungen und zur Stärkung des Selbstgefühls beitragen. Es gibt also inhaltliche Berührungspunkte: sowohl bei der Vertiefung der dem Qigong zugrunde liegenden Prinzipien als auch im psychotherapeutischen Kontext können wir lernen, individuelle Möglichkeiten besser wahrzunehmen. Dabei gilt es stets herauszufinden, was wir selbst zu einem gesunden und glücklichen Leben beitragen können.

Während des Studiums in der zweiten Hälfte des vorigen Jahrhunderts galt die Verbindung von Körper und Geist noch nicht als selbstverständlich – zu sehr wirkte in der Lehre das Paradigma von Descartes nach, in dem Leib und Seele als getrennte Einheiten galten. Entsprechend wohltuend war die Begegnung mit der biodynamischen Psychologie. Hier wird die Lebensenergie als jene Kraft gesehen, die uns bewegt und lebendig macht – auf der körperlichen und auf der emotional-geistigen Ebene.

Die Lebensenergie habe ich später bei den Übungen des Taijiquan und Qigong wieder entdeckt. Aus der chinesischen Geschichte der Heilkunde sind vielfältige Übungssysteme hervorgegangen, die heute unter dem Begriff „Qigong" zusammengefasst werden. Hier findet sich auch das Konzept des „Qi", der alles durchdringende Hauch des Lebens, die Lebenskraft.

Zu Beginn des Jahres 2020 war das Corona-Virus in Europa angekommen und setzte unserer Alltagsroutine ebenso wie dem gewohnten Weltenlauf erheblich zu. Zwei Jahre später überfiel die russische Armee die Ukraine und wiederum galt der Krisenmodus. Um inmitten der globalen Krisen in der Spur zu bleiben, lotete ich meine Möglichkeiten aus, der zunehmenden Fragmentierung im Innen wie im Außen eine eigene Textur entgegenzusetzen. Ich habe viel gelesen und geübt, geschrieben und geforscht. Einzelne Bausteine zueinander fügend, zeigte sich allmählich jener rote Faden, der den Blick auf mich selbst noch einmal neu justierte und der sich, inmitten all des Aufruhrs, als tröstlich und heilsam erwies.

Gedichte und Zitate, die mich besonders berührt und über die Jahre begleitet haben, ergänzen die Texte. Nicht alle Verbindungen und Zusammenhänge lassen sich ohne Brüche darstellen. Auch sind noch lange nicht alle Geschichten auserzählt: manches arbeitet noch in mir. Aber das kennen Sie ja auch.

In den Essays finden sich immer wieder Hinweise auf Übungen, die im körperlichen, geistig-seelischen und spirituellen Bereich wohltuende Veränderungen bewirken sowie zu einer aktiven und selbstwirksamen Lebensgestaltung führen können. Allerdings wird hier weder eine Anleitung zur Selbsthilfe noch ein Lehrtext zum Erlernen fernöstlicher Bewegungsmethoden vorgelegt. Vielmehr haben sich die Inhalte über die Zeit hinweg konkretisiert und verfeinert und in dieser Verdichtung findet sich jene Essenz, aus der Sie als Leser und Leserin wiederum Ihre eigenen Ideen und Inspirationen erwachsen lassen können. So wie ich mich beim Nachdenken und Schreiben immer wieder aufs Neue mit mir selbst verständigt habe, möchte ich Sie in ähnlicher Weise zur wohlwollenden Selbstbetrachtung und Selbsterkundung ermutigen.

Betrachten Sie es als einen ersten Schritt, wenn Sie beim Lesen der Essays für sich persönlich eine Annäherung an die nicht dinghafte Ordnung und Harmonie zwischen Himmel und Erde erleben. Die vor Ihnen liegende Reise wird kein Ende haben. Aber sie darf immer wieder von vorne beginnen.

Cornelia Marschall

氣

Die Lebensessenz
qi

ESSAY 1

LEBENSPFLEGE MIT SCHÖNEN TEXTEN UND INNERER RUHE. STEHEN WIE EIN BAUM UND SITZEN IN STILLE. WEISE WIE DAS WASSER. LAOZI UND DAS DAODEJING. IM TEMPEL DER BLAU-GRÜNEN ZIEGEN.

> Wenn es dir und mir gut geht, schreiben wir uns Gedichte zur gegenseitigen Erbauung; wenn in Nöten, schreiben wir zur gegenseitigen Ermutigung; wenn einsam, trösten wir uns gegenseitig, und wenn wir zusammen sind, schreiben wir zum gegenseitigen Vergnügen.
>
> **Bai Juyi an seinen Freund Yuan Zhen**(1)

Der erste Schritt gibt das Signal zum Aufbruch: mitten in die Fülle des Lebens, in das Wechselspiel von Aktivsein und Innehalten, von Erleben und Nachdenken, hinein in das köstliche Aroma vollreifer Tomaten im Sommer und in die üppige Sanddorntorte auf der Nordseeinsel im Winter. Ganz besonders mag ich jene Zeiten, in denen es mir gelingt, heiter und gelassen durch das Leben zu gehen und mich inmitten der Welt geborgen zu fühlen.

Im Sommer 2021 schien zunächst der Alltag zurück und wir saßen gut gelaunt im Café und plauderten mit dem Kellner, der geblieben ist. Abgesagte und verschobene Besuche oder Feierlichkeiten, Einkäufe und Reisen wollten nachgeholt werden. Freilich war auch die Erwartung groß, dass es eine Art Katharsis geben und sich so manches durch die kollektive

Schreckerfahrung zum Besseren hin wandeln würde. Wie vage sie auch sein mag: es ist doch die Hoffnung, welche uns durch schwierige Zeiten trägt.

Zugleich war das tägliche Miteinander merklich rauer geworden und so fühlte es sich an manchen Tagen besser an, die Türen zu schließen und im Haus zu bleiben. Man musste nicht alles von dem mitbekommen, was draußen vor sich ging. Wenn man die Welt für eine Weile ausschließen und für sich sein kann, kommt die Ruhe zurück und auch die Gedanken ordnen sich wieder. „Geh ich zeitig in die Leere, komm ich aus der Leere voll. Wenn ich mit dem Nichts verkehre, weiß ich wieder, was ich soll", hat Bertold Brecht in den Buckower Elegien geschrieben.

> Wir blieben zu Hause, um zu schreiben, um unser ausgestrecktes Ich zu festigen.
>
> *Sylvia Plath*

Wenn wir dabei sind, aus dem Gleichgewicht zu geraten, kann es hilfreich sein, zu lesen, zu schreiben und nachzudenken. Sorgfalt und Umsicht in der Wortwahl sind uns dann gute Wegweiser. Indem die Wörter ausgesprochen und in den Raum hineingegeben werden, entfalten sie ihre Wirkung. Sie reichern die Sphäre mit Tönen und Stimmungen an, sie füllen die Plätze mit Geschichten und mit Leben.

Die Textrezitation gehört bis heute zur täglichen daoistischen und buddhistischen Praxis. Eine gute Sprache gilt im Sinne der Lebenspflege als Bestandteil der Qi-Kultivierung und die Beschäftigung mit Wörtern und Texten kann eine schützende Funktion haben. Die Journalistin und Yogalehrerin Sarah Elsing spricht von einem Akt des „Sich-Klarmachens", der mit dem Schreiben verbunden ist. Etwas in Worte zu fassen, bedeute auch, es physisch aufs Papier zu bringen, in eine Realität.[(2)]

Es ist ein besonderer Moment, wenn inmitten der Wandlungen von Form und Ausdruck die ersten Konturen auftauchen und leise Botschaften erkennbar werden. Auf diese Weise ist es mir stets aufs Neue gelungen, inmitten allen Trubels zu einer inneren Stabilität zurückzufinden.

Wenn alltägliche Bewegungen wieder ihre Fließrichtung finden, gleichen sie harmonischen Qigong-Übungen, die sich sanft einbetten in das, was gerade ist.

Im Übungsmodus stellt sich eine allgemeine körperliche und geistige Entspannung ein und die Selbstwahrnehmung wird feiner. Nun gehöre ich auch zu jenen Menschen, die diverse Belastungen vorzugsweise im Bereich von Nacken und Schultern festhalten. Wenn sich dann noch die Handgelenke verkrampfen und der untere Rücken schmerzt, kann das ein guter Augenblick für eine der Basishaltungen aus dem Qigong und Taiji sein: das aufrechte und natürliche Stehen.

Im Lehrsystem von Jiao Guorui gilt das „Stehen wie eine Kiefer" als Basisübung. Eine dynamische Aufrichtung nach oben verbindet sich in dieser Übung mit einem Loslassen und Entspannen nach unten. So können zwei gegensätzliche Kräfte eine aufrechte Körperhaltung bewirken. Das Verhältnis von Anspannung und Entspannung „geht mit einem lebendigen Wechsel und immer wieder einer neuen Angleichung einher".[3]

Kleine Regulierungen in der Körperhaltung tragen dazu bei, dass sich die Übung auch bei längerem Stehen angenehm anfühlt. Aus dieser Ruhehaltung heraus lassen sich alle anderen Übungen entfalten. Zunächst kann man „sich einfach hinstellen und achtet auf Entspannung und Natürlichkeit, innere Ruhe und untere Stabilität. Danach sucht man nach einer immer mehr ausgewogenen Haltung. Nun wendet man den Blick nach innen, bewahrt die Aufmerksamkeit im Zentrum und beobachtet, wie sich die Haltungen auf die Lebenskraft auswirken".[3]

Der Wert des „einfach nur Stehens" eröffnet sich meist nicht gleich zu Beginn der Übungspraxis. Die Anforderungen erscheinen leicht. Aber ich erinnere mich noch gut daran, wie ich mich mit dieser scheinbar einfachen Körperhaltung in den ersten Jahren schwergetan habe: ich empfand sie unbequem und anstrengend. Von Kopf bis Fuß angespannt, ergab das Stehen zunächst wenig Sinn.

Manchmal habe ich mich gar gelangweilt oder der Geist ist während der Übung geschäftig um die halbe Welt gewandert, nachdem er zuvor gründlich die anderen Teilnehmerinnen studiert hat. Es ist schon erstaunlich, was einem in solchen Situationen durch den Kopf gehen kann und wie das unablässige Störfeuer von Gedanken ein unmittelbares Erleben im gegenwärtigen Augenblick zu verhindern weiß. Irgendwann habe ich damit begonnen, die Natur des

Geistes zu erforschen. Tatsächlich passt das Nachdenken über die Welt der Gedanken gut mit der Übung „Stehen wie eine Kiefer" zusammen.

> Ich schreibe, um herauszufinden, was ich denke.
> *Susan Sontag*

Das Erlernen von Neuem geht oft mit besonderem Bemühen einher. In der Qigong-Praxis lässt sich mit Anstrengung jedoch eher weniger erreichen: ein allzu eifriger Einsatz wird vielleicht sogar verhindern, dass sich ein Gespür für die wohltuenden, natürlichen und sinnvollen Aspekte entwickeln kann. Es gilt, sich in den Bewegungen einzurichten und dahin zu kommen, dass sie „nach längerer Übungspraxis mehr Kraft geben als rauben, dass sich Übungszustände einstellen können, bei denen man das Gefühl hat, „ewig" stehen zu können und dass sich alle Körperteile angenehm und leicht anfühlen."[(3)]

„Wie lange stehst du?" ist eine Frage, die manchmal in den Kursen auftaucht. Dabei gilt es doch, eher nichts zu erreichen. Vielmehr geht es um die Erfahrung von körperlicher und seelischer Entlastung, um die Entwicklung von Zuversicht – besonders in die eigenen Fähigkeiten. Bei allen Formen gehört die Beschäftigung mit den Details der Übungsanleitung zum ernsthaften Lernen dazu. Gleichzeitig sollte man diese auch wieder nicht zu sehr beachten. Bei der Übung „Stehen wie ein Baum" pflegte eine unserer Lehrerinnen stets zu sagen, wir sollten nicht die Nadeln am Baum zählen.

Über den Weg beständiger Übungspraxis lassen sich manchmal auch ältere körperliche und seelische Spannungsmuster lösen. Die fünf Wandlungsphasen* sind das Kernstück der traditionellen chinesischen Medizin (TCM) und hier wird dem Element Wasser zugeschrieben, dass es

---

* Die fünf Wandlungsphasen beschreiben alles, was im Universum existiert, und stellen es in eine höhere Ordnung, deren Ausgangspunkt das Dao ist. Nach diesem Konzept wurde das Qi in fünf Aspekte ausdifferenziert, die sich auf kosmischer Ebene in den Wandlungsphasen oder Elementen Wasser, Holz, Feuer, Erde und Metall beschreiben lassen. Da die einzelnen Energiephasen nicht statisch sind, sondern ineinander überfließen, sprechen die Chinesen von Wandlungsphasen.[(4)]

auflösend auf Strukturen wirkt: „Das Weiche besiegt das Harte," lesen wir im „Daodeijing", einer der ältesten daoistischen Textsammlungen. Wasser findet stets seinen Weg. Es ist nachgiebig und mächtig zugleich.

Die Nachgiebigkeit ermöglicht dem Wasser-Element, über so manches Hindernis hinweg zu kommen. Ist es doch charakteristisch für das Wasser, dass es Hürden auf seine ganz eigene Weise überwindet. Zunächst passt es sich an, fließt um das Hindernis herum oder darüber hinweg. Das Element Wasser lässt sich nicht aufhalten. Ein Fluss sucht sich stets den kürzesten und einfachsten Weg und bleibt zugleich immer in seiner Fließrichtung. Beim Üben können sowohl Analogien aus der Natur als auch das Üben im Freien, auf einer grünen Wiese, an einem ruhigen See oder an einem fließenden Gewässer zu mehr Geschmeidigkeit und Elastizität in den Bewegungsabläufen führen. Wasser spielt immer dann eine Rolle, wenn es um feine, durchdringende Kräfte geht.

Welch schöne Vorstellung, dass auch wir Menschen weise wie das Wasser sein können – etwa indem wir uns nicht durch äußere oder innere Störungen und Blockaden vom Weg abbringen lassen. Folgt man dem Geist der traditionellen asiatischen Gesundheits- und Kampfkunstpraxis, kostet es zu viel Kraft, all jene Hindernisse, die sich uns in den Weg stellen, bekämpfen zu wollen.

Zuweilen kann es besser sein, abzuwarten und die Ereignisse zu beobachten, um sich dann bei Bedarf umzuorientieren, vielleicht nach anderen Wegen zu suchen und schließlich wieder in den ganz eigenen Fluss zu gelangen. Ebenso werden wir beim Erlernen von Qigong und Taijiquan dazu angeleitet, die Bewegungen entspannt, harmonisch und möglichst geschmeidig auszuführen. Das kann in ähnlicher Weise für das Handeln im Alltag hilfreich sein. Auch hier ist stets Beweglichkeit gefragt: geht es doch im Leben darum, sich immer wieder neu einzurichten.

Die Zeit der Tang-Dynastie (618-907) gilt als eine Blütezeit der Weisheitsreligionen Daoismus und Buddhismus sowie der Lyrik. Auch Qigong-Methoden wurden in lyrischer Form beschrieben: sprachlich und inhaltlich verdichtet. Die Dichter jener Zeit haben selbst Qigong geübt – so auch der kritische Bai Juyi, der mit seinen Texten die Übel seiner Zeit anprangerte. Er hat besonderen Wert daraufgelegt, dass seine Gedichte einfach, schlicht und klar sein sollten.

Deshalb hat der Dichter mit dem Beinamen „der fröhliche Tag" seine Gedichte stets einer Marktfrau vorgelesen und wenn diese seine Schreibergebnisse nicht positiv bewertete, soll er sie zerrissen haben. Vor allem in seinen späteren Gedichten hat er sich mit den Übungen zur Pflege des Lebens beschäftigt. Wenn er schreibt „Ich sitze! Der Sonne vertrauend", dann dürfen wir lesen: „Ich übe und bin zuversichtlich und vertraue auf die Natur".

Sitzen in Stille („Jingzuo") oder auch das Sitzen in Vergessenheit („Zuowang") sind grundlegende Übungsmethoden, bei denen es um eine ausgewogene Haltung und das innere Eintreten in die Ruhe geht. Mit zunehmender Übungspraxis können wir auf diese Weise allmählich die Kraft der Vergegenwärtigung erfahren.

Sitzen in Stille
Ich sitze! Der Sonne vertrauend, die Augen geschlossen!
Die Haut umspielt von milder, harmonischer Luft.
Ich fühl mich, als ob ich gereiften Wein genossen.
Als ob mich betört edler Gewürze Duft.

Alle Knochen schienen geschmolzen, die Glieder entspannt;
alles Denken vergessen, keine Erinnerung mehr.
Selbst grenzenlos fern, der Ort, an dem ich mich gerade befand,
und mein Geist war frei, wie das Universum, und leer.

Bai Juyi[5]

Wie bei den Ruhehaltungen im Stehen besteht auch hier die Übung darin, den Geist zu entspannen und sich nicht in der Vielfalt von aufsteigenden Grübeleien und Stimmungen zu verlieren. Diesen Erscheinungen sollte man möglichst wenig Bedeutung beimessen und psychologische Interpretationen möglichst ins Leere laufen lassen. Vielmehr gilt es, auftretende Gedanken ruhig weiterziehen zu lassen. Nun ist das leicht dahin geschrieben, aber wie erreichen wir das? Ich selbst bin mit meiner Neigung, Erlebtem gedanklich noch lange nachzuhängen oder auch mit meiner Vorliebe fürs unablässige Pläneschmieden, an so mancher „stillen" Übungseinheit gescheitert.

Glücklicherweise ist Verlass darauf, dass es durch die Praxis einen Übungseffekt gibt: wir können lernen, zunehmend weniger von unseren Gedanken in Anspruch genommen zu werden. Und wir dürfen Geduld mit uns haben. Zwar gilt es, sich auf die Übung und das Ziel, das wir damit verbinden, zu konzentrieren. Aber es bringt uns nicht schneller ans Ziel, wenn wir allzu angestrengt nach einem Erfolg streben. Es ist wie mit dem Gras, das nicht schneller wachsen wird, wenn daran gezogen wird. Vielmehr gilt es, dem Gras genau jene Zeit zu lassen, die es zum Wachsen braucht.

Entspannung hat für den Qigong-Meister Kenneth Cohen „mit bewusster Mühelosigkeit zu tun." – „Wir müssen uns," so Cohen, „dessen bewusst sein, was wir tun, und dabei unsere Sorgen und Gedanken hinter uns lassen. Die Chinesen betonen immer wieder: Wenn man sich entspannen will, muss man ruhig sein. Wir müssen die Entspannung als einen Vorgang betrachten, bei dem wir uns von tieferer Einsicht leiten lassen und bei dem es nicht darum geht, uns mühevoll eine neue Fähigkeit anzueignen."[(6)]

Im alten China umfasste die Lebenspflege eine Vielzahl von Verhaltensweisen und Techniken: die Aufnahme der Lebenskraft Qi, Atemübungen, Ernährungslehre und Arzneimitteleinnahme, körperliche und meditative Praktiken gehörten ebenso dazu wie allgemeine Regeln für den Umgang mit den Künsten und der Natur. Auch galt es, in der täglichen Übungspraxis einen angemessenen Umgang mit Sprache, mit Stimme und Mimik zu finden. In Verbindung mit Sprache lässt sich in deren Schönheit und Ästhetik das Heilsame erfahren.

Einzelne Elemente des Daoismus klangen hier im Text bereits an. Die daoistische Philosophie gehört zusammen mit dem Konfuzianismus und Buddhismus zu den drei großen Lehren Chinas. Oft sind sie eng miteinander verwoben. Der Daoismus bildet das Reich der Mitte wohl am authentischsten ab und wird zuweilen als die Seele Chinas beschrieben. Als Volksreligion hat der Daoismus zudem großen Einfluss auf die Alltagsgestaltung des Volkes gehabt.

Im daoistischen Weltverständnis steht am Anfang aller Dinge das Dao. Es ist das immerwährende Schöpfungsprinzip, der Lauf der Dinge, das umfassende Lebens- und Naturgesetz. Das

Dao ist das Undifferenzierte und lässt sich nicht in einer uns geläufigen Weise definieren. Das Dao lässt sich nicht begrenzen, ist nichts Statisches. Es ist ein Fließen, wie das Wasser, und kann mit Worten nicht erfasst werden.

„Nach traditioneller Anschauung", so die Sinologin Martina Darga, „bezeichnet Dao das unaussprechliche Absolute, die höchste Wirklichkeit und Wahrheit. In seiner ursprünglichen Wortbedeutung meint „Dao" allerdings „Weg." – „Die Daoisten streben seit jeher die Rückkehr zum Dao, die Einheit mit dem Dao an und bezeichnen diese als Unsterblichkeit."[7]

Was kann dabei herauskommen, wenn ein chinesischer Meister gefragt wird, was das Dao ist? Er antwortet, so will es die Legende, knapp und bündig: „Geh weiter!" Wenn wir weiter auf unserem Weg gehen und nichts festhalten und nichts erzwingen wollen, dann können wir im Sinne des Dao leben. Der Theologe und Sinologe Richard Wilhelm (1873-1930) hat zahlreiche daoistische Klassiker übertragen und kommentiert. Er übersetzt Dao mit „Sinn".

> Ohne aus der Tür zu gehen,
> kennt man die Welt.
> Ohne aus dem Fenster zu schauen,
> sieht man den SINN des Himmels.
> *Laozi (Daodejing)*

Die Grundlage traditioneller chinesischer Welterklärungsmodelle besteht darin, dass alles im Universum miteinander in Beziehung steht und einem ständigen Wandel unterliegt. Aus der Ureinheit Dao sind mit zunehmender Differenzierung das Universum, die „zehntausend Dinge" entstanden, also alles, was die Welt und den Kosmos ausmacht. Die Ordnung im Rahmen dieser Ausdifferenzierung wird durch die Prinzipien von Yin und Yang sowie die fünf Wandlungsphasen gewährleistet. Alles im Universum wird von der Lebensenergie Qi durchströmt und befindet sich in Wandlung.[8]

Lassen Sie uns einen Augenblick innehalten. In der daoistischen Tradition wird die Rückkehr zum Dao als die höchstmögliche Kultivierungsstufe des Menschen angesehen. Dabei verwundert es kaum, dass es „so schwierig ist, die Rückkehr zum Ursprung zu verwirklichen, dass viele daoistische Adepten in China ganz zufrieden damit waren, niedrigere Ziele anzustreben, von denen jeder hoffen konnte, sie durch sorgfältiges Kultivieren des Weges zu erreichen." Zu diesen Zielen gehört die „Erlangung einer zunehmend vertieften intuitiven Wahrnehmung des wahren Wesens der Wirklichkeit." Auf diese Weise wird größere Weisheit und Lebensfreude erreicht und der Sinn des Lebens besser verstanden.(9)

Die Grundprinzipien der daoistischen Lebenspflege können für die heutige Lebensgestaltung einiges an Inspiration bereithalten. So lassen sich Forschungsarbeiten der Universität Sichuan zu acht Leitgedanken zusammenfassen. „Den Menschen und das Leben wertzuschätzen" und das „Prinzip der Einheit von Himmel und Mensch" sind die ersten beiden Grundsätze. Himmel und Mensch sind keine Gegensätze und der Mensch soll in Harmonie mit seiner Umwelt leben. „Handelt der Mensch im Einklang mit dem Weg des Himmels, dann gibt es Leben. Handelt er ihm zuwider, dann geschieht Unglück." In diesem Sinne können sich Mensch und Umwelt aufeinander abstimmen.(10)

Der Verbindung von Himmel, Erde und Mensch kommt man in der ersten Brokatübung „Halte das Universum mit beiden Händen und reguliere die drei Erwärmer" besonders nahe. Mit den Füssen stabil auf der Erde stehend, werden Arme und Hände über den Kopf nach oben bewegt. Auf diese Weise füllen wir den Raum zwischen Himmel und Erde aus und sind mit beiden verbunden.

Der dritte Leitgedanke beinhaltet die gemeinsame Existenz von Körper und Geist. Der Glaube daran, dass „mein Leben in meinen Händen liegt und dass durch kontinuierliche Kultivierung Unsterblichkeit erreicht werden kann", ist Inhalt des vierten Prinzips: „Um zu verhindern, dass der Körper erschöpft ist und der Geist sich zerstreut und dass das Qi ausgelaugt ist, brachte der Daoismus eine Reihe von Übungen zur Lebenspflege hervor." So findet sich im fünften Leitgedanken die ganze Vielfalt an Lebenspflege-Methoden – auch um Einseitigkeit zu vermeiden.

Das sechste „Prinzip der Beharrlichkeit" betont die Notwendigkeit, sich beharrlich der beständigen Selbstkultivierung zu widmen.[10]

„Außer sich selbst zu kultivieren, sollte man sich auch in der Gesellschaft vorbildlich verhalten" – dem widmet sich das siebte „Prinzip der Kultivierung des Inneren und richtigen Verhaltens nach außen hin". Es gilt als „Gründungszweck des Daoismus, der Welt zu helfen und die Menschen zu erretten; so ergeben sich ganz selbstverständlich spezielle Anforderungen an das Benehmen der Daoisten" [...]* Zwischen Daoismus und traditioneller chinesischer Medizin gibt es eine enge Verbindung: so geht im achten Leitgedanken um die Verbreitung des Daoismus mithilfe der Medizin: „Die Methode, die Lehre mithilfe der Medizin zu verbreiten, entsprach genau den psychologischen Bedürfnissen und Lebensbedingungen des einfachen Volkes und war deshalb äußerst wirksam."[10]

Zahlreich sind die Geschichten und Legenden, mit denen daoistische Lebensprinzipien und die damit verbundene, zuweilen bizarr und provokant wirkende Leichtigkeit und Unkonventionalität erzählt werden. Li Ling (ca. 221-300) war einer der sieben Waisen vom Bambushain.** „Er liebte es, nachdem er dem Wein zugesprochen hatte, in seinem Haus völlig nackt herumzulaufen und pflegte auch in diesem Aufzug Besucher zu empfangen. Als diese ihn darum kritisierten, rief er ihnen einmal zu: Himmel und Erde sind mein Haus; die Zimmer meines Hauses sind meine Kleidung. Was also habt ihr in meinen Hosen zu suchen?"[11]

Wenn du in Eile bist, dann gehe langsam.

Chinesische Weisheit

---

* Chen Yaoting, der Verfasser des Artikels über die Grundprinzipien der daoistischen Lebenspflege, verweist auch auf amerikanische Untersuchungen, in denen nachgewiesen werden konnte, dass moralisch gutes Verhalten (z.B. Hilfsbereitschaft, Freundlichkeit) förderlich für Gesundheit und Wohlbefinden sowie in der Folge für das Immunsystem und die Lebensdauer sein kann.[10]

** Ob sich diese sieben Gelehrten (Musiker, Dichter, Philosophen) in der Zeit von 220 bis 280 wirklich zum gemeinsamen Gespräch getroffen haben, ist ungewiss. Aber bis heute stehen sie in China für ein freies, unkonventionelles Leben. Ihr gemeinsames Anliegen war das Beibehalten der persönlichen Freiheit sowie die Abkehr von jeglichen Einschränkungen. Dazu gehörte auch, wie wir bei Li Ling gelesen haben, ein anarchistisch ausgerichteter Geist und provokantes Verhalten.

Nun bringen solche Geschichten Heiterkeit und Farbe in unser Leben und zugleich geht es in den Essays um inhaltliche Übersetzungen für die heutige Zeit. So könnten wir damit beginnen, weniger beschäftigt und geschäftig durch die Tage zu hetzen. Wenn es gelänge, langsamer zu gehen und ruhiger zu werden, würden wir vielleicht dem Wesentlichen näherkommen. Aber was ist das Wesentliche? Meine Lehrerinnen waren sich stets einig darin, dass man es erkennen und wissen würde, wenn man es gefunden hätte.

Das Wechselspiel von Yin und Yang ist dynamisch: Entspannung und Anspannung, Schließen und Öffnen, Leere und Fülle wirken harmonisch ineinander und miteinander. Es handelt sich beim Prinzip von Yin und Yang nicht um gegensätzliche Polaritäten. Yin und Yang gehören zusammen: rhythmisch ordnen sie alle zyklischen Bewegungen und Wandlungen im Universum. In der fernöstlichen Bewegungstradition gilt es, mit dem Wandel von Yin und Yang gut in Kontakt zu sein, im Körper ein dynamisches Gleichgewicht der beiden Polaritäten zu pflegen. Das ist die Grundlage für eine gute Gesundheit, für die Kultivierung des Geistes und für das Nähren und Bewahren des eigenen Potentials.

Die Qigong-Praxis ermöglicht uns, besser zu spüren, was sich positiv auf unser Wohlbefinden auswirkt – und was eher weniger. Damit einher geht die Erfahrung, die eigene Lebenswirklichkeit selbst beeinflussen zu können: dass „mein Leben in meinen Händen liegt […]." Im Begriff Yangsheng bilden sich die Gesundheits- und Lebenspflege ab. Hier werden die Übungen des Qigong in den Kontext der gesamten Lebensführung gestellt. Es geht beim Qigong Yangsheng also um weit mehr als nur um ein System von Übungsmethoden. Wir werden in diesem Buch immer wieder darauf zurückkommen.

Mit Daoismus und Buddhismus begegnen wir jenen philosophischen Strömungen, die sich in China hauptsächlich verbreitet und in der Vergangenheit stets gegenseitig beeinflusst haben. Sie sehen für den Menschen nicht das Streben nach Reichtum und Ruhm im Vordergrund. Vielmehr werden Güte und eine grundlegende positive innere Haltung dem Leben und allen Lebewesen gegenüber als erstrebenswert angesehen. Durch die Entwicklung von Liebe und Mitgefühl entsteht zudem mehr innere Ruhe und Gelassenheit.

Das Hauptwerk des Daoismus ist das „Daodejing“. Hier finden sich Hinweise darauf, wie man die Welt besser verstehen und sich selbst vervollkommnen kann. Und doch entziehen sie sich letztlich dem westlichen Verständnis. Auch ich habe über die Jahre hinweg nur schwer Zugang zu diesem Weisheitsbuch gefunden. Die Texte des „Daodejing“ (in früherer Umschrift: Taote-king*) wurden in der Zeitspanne zwischen 772 und 50 v.u.Z. verschriftlicht und zusammengetragen und münden in eine Sammlung „Jing“ mit 81 Weisheitskapiteln.

> Öffne dich nicht,
> schließ dich ab,
> dann erschöpfst du dich nicht.
> Verschließt du dich nicht und öffnest du dich,
> bist du geschäftig und nützlich und förderlich,
> gehst im Leben verloren.
> Erleuchtet sein ist: sehen, was Nichts bedeutet,
> Stark sein: wahren, was weich ist.
>
> **Daodejing (52. Kapitel)**[13]

Einige Kapitel berühren, ohne dadurch zugleich verständlicher zu werden. Wahrscheinlich können die Inhalte des „Daodejing“ auf einer rein intellektuellen Ebene ohnehin nicht erfasst werden. Aber wie kann dann eine Annäherung erfolgen? Die meisten Autoren sind sich darin einig, dass die Verfasser des „Daodejing“ ein zutiefst ethisches Anliegen verfolgen.[12]. Der Literatur- und Sozialwissenschaftler Jan Philipp Reemtsma schreibt, „dass es um eine Haltung des In-der-Welt-Seins geht, und es sind die Schönheit des Werks und sein ganz eigener Klang, die und der es zu einem Ganzen – vielleicht einem kaleidoskopartigen Ganzen – machen“.[13]

---

* Alle chinesischen Begriffe in diesem Buch werden in der heute gängigen Pinyin-Umschrift wiedergegeben (z. B. „Daodejing“ und Laozi).

Laozi gilt als der Urvater des Daoismus und Verfasser des „Daodejing". Allerdings existieren keine zuverlässigen historischen Quellen zum Leben und Wirken des „alten Meisters". Seine Biografie wurde etwa 400 Jahre nach seiner Lebenszeit geschrieben und es spricht einiges dafür, dass diese geschichtsträchtige Gestalt fiktiv sein könnte. Gleichzeitig haben zahlreiche Legenden über Jahrhunderte hinweg die Geschichte von einem Meister, der ein sehr hohes Alter erreicht haben soll, erzählt und fortgeschrieben. Auf diese Weise wird auch heute noch der historische Daoismus mit Laozi in Verbindung gebracht. Er „wird in China als einer der größten Weisen und seit dem 2. Jahrhundert nach Chr. als Gott verehrt."(7)

Offen bleibt auch, ob es jemals zu jenem Treffen zwischen Laozi und dem Zöllner oben am Grenzpass gekommen ist. Eine Begegnung, die so wunderbar von Bertolt Brecht in der „Legende von der Entstehung des Buches Taoteking auf dem Weg des Laotse in die Emigration" beschrieben wird: „Was ist das mit dem Wasser, Alter?" Hielt der Alte: „Interessiert es dich?" Sprach der Mann: „Ich bin nur Zollverwalter, doch wer wen besiegt, das interessiert auch mich. Wenn du's weißt, dann sprich!" Die vollständige Legende finden Sie im sechsten Essay.

> Nichts auf der Welt
> ist weicher und fügsamer als das Wasser,
> und doch höhlt es den härtesten Stein.
> Es kann das, weil es nicht hart ist.
>
> Das Schwache besiegt das Starke,
> das Weiche besiegt das Harte.
> Jeder weiß das.
> Warum lebt keiner so?
>
> **Daodejing (78. Kapitel)(13)**

Zuletzt habe ich mich dem „Daodejing" über die Übertragung von Jan Philipp Reemtsma angenähert. Hier lesen Sie die ersten beiden Verse des 78. Kapitels, die häufig bei Qigong-Kursen rezitiert werden. Dabei stellt sich immer wieder die Frage, wie das aussehen könnte, wenn der Mensch sich gemäß der daoistischen Lehre am Dao zu orientieren versucht? Er beobachtet den Lauf der Welt und nähert sich so den Gesetzmäßigkeiten und Erscheinungsformen des Weltprinzips Dao an.

Wenn wir weise werden wollen, erlangen wir diese Weisheit weniger mit dem Verstand, sondern vielmehr auf intuitive Weise: indem wir uns dem natürlichen Lauf der Dinge anpassen. Im „Daodejing“ finden sich ethische Prinzipien, die es zu befolgen gilt und die, frei interpretiert, damit einhergehen, dass wir Verantwortung für uns selbst und für andere übernehmen. Das bedeutet auch, sich verantwortlich zu fühlen für das, was zerstört wurde, indem wir in den Lauf der Dinge eingegriffen und somit der stetig stattfindenden Wandlung durch das Dao vorgegriffen haben.

Lassen Sie uns nach China reisen: in der Tempelanlage des Palasts der blaugrünen Ziegen in der südwestchinesischen Metropole Chengdu sollen sich der Meister und der Zöllner drei Jahre nach ihrer Begegnung oben am Pass noch einmal verabredet haben. Aus dem Zöllner war ein weiser Mann geworden, der eifrig meditierte und das Daodejing studierte. Als er sich am verabredeten Treffpunkt umsah, soll Laozi in Gestalt eines Kindes dahergekommen sein: er zeigte sich als Hirtenjunge mit zwei Ziegen. Eine Grundidee der daoistischen Schriften ist, dass man sich die Unschuld und Offenheit eines Kindes bewahren soll.

In der Haupthalle des daoistischen Tempels der blaugrünen Ziegen sind die „Drei Reinen“, die Hochgötter des Daoismus, zu sehen – in der Mitte Laozi, der Höchste Herr Lao. Im Pantheon der daoistischen Religion findet sich eine Vielzahl von Gottheiten und Unsterblichen. Die Suche nach Unsterblichkeit durchzieht den Daoismus als zentrales Thema von Anbeginn bis heute. Die Unsterblichkeitssucher, so ist bei Martina Darga zu lesen, haben das „Daodejing“ und seinen maßgeblichen Verfasser Laozi schon recht früh für sich entdeckt. Er diente ihnen als Vorbild, weil sie in ihm „einen Menschen sahen, der über die gewöhnliche sterbliche Welt hinausgelangt war, indem er mit Eifer und Hingabe die Praktiken der Lebenspflege geübt hatte. So konnte er mit dem Dao eins werden,“ die Unsterblichkeit erlangen und somit „jenen Zustand verkörpern, nach dem die Unsterblichkeitssucher innigst strebten.“[(14)]

Manchen Überlieferungen nach soll Laozi über 160 Jahre alt geworden sein, andere Quellen sprechen sogar von 200 Jahren. Dieses hohe Alter, darin ist man sich einig, kann er nur durch Vollkommenheit im Dao erreicht haben. Er ist so etwas wie das personifizierte Dao und somit für uns Menschen nicht zu begreifen. Da haben wir es wieder, das Unbegreifliche.

Nach der Legende war der Höchste Herr Lao auch an der Ernennung von Zhang Daoling zum Himmelsmeister beteiligt. Die Himmelsmeister sind irdische Vertreter des vergöttlichten Laozi. Der Höchste Herr Lao selbst soll Zhang Daoling autorisiert haben, die Menschen in Daoismus zu unterrichten, Krankheiten zu heilen und Dämonen zu vertreiben. So entstand die Bewegung der Himmelsmeister, über die im zehnten Essay mehr zu lesen ist. Zhang Daoling wirkte auch auf dem Berg Qingcheng, ehe er als Unsterblicher in den Himmel aufstieg. Der Qingchengshan ist einer der bedeutendsten daoistischen Klosterberge im Westen von Sichuan. Dort hat das Erdbeben im Mai 2008 fast alle der zahlreichen Tempel zerstört. Diese wurden danach in Windeseile wieder aufgebaut und während unserer Reisezeit im September 2014 leben etwa 280 Mönche und Nonnen auf dem waldigen Gelände.

Wir wählen die komfortable Reisevariante, nehmen das Drachenboot über den kleinen Mondstadtsee und anschließend die in Österreich gefertigte Seilbahn. Die regenwaldähnliche Berglandschaft mit ihren Felsen und Grotten entführt uns in eine mystisch anmutende Welt. Bis zum Gipfel geht es zu Fuß: obwohl die neuen Treppenstufen eine passable Höhe haben, bleibt der Aufstieg anstrengend. Von Bäumen und Sträuchern tropft Nässe herab, es ist schwül in der grünen Stadt. Kleine, bunte Tierfiguren auf den Dächern von Gebäuden und Tempeln sollen böse Geister vertreiben. Es wird gebetet und geräuchert, telefoniert und laut gelacht, gegessen und Mahjong gespielt.

Inmitten von Jahrhunderte alten Gingkobäumen und Zedern liegt das Kloster Shangqing Gong, der Palast der höchsten Reinheit. Hier steht eine der schönsten Statuen des Laozi, die ich jemals gesehen habe. Da der mönchische Tempelwächter die Besucher streng im Blick hatte, traute ich mich nicht, zu fotografieren. Seitdem lebe ich mit der Erinnerung an eine wunderbare Erscheinung und der Gewissheit, etwas sehr Besonderes gesehen zu haben.

Der Reisende ins Innere findet alles, was er sucht, in sich selbst. Das ist die höchste Form des Reisens, soll der Höchste Herr Lao gesagt haben. Der weise alte Mann. Ob es diesen Hauptakteur auf der historischen Bühne des Daoismus tatsächlich gegeben hat, spielt dabei keine Rolle mehr. Ich gehe weiter.

中氣

Erfülltsein von
zhong qi,
der Energie der Mitte

ESSAY 2

DAS PRINZIP DER HARMONIE. CIXI UND DIE BRITEN. ANFÄNGERGEIST UND ACHTSAMKEITSPRAXIS. ÜBUNGSKULTUR FÜR GEIST, KÖRPER UND SEELE. LEITBAHNEN, LEHRER UND SPIRITUELLE WEGE.

> Reisen sind die Geburtshelfer von Gedanken [...] große Gedanken erfordern zuweilen eine weite Aussicht, neue Erkenntnisse neue Orte. Der Innenschau, bei der wir nur allzu schnell ins Stocken geraten, kann eine vorüberziehende Landschaft über tote Punkte hinweghelfen.
>
> *Alain de Botton*[15]

Bei einer Reise durch Vietnam im Herbst 2017 hatten wir das Glück, einen Reiseleiter zur Seite zu haben, der großen Eifer darin zeigte, uns immer wieder aufs Neue und mit viel Humor das asiatische Verständnis von Harmonie nahezubringen. Sein Anschauungsmaterial waren dabei die sogenannten „Harmonie-Pausen", die wir regelmäßig einlegten. Sie dienten dem Dehnen und Strecken der vom langen Sitzen im Bus eingeschlafenen Muskeln, ermöglichten den Gang zur Toilette, das Rauchen und den Einkauf von Getränken, Speisen oder touristischen Accessoires. Diese Pausenzeiten konnten zehn Minuten oder auch schon mal zwei Stunden dauern.

„In Asien streben wir nach Harmonie", pflegte unser Guide zu sagen und unterbrach seine Rede stets an dieser Stelle, an der wir ab der zweiten Woche mit den Köpfen nickten und zu erkennen gaben, dass wir dazugelernt hatten. Dessen ungeachtet gab er zumeist weitere

Erklärungen – so etwa: „Es gibt immer mehrere Wege zur Harmonie. Wenn wir eine Pause machen, vertretet ihr euch die Beine, geht zur Toilette und kauft euch vielleicht noch ein Getränk. Ein anderes Mal entdeckt ihr hübsche Töpferarbeiten in der Auslage und euch fällt ein, dass ihr noch ein Geschenk für Tante Erna braucht. Ein anderes Mal bekommt ihr den Geruch von Frittiertem in die Nase und verbringt eure Zeit mit Essen. Das Wichtigste bei alledem ist: ihr solltet euch gut fühlen zwischen Himmel und Erde, und in Harmonie mit euren Mitmenschen sein!"

Das Streben nach Harmonie spielt in der ostasiatischen Tradition eine wichtige Rolle – dabei wird jede Form von Harmonie dadurch erreicht, dass Qi harmonisiert wird. Qi meint die grundlegende, alles durchdringende und belebende kosmische Lebenskraft, die auch das gesamte energetische Potential des Menschen ausmacht.

Das Konzept der traditionellen chinesischen Medizin (TCM) betrachtet den menschlichen Körper wie ein großes Familiengefüge. In der Weise, wie in einer hierarchisch strukturierten Familie jedes Familienmitglied seinen Platz hat, kommt auch jedem inneren Organ eine bestimmte Position und Aufgabe zu. Wenn die Organe entsprechend ihrer Bestimmung funktionieren, herrscht Harmonie im Körper. In der konfuzianisch geprägten Familienwelt ist der Vater (Yang) das Oberhaupt. Der Mutter (Yin) obliegt das organisierende Prinzip. Das Gleichgewicht von Yin und Yang innerhalb einer Familie sorgt für einen ungehinderten Fluss der Lebensenergie und somit auch für jene Transformationen, die eine Familie über mehrere Generationen hinweg durchläuft. In vergleichbarer Weise bestimmt die Harmonie der Kräfte in unserem Inneren die Qualität von Gesundheit und Vitalität.

Nun blickt die chinesische Medizin auf eine mehr als 2000jährige Geschichte zurück. Der älteste Text und traditioneller Ausgangspunkt der chinesischen Medizintheorie ist das „Der Innere Klassiker des Gelben Kaisers" („Huangdi Neijing"). Dieser wurde im Laufe der Zeit durch chinesische Gelehrte, die meist am kaiserlichen Hof dienten, immer wieder ergänzt und überarbeitet. Historisch betrachtet gab es in verschiedenen Episoden viele unterschiedliche Denkschulen und Anwendungsmethoden. Wahrscheinlich hat das System der chinesischen Medizin auch deshalb überlebt, weil es sich immer wieder gewandelt und den jeweiligen äußeren

Umständen und Erfordernissen angepasst hat. Jede Tradition vermag sich nur in dem Maß zu bewahren und lebendig zu bleiben, in dem sie auch bereit ist, sich weiterzuentwickeln.

Im heutigen China liegen der medizinischen Tätigkeit die Interpretationen des „Inneren Klassikers des Gelben Kaisers" aus der Qing-Dynastie (1644-1911) zugrunde. Dabei handelt es sich um Überarbeitungen aus der Zeit der Ming-Dynastie (1368-1644) und diese wiederum sind Überarbeitungen von zeitlich früherem Material. „Das Neijing ist mit seiner archaischen Sprache oft unklar und widersprüchlich und kann nur nach gründlicher Vorbereitung verstanden werden. Ohne die Kommentare und Modifikationen späterer Zeitalter würde das Neijing heute fast unverständlich sein."(16)

Die Qing-Dynastie war die letzte große Kaiserdynastie. Das ursprünglich von jesuitischen Missionaren positiv geprägte Chinabild wurde während der europäischen Zeit der Aufklärung vom Glauben an die Überlegenheit der europäischen Staatsphilosophie abgelöst.(73)

> Lieber Ordnung bewahren, als Unordnung zu korrigieren, das ist das letzte Prinzip der Weisheit. Eine Krankheit zu heilen, nachdem sie aufgetreten ist, das ist, als grabe man einen Brunnen erst, wenn man durstig ist, oder als schmiede man erst dann Waffen, wenn der Krieg bereits ausgebrochen ist.
>
> *Aus dem „Inneren Klassiker des Gelben Kaisers"*

Während dieser Zeit gab es zahlreiche Konflikte zwischen China und den Europäern, die schließlich zu den Opiumkriegen* und der Kolonialisierung durch die Europäer führten. China musste sich immer weiter für europäische Wirtschaftsinteressen öffnen und konnte nicht verhindern,

---

* Die zwei Opiumkriege waren Präventivschläge gegen China, mit denen die wirtschaftlichen Interessen westlicher Großmächte durchgesetzt wurden. China versuchte, die Einfuhr von Opium durch die Briten aus Indien zu verhindern. Im ersten Opiumkrieg (1840-1842) erlitten die Qing ihre erste große Niederlage und mussten im Friedensvertrag von Nanjing schwere Auflagen hinnehmen. Hierher gehört auch die zwangsweise Abtretung von Hongkong an England. Dieser Krieg wird von einigen Autoren als das erste moderne Verbrechen bezeichnet, das der Westen an China verübte

dass zahlreiche Kulturgüter vernichtet wurden: so zerstörten Briten und Franzosen beim Einmarsch in die chinesische Hauptstadt die Kaiserlichen Sommerpaläste. Verträge, die im Zusammenhang mit den Opiumkriegen geschlossen wurden, werden aufgrund ihres Zwangscharakters von der chinesischen Geschichtsschreibung als „Ungleiche Verträge" bezeichnet.

Das Ende der Qing-Dynastie wird in der Geschichtsschreibung mit der Kaiserinwitwe Cixi in Zusammenhang gebracht. Diese Darstellung darf man den Überresten europäischen Überlegenheits- und Kolonialdenkens zuschreiben. Cixi (1835-1908) gilt als die bedeutendste Frau in der chinesischen Geschichte. Fast ein halbes Jahrhundert lang lenkte sie die Geschicke des Reiches. Zunächst war sie eine Nebenfrau des Kaisers Xianfeng, dem sie 1856 einen Sohn schenkte und so in der Palasthierarchie aufstieg. Der Kaiser ernannte den gemeinsamen Sohn zum Thronfolger. Nach dem frühen Tod des Kaisers übernahm Cixi die Regentschaft für den minderjährigen Sohn.

In der Interpretation vor allem britischer Autoren konnte diese Karriere einer zunächst unbedeutenden Frau nur mit einem ausgeprägten Machthunger, gemeinsten Intrigen und sexualisierter Hinterlist erklärt werden. Die Quellen, auf die sich diese Angaben stützen, gelten inzwischen als gefälscht.[(17)] Von der chinesischstämmigen, britischen Autorin Jung Chang gibt es eine Cixi-Biografie[(18)], in der das bisherige Bild der Kaiserinwitwe revidiert wird. Im Gegensatz zur ersten Cixi-Biografie des Orientwissenschaftlers Edmund Backhouse sieht sie die Kaiserinwitwe nicht als männermordende Despotin, sondern als mutige und machtbewusste Frau, die „Chinas Weg in die Moderne ebnete", ohne die Jahrtausende alte Tradition zu zerstören.

Edmund Backhouse und die britische Wirtschaftslobby haben maßgeblich die Sicht der westlichen Welt auf die letzten Jahrzehnte der Qing-Dynastie geprägt. Ohnehin hatte sich das Chinabild in Europa im 19. Jahrhundert gründlich gewandelt: hatten einst Missionare vom „kultiviertesten Reich der Welt" geschwärmt, so berichteten nun Händler von Verkommenheit und Despotie.[(19)]

Solche Verfälschungen und Ungereimtheiten in historischen Darstellungen, aber auch die Priorität wirtschaftlichen Profitstrebens, welche die Geschichte der Menschheit begleiten, lassen mich stets ein wenig ratlos zurück. Zweifelsohne ist jede Wahrnehmung, jede Beschreibung einer Perspektive subjektiv. Sie hängt vom Standort und Standpunkt sowie von der inneren Beschaffenheit des Betrachters ab.

Nun vermag die Begegnung mit anderen Kulturen den Blick zu weiten. Und doch bleibt diese Ausdehnung abhängig vom Wesen unseres Denkens und von jenen Glaubenssätzen, welche unsere Sicht auf die Welt ausmachen. Damit einher gehen auch Limitierungen, die dadurch entstehen, dass neue Aspekte nur in dem Maß verarbeitet werden, wie sie mit unserer Denkwelt übereinstimmen. Nicht immer sind wir bereit, uns dem Fremdartigen, das auf uns zukommt, unvoreingenommen auszusetzen.

„Der kürzeste Weg zu uns selbst", soll der Philosoph Hermann Keyserling gesagt haben, „führt um die Welt herum". Und der Schriftsteller Gustave Flaubert sprach sich gar dafür aus, die nationale Zugehörigkeit eines Menschen neu zu bestimmen: nicht nach dem Land seiner Geburt oder der familiären Abstammung, sondern nach den Orten, zu denen sich der Betreffende hingezogen fühlte.[(15)]

„Es gibt einen Fixpunkt", schreibt der argentinische Schriftsteller Alberto Manguel, „von dem aus wir die Welt wahrnehmen, eine Position, die uns dazu verführt, eine Überlegenheit über die fremden anderen dort draußen zu reklamieren. Für die Griechen war Delphi das Zentrum des Universums, für die Römer war es ihre Hauptstadt Rom […]. Für Muslime ist Mekka das Zentrum der Welt und für Juden Jerusalem. Das antike China verstand den Berg Tai Shan als spirituelles Zentrum, die Indonesier wiederum sehen in Bali das Zentrum. Diese erklärten geographischen Zentren verleihen denen eine Identität, die sie für sich proklamieren, und schreiben zugleich dem, was „dort draußen" liegt, Identitätsmerkmale zu, die allzu oft […] als potenzielle Bedrohung und gefährlich infektiös wahrgenommen werden."[(20)]

Eine intensive Beschäftigung mit anderen Kulturen mag also gelingen, sofern man bereit ist, sich vom vertrauten und Sicherheit gebenden, heimischen Zentrum zu entfernen. Bei längeren Reisen und Aufenthalten geht es vielleicht sogar darum, Teile einer neuen Identität zu integrieren. Was an anderen Orten beeindruckend und anziehend wirkt, ist manchmal genau das, was es zuhause nicht zu geben scheint. Draußen in der Welt kann uns immerzu etwas begegnen, das sich nicht sofort erklärt. Die griechische Philosophie hat solche Augenblicke als

Momente „des Staunens" bezeichnet. „Im Augenblick des Staunens machen wir [...] (im Idealfall) einen neuen, einen eigenen Anfang und blicken ganz unverstellt auf die Dinge, die uns begegnen."[(21)] Aus dem Staunen heraus kann sich ein individueller Zugang zu den Weisheitslehren der Menschheitsgeschichte entfalten.

Wenn wir neugierig sind und etwas lernen möchten, aber wenig vom Lernstoff wissen, ist das ein guter Augenblick für den Anfängergeist. Im Sinne des japanischen Zen-Meisters Shunryu Suzuki (1904-1971) meint der Anfänger-Geist die Praxis vom Zen-Geist. In der Einführung zum gleichnamigen Buch wird am Beispiel des Zen-Wegs der Kalligrafie deutlich, dass man hier „auf die allerdirekteste, einfachste Weise schreibt, als ob man ein Anfänger wäre [...] als ob man das, was man niederschreibt, zum ersten Mal entdeckte."[(22)]

Für Suzuki geht es darum, sich den ursprünglichen Geist in seiner Grenzenlosigkeit und seinem Reichtum zu bewahren. Eine Haltung von Nicht-Wissen geht einher mit einer wohltuenden Abwesenheit von Vorannahmen oder gar Vorurteilen. „Wenn ihr zu viele Unterscheidungen trefft," so Suzuki, „begrenzt ihr euch selbst. Wenn ihr zu viel verlangt oder zu gierig seid, ist euer Geist nicht reich und selbstgenügsam. Wenn wir unseren ursprünglichen selbstgenügsamen Geist verlieren, gehen uns unsere Grundsätze und Gebote verloren."[(22)]

> Im Anfängergeist liegen unendlich viele Möglichkeiten, im Geist eines Experten nur wenige.
>
> *Shunryu Suzuki*

„Wichtig an unserem Verständnis ist," so Shunryu Suzuki weiter, „dass wir eine fließende, freidenkende Art des Beobachtens haben. Wir müssen denken und Dinge beobachten, ohne Stockung. Wir sollten die Dinge, wie sie sind, ohne Mühe akzeptieren. Unser Geist sollte weich und offen genug sein, die Dinge zu verstehen, wie sie sind. Wenn unser Denken weich ist, heißt es unerschütterliches Denken. Diese Art des Denkens ist immer fest gegründet. Man nennt es Achtsamkeit."[(22)]

Das Konzept Achtsamkeit (mindfulness) ist im Ursprung ein Kernstück der buddhistischen Tradition und kann als klares, nicht-wertendes Gewahrsein dessen verstanden werden, was in jedem Augenblick geschieht. So wird es möglich, Körperempfindungen, Gedanken, Gefühle und alle anderen Wahrnehmungen, ob angenehm, unangenehm oder neutral, zu erfahren und so zu akzeptieren, wie sie sind – das Leben genauso zu erleben, wie es sich von Augenblick zu Augenblick entfaltet.[23]

Das Prinzip Achtsamkeit ist vor allem als eine Haltung, eine „Seins-Weise" zu verstehen. Diese ermöglicht uns, allen Situationen mit Offenheit und Neugierde zu begegnen – selbst dann, wenn Gefühle wie Angst oder Ärger damit verbunden sind. Auch aus schwierigen Lebenssituationen lässt sich in kleinen Schritten herausfinden, indem wir an Körper und Geist Druck herausnehmen und Achtsamkeit praktizieren. Morgens beim Aufstehen, beim Blick aus dem Fenster, beim Frühstück und bei den ersten Übungen, beim Einkaufen und Kochen, in Ruhe und in Bewegung, bei jedem Gespräch – und hier ganz besonders, wenn wir jemandem zuhören.

Die Verfeinerung des eigenen Zuhörens bringt eine aktive Präsenz und ungeteilte Aufmerksamkeit für die Gesprächspartnerin mit sich. Das Gehörte wird möglichst ohne Interpretation aufgenommen. Und das Miteinander gestaltet sich völlig anders, als wenn wir während des Zuhörens mit unseren Gedanken abschweifen oder überlegen, was wir erwidern und wie wir reagieren wollen. Achtsames Zuhören geht einher mit mehr Mitgefühl und Verständnis füreinander.

Diese Haltung nährt sich auch aus dem Wissen um das Wesen der Wandlung. Für positive wie für negative Erlebnisse gilt: alles, was kommt, vergeht auch wieder. Besondere Herausforderungen und Krisenzeiten, die Erfahrung von Rückschlägen oder gar existenzieller Bedrohung gehören zum Leben dazu. Als hilfreich hierbei erweist sich die individuelle Anpassungsbereitschaft. Mit der Fähigkeit, sich in angemessener Weise an wechselnde Lebensbedingungen anzupassen und Kompromisse einzugehen, lässt sich jede Aufgabe besser bewältigen.

In Coaching-Prozessen ist oft die Rede davon, Herausforderungen anzunehmen und Krisen als Chance für einen Neuanfang zu begreifen. Dabei kann ein Verständnis für die zyklischen

Abläufe aller Lebensprozesse unterstützen: wer aus dem Takt geraten ist, kann lernen, mit sich selbst in Resonanz und mit dem inneren Rhythmusgeber in Kontakt zu kommen. Als Rhythmusgeber fungiert in der Tradition der chinesischen Medizin die Leitbahn Lunge, die energetische Einflüsse aufnimmt und in eine Ordnung bringt.

> Was auch immer geschieht und ob ihr es nun für gut oder schlecht haltet, untersucht es genau und seht zu, was ihr herausfindet. Dies ist die grundlegende Einstellung.
>
> *Shunryu Suzuki*

Auch ein bewusster, sorgfältiger Umgang mit Sprache kann einen Raum und eine Struktur entstehen lassen, in der Vergangenes und Gegenwärtiges sich wieder miteinander verbinden mögen, sich ein eigener Rhythmus des Schreibens, ein immer breiter werdender Fluss des Erzählens und des Selbstgesprächs ausbildet. Wenn wir mit uns selbst ins Gespräch gehen, fördert die liebevolle Wortwahl einen wohlwollenden Umgang mit uns selbst. Sie vermag der unnachgiebigen Dominanz des inneren Kritikers eine Hinwendung zur Selbstfürsorge entgegenzusetzen.

Dem Umgang mit Sprache kommt auch im Lehrsystem Qigong Yangsheng eine besondere Bedeutung zu. „Gute Worte", so Jiao Guorui, „sind wie Frische im Sommer, wie Wärme im Winter."[(24)] Die Grundprinzipien der traditionellen chinesischen Lebenspflege, des Yangsheng, beinhalten ein Wissen um die uns allen innewohnenden Lebenskräfte. Dieses Potential kann durch Qigong-Übungen angeregt und gefördert werden. „Der Wesenskern aller Qi-Kultivierung ist in jedem selbst begründet", hat Jiao Guorui dieses Prinzip im 103. Vers seiner Lehrgedichte zusammengefasst.[(24)]

Eine aktive Lebenspflege geht mit Gesundheitsförderung und Selbstfürsorge auf den drei Ebenen Geist, Körper und Seele einher. Wenn wir Qigong als „einen Dialog mit der Lebenskraft" verstehen, gilt unser Lauschen zunächst den inneren Regungen. Aus der Dynamik des Übens ergeben sich dann auch Antworten auf die wahrgenommenen Signale. Dabei geht es etwa um die Veränderung einer Körperhaltung oder um eine feine Regulierung im Verhältnis von

Anspannung zu Entspannung. Manchmal bedarf es auch einer Modifikation der Geisteshaltung – etwa, weil wir nicht bei der Sache, weil die Gedanken mit anderem beschäftigt sind oder Emotionen uns durcheinanderwirbeln.

> Worte sind der Seele Bild.
>
> J. W. v. Goethe

Erfahrungsgemäß kann es mit der Übung „Reguliere den Atem, beruhige den Geist" aus den „15 Ausdrucksformen des Taiji-Qigong" nach Jiao Guorui gelingen, Geist und Seele ruhiger werden zu lassen. Die Beruhigung erfolgt durch ein sanftes Steigen und Sinken im eigenen Rhythmus, so dass sich im ganzen Körper Entspannung ausbreiten und ein aufgeregter Geist besänftigen kann.

Wenn der Geist sehr beansprucht oder verwirrt ist, wenn Emotionen und Stimmung unruhig und labil sind, dann können wir das, was wir gelernt und als wohltuend empfunden haben, auf seine Alltagstauglichkeit überprüfen. Genau dann kann sich zeigen, ob sich das Konzept und jene Prinzipien, denen wir uns in ruhigen Zeiten anvertraut haben, auch in einer schwierigeren Phase bewähren. Das setzt allerdings erste Erfahrungen und Lernerfolge voraus.

Den Begriff Qigong (wörtlich: Arbeit mit dem Qi) gibt es erst seit ungefähr sechzig Jahren. Er gilt als Oberbegriff für eine große Zahl von zum Teil jahrtausendealten Methoden, die alle zum Ziel haben, das „Qi" zu stärken. „Der ungehinderte Fluss des Qi und der harmonische Umgang damit wurden in China stets als Grundvoraussetzung für Gesundheit und Vitalität angesehen […] Qi darf man in diesem Zusammenhang nicht als materielle Substanz des Körpers verstehen, sondern als Energien oder Kräfte, die die vitalen Funktionen ermöglichen."[(25)]

In den 80er und 90er Jahren des vorigen Jahrhunderts gab es im deutschsprachigen Raum erste wissenschaftlich fundierte Untersuchungen zur Wirksamkeit von Qigong im klinischen Bereich und bei der Vorbeugung von Krankheiten. Diese Forschungs-Designs entsprachen dem, was ich an Möglichkeiten des Erkenntnisgewinns in der experimentellen Psychologie kennen gelernt hatte. Nun kann Qigong einerseits als eine wirkungsvolle Methode beschrieben werden. Zugleich aber gilt es, bei der Heilung von Krankheiten und der Erhaltung von Gesundheit zusätzliche Faktoren wie Ernährung, Lebensstil, Arbeit und Erholung sowie das Training von Körper und Geist zu berücksichtigen.[26] Ich lernte eine ganzheitliche Sichtweise kennen, die sich gut in die psychologische Arbeit integrieren ließ und diese inhaltlich ergänzen konnte.

Im Qigong prägt die Verbindung von Entspannung und selbstfürsorglicher Aufmerksamkeit das gesamte Üben. Um in den Dialog mit der Lebenskraft zu kommen und sorgsam mit sich umzugehen, ist es notwendig, die alltägliche Geschäftigkeit zu unterbrechen, innezuhalten und „in die Ruhe einzutreten". Angebracht ist dabei stets eine freundliche, geduldige Haltung sich selbst gegenüber – in Kombination mit dem Anfängergeist begibt man sich so auf einen guten Weg.

Es ist Teil jeder Achtsamkeitsübung, zu belastenden Erlebnissen und damit verbundenen negativen Gefühlen eine Distanz zu bekommen, indem man sich von außen betrachtet. Das ist psychologisch bedeutsam, weil die innere Beobachtung eine Desidentifikation ermöglicht. So kann es gelingen, Abstand zu gewinnen und nicht vom aktuellen Erleben und den damit einhergehenden Emotionen überflutet zu werden.

Jeder Augenblick des Innehaltens und der Ruhe unterbricht die Alltagsroutine. Auch „das Einnehmen einer äußeren Haltung, z.B. der Baumhaltung, ist verbunden mit entspannter Aufmerksamkeit und Sammlung. Dies wird häufig als Ritual des Ankommens bei sich selbst erlebt. Die Wahrnehmung wird sanft und individuell angepasst zum Körper gelenkt. So beginnt eine Art freundlicher Dialog, ein Lauschen in den Körper hinein," beschreiben Claus Fischer und Micheline Schwarze den Weg der Achtsamkeit in der Qigong-Praxis.[27]

Zunächst kann es ausreichend sein, zwei oder drei Minuten möglichst entspannt und mit Freude „wie ein Baum" zu stehen. Verwurzelung und Aufrichtung gehören zusammen und wir spüren die Füße, die sicher auf dem Boden stehen, während der Scheitel dem Himmel zugewandt ist. Das kann auch im Alltag wunderbar (und unauffällig) gelingen: während der Wartezeit an der Kasse im Supermarkt oder an der Straßenbahnhaltestelle. Schrittweise kann die Übungsdauer nach und nach angepasst werden.

Je länger man in einer Haltung steht, so die Aufmunterung durch die Lehrerinnen, umso weniger ist es möglich, die Anspannung zu halten. Damit ist die willkürliche Muskelkraft gemeint, die es loszulassen gilt. Das bedeutet jedoch keine Schlaffheit der Muskeln: der Körper wird von der unwillkürlichen, tonischen Spannung wie von selbst aufrecht gehalten. Es ist keine aktive Anstrengung notwendig, um in seiner Form zu bleiben.

In der Wissenschaft vom Qigong Yangsheng fließen Elemente aus unterschiedlichen Schulen und Richtungen zusammen: der Medizin, dem Konfuzianismus, dem Daoismus, dem Buddhismus, der Kampfkunst, den eklektizistischen philosophischen Schulrichtungen und auch der Volksweisheit.[(24)] Wenn wir die Wirkung von Qigong in die traditionelle chinesische Medizin einbetten, begegnen wir dem Phänomen der Durchgängigkeit der Leitbahnen, die durch die sanften Übungen gefördert werden kann.

Das System der zwölf Hauptleitbahnen und acht Sonderleitbahnen vereint alle Teile des Körpers und stellt somit eine unentbehrliche Voraussetzung für die Erhaltung harmonischen Gleichgewichts dar. Im „Inneren Klassiker des Gelben Kaisers" liest sich das so: „Die Leitbahnen transportieren Qi und Blut, regulieren Yin und Yang, halten Sehnen und Knochen elastisch und fördern die Gelenke."

Eine Behandlung von an der Oberfläche liegenden Punkten, etwa durch Akupunktur, wirkt sich auf das Innere des Körpers aus. So kann die Aktivität der Substanzen, die sich in den Leitbahnen bewegen, beeinflusst werden. Die Lehre von den Leitbahnen basiert auf der Annahme eines energetischen Fließsystems: hier befinden sich jene Kanäle oder Wege, auf denen Qi und Blut im Körper befördert werden. Diese sind nicht mit den Blutgefäßen identisch. Sie bilden ein unsichtbares Netzwerk, das alle Grundsubstanzen und Organe miteinander verknüpft. Auch wenn in der chinesischen Theorie die Leitbahnen als unsichtbar gelten, denkt man sie sich als eine physische Realität: Qi und Blut bewegen sich in ihnen und verbreiten auf diese Weise Nährstoffe und Kraft.[(28)]

Nun fällt es schwer zu glauben, dass nicht alles darangesetzt wurde, diese Leitbahnen sichtbar zu machen, zu messen, zu analysieren. Muss doch in der Kultur der naturwissenschaftlichen Methoden alles auf Herz und Niere geprüft werden. Und tatsächlich wurden die Leitbahnen messtechnisch nachgewiesen: zum einen wurden schwach radioaktive Markierungsstoffe in Akupunkturpunkte injiziert und so konnte man den Verlauf der Leitbahnen nachvollziehen. Zum anderen haben es die Standardverfahren moderner Infrarot-Thermografie ermöglicht, die Leitbahnen sichtbar zu machen. Auch wurden Leitbahnverläufe und myofasziale Linien miteinander verglichen und „festgestellt, dass viele dieser Linien deckungsgleich sind." Das bedeutet, dass es „bei vielen Qigong- und Taijiquan-Übungen zu einer Stimulation der Meridiane wie auch der faszialen Leitbahnen kommt."[29]

Alternativ zum westlichen Weg der Erkenntnisgewinnung durfte ich daoistische und buddhistische Übungswege kennenlernen und dabei erfahren, wie entlastend es sein kann, sich nicht im Detail zu verlieren, nicht alles kontrollieren und rational begründen zu müssen. Stattdessen lernte ich den Wert von Annäherungen zu schätzen, von dynamischen Prozessen und davon, die Dinge einfach mal geschehen zu lassen.

> Mit Achtsamkeit das Innere richtig ausrichten, das bedeutet, tief in den Kultivierungsprozess einzutauchen.
> *Jinsilu (Aufzeichnungen des Nachdenkens über Naheliegendes)*

In China erzählt man sich die Geschichte von dem Schüler, der sich nach vielen Jahren der Meditation enttäuscht und entmutigt an seinen Meister wandte und zu ihm sprach: „So lange befolge ich nun schon Eure Lehren, mache die Übungen und halte mich an die Lebensregeln. Auch wenn sich dadurch Vieles in mir verändert hat, so habe ich doch keine Erleuchtung erlangt. Sind denn all jene Dinge, die Ihr uns auferlegt, wirklich nötig für das Erreichen der Erleuchtung?" Der Meister antwortete: "Viele Menschen finden in diesen Ritualen Halt. Aber wirklich nötig für die Erleuchtung sind sie nicht." Daraufhin der Schüler: „Aber wie kann ich Erleuchtung erlangen?" Der Meister soll gelächelt und gesagt haben: „Versuche, einen Tag lang nicht zu urteilen. Ich denke, das wird reichen, um die Erleuchtung zu erlangen."

Lehrer und Lehrerinnen haben in meinem Leben eine wichtige Rolle gespielt. Im Schulfach Mathematik etwa waren meine Leistungen stets abhängig von der Person des Lehrers.

Immerhin gab es zwei Mathelehrer, die es verstanden, empathisch und sehr geduldig mit meiner Umständlichkeit im Bereich von Prozentrechnen, Wurzelfunktionen und Sinuskurven umzugehen. Ebenso unbeeindruckt zeigten dieselben Lehrer sich später, als ich mit meinen Zweifeln bezüglich des zu wählenden Studienfachs an sie herantrat. Die von mir ins Auge gefasste Psychologie würde mit dem Besuch von Pflichtseminaren in Statistik einhergehen. Und Statistik war in meiner Vorstellung gleichbedeutend mit Mathematik. Beide Lehrer befanden, unabhängig voneinander, Statistik sei für mich machbar und sprachen mir Mut zu. Ich traute mich also und die beiden sollten glücklicherweise Recht behalten.

Auch für die Suche nach einem zu mir passenden Qigong-Lehrer habe ich einige Jahre gebraucht. Meister Lu (im bürgerlichen Leben ganz einfach Lutz) blieb mir zugewandt und achtete darauf, dass ich angesichts des mir fremden und komplexen Lernmaterials nicht in eine Überforderung geriet. Und ich vertraute ihm. Jedwede Aussicht auf Misserfolg wäre das Ende des Vorhabens gewesen, Qigong lernen zu wollen. Dabei ging es mir nicht ausschließlich um das Erlernen von Techniken und Methoden. Vielmehr durfte ich die Erfahrung machen, dass während des Kennenlernens der Bewegungsabläufe zugleich Geist und Seele assoziativ und intuitiv eine Annäherungsbewegung an tiefere Seins-Ebenen vollziehen.

Gleichermaßen erwächst aus einem zunehmenden Verständnis für die Ganzheitlichkeit des Lehrsystems das Vertrauen in die eigenen Fähigkeiten und Kräfte. Auf diese Weise wird ein Lernprozess initiiert, der eine ganz eigene Qualität von Sorgfalt und Verstehen, von Sinn und Bedeutung mit sich bringt. Mein Streben galt einer körperlichen, geistigen und seelischen Weiterentwicklung. Zwar hätte ich zu jener Zeit kein Ziel, keine spirituelle Destination benennen können. Aber ich spürte vor allem eine Sehnsucht nach mehr Tiefe in meinem Leben, nach Sinnhaftigkeit, und zugleich nach einem besseren Verständnis der Vielfalt von Erscheinungen zwischen Himmel und Erde.

Während der Corona-Zeit, in der keine Präsenzseminare stattfinden konnten, lebten wir von den Erinnerungen an die vergangenen Kursinhalte. Glücklicherweise tauchten unsere Lehrerinnen irgendwann zuhause auf den Bildschirmen wieder auf. Sie hatten sich in der Zwischenzeit mit Theorie und Praxis von online-Seminaren vertraut gemacht. Wir waren dankbar für das Geschenk, uns wieder eingebunden und zugehörig fühlen zu dürfen.

Der geistige und spirituelle Gehalt asiatischer Bewegungssequenzen lässt sich auch erforschen, indem die Texte von Laozi, Zhuangzi oder Konfuzius mit dem Körperwissen des Qigong und Taiji kombiniert werden. Das kann zu einer Erfahrung von tiefer Verwurzelung, Einbindung in die Welt und spiritueller Klarheit führen. Die Qigong-Lehrerin Dietlind Zimmermann verbindet in ihrer Arbeit die westlichen Geisteswissenschaften mit den fernöstlichen Bewegungskünsten. „Qigong oder Taijiquan," so schreibt sie, „sind gute Übungswege auf der Suche nach einer eigenen Spiritualität, wo die Übungspraxis ein Mittel ist, den seit Jahrtausenden beschrittenen Weg zum Dao für sich selbst zu finden."[30]

Nun haben sich wahrscheinlich unzählige Qigong-Schüler über die Spruchkapitel des uralten Weisheitsbuchs „Daodeijing" Gedanken gemacht. Schließlich ist die Relevanz der Texte für die Übungspraxis wie für den Alltag keineswegs leicht erkennbar. Für Dietlind Zimmermann liest sich das „Daodeijing" „wie ein Hinweis darauf, dass es darum geht, die Paradoxien des dualen Denkens durch die Praxis hinter sich zu lassen. Nahezu jeder Vers zeigt, dass Weisheit jenseits der Begrenzung des im dualen Denken gefangenen Ichs beginnt. Die körperliche und meditative Praxis [...] kann einen Zugang zu den Erfahrungsräumen jenseits dieser Begrenzung eröffnen."[30]

Mit dem Erleben von erweiterten Geistes-Zuständen, von Nicht-Dualität und Weite, ergibt sich eine völlig andere Sichtweise auf die Welt. Auch im Alltag verschieben sich möglicherweise Perspektiven. Die materielle Ebene bleibt erhalten – zugleich bleibt sie zurück, wenn selbstvergessenes Üben möglich wird.

> Um Kraft für den Tag zu schöpfen, sollte man das Haus verlassen und dem Sonnenaufgang zusehen.
>
> **Unbekannt**

Nach den letzten Zeilen tauche ich aus jener Selbstversunkenheit auf, die das Schreiben mit sich bringt. Ich schlendere heiter durch den Stadtwald, an dessen frischen Grüntönen sich zunehmend der Frühling zeigt. Die Säfte beginnen zu steigen und das kleine Yang entfaltet sich bis in die Blattspitzen hinein. Das Holz zu Beginn seines Wachstums ist die Metapher dieser Wandlungsphase: Holzenergie ist die Energie des Anfangs.

Sowohl die Lebenskraft und Vitalität als auch die Biegsamkeit des Holzes werden oft mit dem Bild des Bambus dargestellt. „Der Bambus ist mein Bruder“, heißt es in Vietnam. Vor allem im Frühjahr schüttelt der Ostwind Bäume und Sträucher kräftig durcheinander. Wenn diese sich mit der Windrichtung bewegen und geschmeidig bleiben, brechen sie nicht. Ist die stürmische Zeit dann vorbei, richten sich die Holzgewächse wieder auf. In ähnlicher Weise üben Qigong-Praktizierende ihre Flexibilität und Beweglichkeit.

Während Erblühen, Erwachen und Erwarten in der Luft liegen, lege ich eine „Harmonie-Pause“ ein: „Ihr solltet euch gut fühlen zwischen Himmel und Erde, und in Harmonie mit euren Mitmenschen sein!“ hat Reiseleiter Linh uns ans Herz gelegt. Linh bedeutet in der Übersetzung „Geist und Seele“. Und manchmal auch „Frühling“.

魂魄

Geistseele
hun
und Körperseele
po

ESSAY 3

LOTUSBLUMEN AM WESTSEE. YIN UND YANG IN HARMONIE. DER WEIBLICHE ÜBUNGS-WEG. DIE SEELE CHINAS IM ALTSTADTVIERTEL UND ERKUNDUNGEN ÜBER DIE METAPHYSISCHE TIEFE DES DAOISMUS.

Sie warteten, bis der Himmel frei von Wolken war und die Sterne sich deutlich in den Wassern spiegelten.
Vargas Llosa (Der Geschichtenerzähler)

Als wir nach Hangzhou hineinfahren, reißen die Wolken auf und geben einen ersten Blick auf den viel besungenen Westsee frei. Der Legende nach zankten sich ein goldener Phönix und der Jadedrache um eine weiße Perle. Als diese während des Gerangels auf die Erde fiel, entstand der Westsee mit seinen weidengesäumten Ufern, an denen prächtig blühende Lotusblumen und deren großzügig ausgebreitete Blätter auf dem Wasser schwimmen.

Der Lotus erhebt sich aus dem trüben, schlammigen Boden von Seen und Teichen heraus zur Blüte und so ist diese Wasserpflanze das Symbol spiritueller Erfüllung schlechthin. Die Blätter des Lotus lassen alles einfach abperlen, die Pflanze bleibt sauber und gesund. Sie vermag selbst unter schwierigsten Bedingungen zu gedeihen und bezaubert mit ihrer Unversehrtheit und Schönheit. Auf die menschliche Natur übertragen findet sich der Gedanke, dass sich der Mensch ebenso wie der Lotus aus misslichen Lagen befreien kann, dass er wieder zu seiner Blüte, zu Klarheit und Würde zurückfinden und Erkenntnis gewinnen kann.

Die Lotusblüte ist in weiten Teilen Asiens zum Sinnbild für Reinheit, Aufrichtigkeit und Erleuchtung geworden. Im Buddhismus wird die Lotusblüte als Geburtsort Buddhas angesehen. Der Lotussitz als Meditationshaltung symbolisiert die Einheit des Körpers und gilt wohl auch deshalb als ideale Haltung, weil er den Darstellungen des Buddha entspricht. In China ist die Symbolik der Lotusblüte besonders vielfältig ausgeprägt: aufgrund ihrer Lautgleichheit werden die Wörter Liebe und eheliche Verbundenheit mit dem Lotus in Verbindung gebracht; die Lotusblüte ist deshalb auch Sinnbild einer harmonischen Ehe. Speziell die rote Lotusblüte gilt als Symbol für das Herz, für Liebe, Mitgefühl und für Leidenschaft.

Das Lotusblüten-Qigong wird als besonderer Qigong-Weg für Frauen beschrieben. Die gängige Qigong-Übungspraxis basiert vor allem auf Überlieferungen von Männern und entspricht somit nicht unbedingt den weiblichen Bedürfnissen. Beim Lotusblüten-Qigong geht es weniger um das Erlernen neuer Formen, sondern vor allem um eine Yin-betonte Übungs-Praxis.

Yin-Aspekte können Spüren, Stille, innere Erfahrung, Langsamkeit, einfaches Da-Sein oder auch Loslassen, Musik und Tanz sein.[(31)] Die Harmonisierung der Aspekte von Yin und Yang gilt allgemein als ein Ziel der Qigong-Praxis. Zugleich kann man vereinfacht das Üben des Qigong eher als eine Yin-orientierte Methode beschreiben. In einer hyperaktiven, Yang-lastigen Zeit setzen wir mit den langsamen und sorgfältigen Übungsabläufen einen Gegenpol und versuchen, Körper, Seele und Geist gleichermaßen zur Ruhe zu bringen.

Der Wandel von Yin- und Yang-Phänomenen wird als die grundlegendste Gesetzmäßigkeit der Natur betrachtet. In den Qigong-Übungen wird dieser Wandel praktiziert als Wechsel von schließenden und öffnenden, von steigenden und sinkenden Bewegungen oder auch in einer harmonischen Abfolge von Ein- und Ausatmen sowie Bewegung und Innehalten. Manche Übungen werden achtmal ausgeführt – die Zahl acht wird mit Yin assoziiert.

Krankheiten entstehen dann, wenn die Bewegungen von Qi und Blut (Xue) im Körper unharmonisch oder blockiert sind. Das chinesische Xue entspricht nicht genau unserem Blut. Es bewegt sich zwar vornehmlich in den Blutgefäßen, aber auch in den Leitbahnen. In der chinesischen Medizin gibt es keine genaue Unterscheidung zwischen Blutgefäßen und Leitbahnen. Damit Qi und Xue wieder frei fließen können, müssen ihre Bewegungen reguliert und Blockaden aufgelöst werden. Die Wirkung der Übungen kann sich allerdings nur unter der Bedingung von innerer Ruhe entfalten – deshalb gilt die innere Ruhe als Grundlage für jede Qigong-Übung.[32]

> In des Lotosblattes Fläche lass ich spielend gleiten
> reinen Wassers Perlentropfen, die sich zitternd runden.
> *Su Dongpo*

Um auf den kleinen Lotusblüten gut tanzen zu können, wurden die Füße der Tänzerinnen zusammengebunden. Das führt uns zur historischen Schattenseite des Lotus: seit dem 12. Jahrhundert gab es in China systematische Verstümmelungen von Frauen. Man brach ihnen die Mittelfußknochen, so dass die Frauen nie mehr richtig gehen konnten. Die irreparabel deformierten, kleinen Füße galten über viele Jahrhunderte hinweg als Schönheitsideal und als ein Objekt männlicher Begierde[34] „In diese Welt," so hat es der sozialkritische Dichter Bai Juyi (772-846) formuliert, „sollte man auf keinen Fall als Frau geboren werden. Das Glück und die Traurigkeit einer Frau liegt immerzu in den Händen von Anderen. Das Leben ist so schwierig – schwieriger zumeist als Bergstraßen und wilde Wasser."[33]

Der sogenannte Lotus- oder Lilienfuß wurde gesetzlich erst im Jahre 1911 verboten. Während die kaputten Füße offenbar von den Männern als der erotischste Teil von Frauen wahrgenommen wurden, bedeuteten sie für die Frauen lebenslange Schmerzen und eine erhebliche Bewegungseinschränkung. Auf diese Weise waren sie zwangsweise an Haus und Herd gebunden, unterlagen der strengen familiären Kontrolle und konnten nicht einfach davonlaufen.

Dieses Schicksal ist der Daoistin He Xiangu (bei Wolfram Eberhard: Ho Hsien-ku), die es als einzige Frau in den Kanon der acht Unsterblichen geschafft hat, erspart geblieben. Der Legende nach hatte sie sich schon sehr früh vorgenommen, niemals heiraten zu wollen und erlangte die Unsterblichkeit (Erleuchtung) bereits im zarten Alter von 13 Jahren. Sie wird stets mit einer Lotusblüte oder auch schon mal mit einem Pfirsich als Unsterblichkeitssymbol dargestellt.[34]

Wenn wir uns intensiver dem Studium der Lebensgeschichten und überlieferten Weisheiten erleuchteter Frauen widmen, finden wir eine Gruppe Unsterblicher Schwestern, aus der die sehr beliebte Sun Buer herausragt. Sie wurde im Jahr 1124 geboren, brachte drei Kinder zur Welt und – sobald diese aus dem Haus waren – widmete sie sich ab dem 51. Lebensjahr der daoistischen Praxis. „Dass sich jemand", so berichtet Thomas Cleary, „erst in reifem Alter und nach Erfüllung aller üblichen Pflichten des gesellschaftlichen Lebens ausschließlich dem Streben nach Unsterblichkeit zuwandte, galt in der Schule der Vollkommenen Wirklichkeit* als besonders zuträglicher Entwicklungsweg, denn hier ging man davon aus, dass die vorbereitende Arbeit geschehen kann, während man sich in der gewöhnlichen Welt aufhält."[(35)]

Es ist „daoistischen Hagiographien (Heiligen-Biografien) zu eigen", so die Sinologin Martina Darga, „dass sie bestimmte Charakteristika der berühmten oder heiligen Persönlichkeiten hervorheben, um sie als Vorbilder für die Praxis und ein Leben im Sinne des Daoismus zu präsentieren. Insofern vermengen sich dort historische Fakten mit legendären Elementen, wie es auch bei Sun Buer der Fall ist."[(36)] Über die Unsterbliche Schwester gibt es zahlreiche Erzählungen, die unter anderem die familiären Konflikte beleuchten, die mit der Entscheidung einhergingen, als Frau den daoistischen Weg beschreiten und Haus und Familie verlassen zu wollen.

Später gründete sie die erste Gemeinschaft für Frauen, die sie in daoistischen Praktiken unterrichtete. Es wird auch „berichtet, dass Sun Buer wusste, wann sie sterben würde [...] Sie kämmte sich, zog frische Kleidung an und begab sich zu ihren versammelten Schülerinnen, denen sie am Ende ihres Lebens ein eigenes Gedicht vortrug. Aufrecht im Lotossitz verließ sie diese Welt."[(36)] Mehr als 100 Jahre später wird sie als Gottheit verehrt.

In der Textsammlung über die „Innere Alchemie für Frauen" („Nüzi danjing huibian") finden sich auch die berühmten vierzehn Verse der Sun Buer. Sie stellen in bildhafter Weise die menschliche Entwicklung bis hin zum Älterwerden dar. An manchen Textstellen werden zuweilen für Mann und Frau unterschiedliche Praktiken zur Erlangung von Unsterblichkeit beschrieben. „Der besondere Bezug zur weiblichen Praxis", so Martina Darga, „erscheint bei Sun jedoch noch nicht konkret, auch wenn sie in der Moderne häufig in diesen Kontext eingeordnet wird."

---

* Meister Wang Zhe, der sowohl Sun Buer als auch ihren Mann unterrichtete, gilt als einer der Begründer der nördlichen Schule der Vollkommenen Wirklichkeit.

Und an anderer Stelle im Text: „Im Laufe der Geschichte entwickelte sich Sun Buer zum Vorbild für weibliche Praktizierende der Inneren Alchemie und des Daoismus".[36]

Der weibliche Weg der Transformation beinhaltet auch, dass Frauen bewusst und auf harmonische Weise die Menstruation zum Erliegen bringen („den Drachen unterbrechen"). „Binde den Tiger und bringe ihn zur wahren Lagerstatt zurück; zügle den Drachen und vermehre allmählich das Elixier", schreibt Sun Buer. Hier steht der Tiger für Energie und der Drache für Geist. Mit der „wahren Lagerstatt" ist der Bereich zwischen den Brüsten gemeint. Wenn Frauen sich auf den Weg der Inneren Alchemie machen, sollten sie zuerst Energie in diesem Bereich sammeln.[35] Die Brustbeinmitte spielt auch beim Frauen-Qigong („Nüzi Qigong") nach Liu Yafei eine wesentliche Rolle. Die Übungen sind auf die physiologischen Besonderheiten von Frauen abgestimmt, die Bewegungen gelten als ein Abbild des weiblichen Yin-Prinzips von Sanftheit und Geschmeidigkeit.

> Sei frei von Kummer und Angst. Eine einsame Wolke und ein wilder Kranich, jenseits von allen Beschränkungen. In einer strohgedeckten Hütte, in Muße die goldenen Bücher lesend. Wälder und Bäche vor dem Fenster, am Rande der sanften Hügel, Wasser und Bambus. Leuchtender Mond und klarer Wind; würdig ihre Gefährtin zu sein.
>
> **Sun Buer (Nachhallende Klänge eines rufenden Kranichs)**

Herausragende Daoistinnen sind entweder unverheiratet geblieben oder haben sich schließlich von ihren Ehemännern getrennt. Den Männern wurde das Festhalten oder gar Einsperren ihrer hoch entwickelten Frauen dadurch erschwert, dass diese ihre Erscheinung ändern und sich bei Bedarf unsichtbar machen konnten. Wenn die weiblichen Unsterblichen ihre „Gefängnisse" verließen, flogen sie zum Fenster hinaus in die Wolken – oftmals blieben nur ihre Schuhe zurück. Bei weiblichen Unsterblichen endet die Geschichte jedoch meist nicht mit ihrem Verschwinden. Die Menschen der Gegend widmeten ihr zahlreiche Schreine und bemerkten bald, „dass die an solchen Orten dargebrachten Gebete augenblicklich beantwortet wurden".[35]

Die Unsterbliche Schwester Tang Guangzhen lebte in der Zeit der Song-Dynastie (960-1279). Nach überstandener Krankheit verließ sie ihren Mann und lernte bei einer daoistischen Meisterin. Später begegnete sie drei Unsterblichen, von denen sie gefragt wurde, ob sie die gewöhnliche Welt transzendieren und einen Platz unter den Heiligen einnehmen wolle. Schwester Tang antwortete, ihre Mutter lebe noch und sie wolle diese im Alter versorgen. Das war für die Unsterblichen nachvollziehbar, die Antwort entsprach einem daoistisch hoch entwickelten Geist und so erhielt Tang den Titel „Wahre Unsterbliche mit einem durch heitere Stille gefestigten Geist".[35]

Ich mag diese Geschichten. Sie sind geistreich und vielleicht auch ein wenig skurril, auf jeden Fall hilfreich bei der Annäherung an die daoistische Philosophie. Aber kehren wir nun zurück an den Westsee: Hangzhou war die Hauptstadt der südlichen Song-Dynastie (1126- 1279), in der die chinesische Gesellschaft einen bedeutsamen Wandel erfuhr. Kaiser Taizu hatte die Militärs in den Frühruhestand geschickt und eine direkt der Zentralregierung unterstellte Beamten-Bürokratie installiert, die geistesgeschichtlich mit der Wiederentdeckung des Konfuzianismus einher ging. Diese Neuauflage der „Lehre vom rechten Weg" bedeutete die Rückkehr zu sehr alten Texten und Traditionen.

Das betraf auch die Rolle der Frauen. Deren Hauptaufgabe bestand darin, Kinder zu gebären und sich um Ehemann und Schwiegereltern zu kümmern. Wenn sich eine Frau nicht ausreichend um die Schwiegereltern kümmerte, galt dies als Scheidungsgrund für den Mann. Verheiratete Männer konnten sich aber auch wegen Kinderlosigkeit, Ehebruch, Diebstahl, Eifersucht, üblen Krankheiten und – aufgepasst! – wegen einer zänkischen Zunge von ihren Frauen trennen.

Mädchen und Frauen hatten keinen Zugang zu Bildung. Sie wurden von ihren Familien zu Hause unterrichtet und erzogen. Ihr Lernstoff bestand fast ausschließlich aus einer Auswahl der auf konfuzianischer Ethik beruhenden Frauentraktate. Literatur und Musik gehörten nicht zum Lerninhalt, denn diese wurden als schädlich für die weibliche Charakterbildung angesehen. Viele Gelehrte, darunter auch Konfuzius, waren der Meinung, dass Frauen gar keine Bildung bekommen sollten. Sie sahen die Unwissenheit und den Mangel an Begabung als

Tugend bei einer Frau an.[37] So blieb die moralische Kultivierung des Menschen den Männern vorbehalten.

Bevor wir noch ein wenig durch Hangzhou flanieren, habe ich an dieser Stelle zum Vergleich einen kurzen Ausflug in die Frauenwelt im europäischen Mittelalter vorbereitet. Auch hier haben Philosophie, Theologie und die männlich geprägte Rechtsprechung dafür gesorgt, dass Frauen in nahezu allen Lebensbereichen benachteiligt waren. So bestand die Lebensaufgabe der Frau im Mittelalter vor allem darin, Kindsmutter und Hausfrau zu sein. Es gab kaum Empfängnisverhütung und so wurde manche Frau jedes zweite Jahr schwanger. Entsprechend lag die Lebenserwartung von Frauen etwa zwanzig Jahre unter der von Männern.

Wollte die gewöhnliche Frau mehr als nur Kinder gebären und den Haushalt versorgen, stieß sie auf den Widerstand ihres Ehegatten und vor allem der Schwiegereltern. Mit der Klugheit von Frauen wollten sich auch auf dem europäischen Kontinent gelehrte Männer nicht anfreunden. „Zum Ochsen schickt sich kein Sattel und zu einer Frau keine Bücher, […] gebildet zu sein, das ist nicht weiblich," formulierte Erasmus von Rotterdam.[38] Im Osten wie im Westen, so scheint es, kann diese Epoche für Frauen keine angenehme Zeit gewesen sein.

> Oben ist der Himmel, unten sind Suzhou und Hangzhou.
> *Aus China*

Während der Song-Zeit war Hangzhou der größte Hafen der Welt. Das chinesische Meer reichte noch bis in die Stadt hinein. Aus der engen Provinzstadt mit ihren schmalen Gassen und einer einzigen, ungepflasterten Hauptstraße entwickelte sich eine prächtige Hauptstadt, von welcher der venezianische Kaufmann Marco Polo schwärmte, sie sei die schönste Stadt der Welt. Für „den größten Landreisenden aller Zeiten" (Alexander von Humboldt) war die Stadt mit ihren unzähligen Kanälen, auf denen ein Gewimmel von Booten Gemüse und Reis, Salz und Tee, Holz und weitere Güter in die Stadt brachte, das Venedig des Ostens.

Die heutige 10-Millionen-Stadt Hangzhou verkörpert immer noch die Schönheit und Lebenskultur vergangener Tage. Hier beginnt der Kaiserkanal, die längste von Menschen gebaute

Wasserstraße der Welt und wichtige Verbindung in den Norden. Unzählige Wasserwege und Kanäle, welche die Landschaften durchziehen, haben Güterverkehr und Kommunikation ermöglicht und zur Ausbreitung der chinesischen Kultur beigetragen.

Es ist ein besonderes Erlebnis, im Morgenschein am Seeufer Qigong zu praktizieren und Himmel und Erde miteinander zu verbinden. Insbesondere bei der ersten Brokatübung „Halte das Universum mit beiden Händen" wird der Qi-Fluss zwischen dem Oberkörper und dem Unterkörper gefördert. Der obere Teil entspricht mehr dem Yang und dem Himmel, der untere Teil mehr dem Yin und der Erde. Wenn die ersten Sonnenstrahlen durch Dunst und Frühnebel hindurch ein sanftes Glitzern auf das ruhig daliegende Wasser verteilen, ist das wieder so ein magischer Moment: Innehalten, Dankbarkeit empfinden und genießen. Bei den acht Brokatübungen stellt sich nach Jiao „sowohl beim Übenden wie auch beim Betrachter „die Empfindung von etwas Kostbarem, von großer Schönheit ein". Die Bezeichnung Brokat „bringt die Freude an diesen Übungen, die Wertschätzung und Achtung ihnen gegenüber zum Ausdruck".[39]

Am südlichen Ufer des Westsees fällt der Blick auf die Leifeng-Pagode, die im Jahr 1999 komplett neu wiederaufgebaut wurde. Die alte Pagode ist eng verknüpft mit der Legende von der weißen Schlange. Der Germanist Wang Min hat in bewährter Weise auch im Jahr 2014 die China-Reise der Medizinischen Gesellschaft begleitet und uns unterwegs mit zahlreichen schönen Geschichten, Märchen und Legenden erfreut. Vor allem, wenn wir mit dem Bus im Stau standen, hat er es trefflich verstanden, uns die Zeit mit seinen Erzählungen zu vertreiben – so etwa mit der Legende von der weißen Schlange.

Hierbei handelt es sich um eine sehr alte Liebesgeschichte mit viel Frauen-Power. Eine weiße Schlange hatte sich über tausend Jahre hinweg durch Meditation und geistige Vervollkommnung so weit entwickelt, dass sie Menschengestalt annehmen konnte. So vermochte sie sich in eine wunderschöne Frauengestalt verwandeln und begegnet an der Brücke am Westsee einem sympathischen jungen Mann. Die beiden verlieben sich ineinander und heiraten. Nun gibt es allerdings einen finsteren Mönch und Magier, dem das Liebesglück ein Dorn im Auge ist und der alles an Intrigen und Magie aufbietet, um die Liebenden auseinander zu bringen. Letztlich siegt aber auch in diesem Märchen das Gute über das Böse.[40]

Im westlichen Umland von Hangzhou gibt es Berge und sanfte Hügel mit viel Wald, großen Teeplantagen und kleinen Dörfern mit Teehäusern. In dieser Gegend liegt auch das Drachenbrunnendorf und hier wird der grüne Drachenbrunnentee „Longjing" angebaut. Von den Höhenlagen kommt der Nebel- und Wolkentee. Das subtropische Klima befeuchtet die Luft, die Passatwinde bringen Feuchtigkeit vom Meer mit herüber. In der Nacht zuvor hat es geregnet und auf den Teesträuchern glitzern Regentropfen wie kleine Diamanten.

Es liegt ein Zauber über dieser wolkenverhangenen Welt und ich bin davon überzeugt, dass man in solchen Landschaftsbildern und in den flüchtigen Begegnungen mit den Menschen auf der Straße der Seele Chinas auf die Spur kommen kann. Das Seelische scheint nicht selten dem Geist der Melancholie zu entspringen. Auch deshalb lohnt es sich, hinter die Mega-Kulissen und Superlativen zu schauen, mit denen sich das Reich der Mitte vor allem zu großen Anlässen dem Rest der Welt präsentiert. Zwar sind viele der traditionellen Lebens- und Wertvorstellungen auch heute noch gültig und lebendig. Zugleich sind sie aufgrund der westlichen Einflüsse und des rasanten Wirtschaftswachstums in Bewegung geraten.

Vielleicht meint man Widersprüchliches in der chinesischen Gegenwart zu entdecken, wenn der Blick sich in die Wohnungen und Häuser hineintastet. Häufig hängen da gut sichtbar die Portraits von Xi Jinping, Mao Zedong und Laozi oder Konfuzius einträchtig nebeneinander. Einer der drei großen Verehrungswürdigen wird schon helfen und bestenfalls vervielfacht sich im Gruppenensemble deren Wirkmacht. Hier zeigt sich eine pragmatische Lebenseinstellung, die auf Menschen im Westen eher widersprüchlich, widerspenstig oder gar unvereinbar wirken mag. Derzeit richten sich die Hoffnungen auf den allmächtigen Staatspräsidenten, den „Onkel". Aber auch der große Revolutionsführer Mao Zedong hat sich seine Popularität und sein Andenken bewahrt. Laozi ist vielleicht etwas ins Hintertreffen geraten gegenüber dem Staatsphilosophen Konfuzius.

Mindestens genauso wichtig wie die Ahnenverehrung ist in China das Essen. Die gemeinsamen Mahlzeiten werden zuweilen in einer Lautstärke praktiziert, die den irritierten westlichen Besucher in den Glauben versetzt, die Menschen, die um die runden Tische sitzen und sich doch einvernehmlich Essen und Trinken teilen, seien miteinander in Streit geraten. Es wird wild gestikuliert, eifrig durcheinander gesprochen und gescherzt, Stühle werden gerückt und Gläser zum Trinkgruß erhoben. Manchmal ist das helle Lachen der Frauen aus dem Stimmengewirr heraus zu vernehmen.

Ich habe auf meinen Reisen selten in so eindrücklicher Weise lauthals lachende und spielfreudige Menschen erlebt wie in China. Als sehr besonders sind mir die Feierlichkeiten rund um das Mondfest am achten September 2014 in Erinnerung. Viele Familien machen am Mondfest einen Ausflug und essen die obligatorischen Mondkuchen oder auch jede Menge Pomelos, die in Form und Farbe an den Vollmond erinnern. Am Abend wird gemeinsam der echte Vollmond betrachtet, während böse Geister und Dämonen vom Gong vertrieben werden. Der Gong verheißt außerdem Glück, Stärke und Wohlstand.

Diese Eindrücke begleiten uns weit in den Park hinein bis zu jenem kleinen Platz, an dem wir uns wie selbstverständlich einer Gruppe Taijiquan übender Frauen und Männer anschließen. Mit weichen, fließenden Bewegungen geben wir uns dem Fluss des Lebens hin und werden eins mit ihm. So stellt sich inmitten der fremden Welt ein Gefühl von Zugehörigkeit ein.

Bei unseren Beobachtungen und vor allem bei deren Interpretation gehen wir stets vom eigenen kulturellen Standpunkt aus. Wir vergleichen mit dem, was uns bekannt ist, bleiben doch stets in unserer Haut. Die ehemalige China-Korrespondentin Angela Köckritz beschreibt ihre Jahre im Pekinger* Glockenturmviertel. In diesem alten Wohnviertel, in den schmalen Gassen zwischen den traditionellen Hofhäusern, konnte man bis zuletzt dem authentischen Lebensgefühl der Menschen in der Altstadt nachspüren. Dazu gehört für die Journalistin einer ihrer älteren Nachbarn, der das ganze Jahr hindurch auf einem winzigen Stühlchen am Gassenrand saß und dem Treiben auf der Straße zusah: „Eine neue Welt drang ins Viertel ein, und man konnte schon ahnen, dass sie die seine eines Tages überrollen, abwickeln, planieren würde. Ich könnte ihm ewig zusehen beim Sitzen. Es gibt heutzutage wenige Menschen, die noch so sitzen können wie Herr Meng. In diesem meditativen, halbgenießerischen Zustand, in dieser völligen

* Peking (hier: Wade-Giles-Umschrift); Beijing (in der heute gängigen Pinyin-Umschrift)

Absichtslosigkeit, ganz ohne Langeweile. Er sitzt und lässt das Leben an sich vorbeiziehen, nur manchmal ruft er einem Passanten zu: Wohin des Weges? Oder: Schon gegessen?"[41]

Mit der neuen Welt verband sich seit den neunziger Jahren der Abriss der Pekinger Altstadtviertel, der Hutongs. Stadtverwaltung und Immobilienunternehmer, so erfahren wir weiter bei Angela Köckritz, sahen die besondere Lebensweise, welche die Pekinger Hutong-Kultur ausmachte, als Zeichen von Rückständigkeit. Viele Menschen wurden umgesiedelt und immerhin gab es in den neuen Häusern Toiletten und Wasser. Den meisten blieb gar nichts anderes übrig als sich mit dem abzufinden, was mit ihnen geschah. So wurden gewachsene Strukturen zerstört und dem nachbarschaftlichen Miteinander ein jähes Ende gesetzt.

Dem Abriss der Hutongs folgte ein sogenannter historisierender Wiederaufbau, der uns im April 2019 von einem jungen Chinesen mit Stolz und nicht ohne Pathos gezeigt wird. Zu sehen ist eine betongraue, seelenlos wirkende und so rasant aufgebaute Altstadtkulisse, dass an manchen Stellen bereits wieder der Mörtel bröselt oder Risse in den Wänden sichtbar werden. An einigen Haustüren klebt noch die durchsichtige Kratzschutzfolie.

Während wir etwas ratlos und zögerlich dem Mann folgen, suchen unsere Blicke das Viertel nach Leben ab. Wir ertappen uns dabei, streunenden Hunden und Katzen sehr genau hinterher zu schauen und zu überprüfen, ob sie denn auch echt sind. Es ist doch so, dass wir nur dem eine Seele zusprechen, was in Bewegung ist.

> Arong lacht auch. „Glaub bloß nicht alles, was man dir erzählt. Es gibt immer eine Geschichte hinter der Geschichte. Und dahinter gibt es noch ein paar mehr. Hey, das ist China."
>
> *Angela Köckritz (Der Wolkenläufer)*

Apropos Seele: bereits als junges Mädchen war ich mit der Frage beschäftigt, wo diese im menschlichen Körper wohnt, wo ihr Sitz sein könnte. Im Altenheim erlebte ich erstmals, wie nach dem Ableben einer älteren Frau unmittelbar die Fenster geöffnet wurden. Die Seele müsse aus dem Körper nach draußen entweichen können, wurde mir erklärt. Ich verkniff mir die Frage, was draußen mit ihr weiter geschehen würde. Warteten dort engelsgleiche Wesen, deren Aufgabe es war, die Seele in Empfang zu nehmen und an einen paradiesischen Ort zu führen? Natürlich nur, sofern es sich bei der Verstorbenen um einen guten Menschen gehandelt hat. Das jedenfalls war die Erzählversion meiner Großmutter.

Nun finden sich die Optionen Himmel, Hölle und Fegefeuer auch in der Tradition Chinas wieder. Die alte Geisterstadt Fengdu in Südwestchina wurde durch den Bau des Drei-Schluchten-Staudamms überflutet. Dabei blieben die hoch über der alten Stadt liegenden Tempelanlagen vom Wasser verschont. Diese Tempel gelten als Heimat der verstorbenen Seelen. Und hier will jeder Schritt gut überlegt sein. Wenn eine Frau am Tor zur Hölle mit dem linken Fuß über die Schwelle steigt, wird sie im nächsten Leben als Mann wiedergeboren. Und aus Männern werden Frauen, wenn sie mit dem rechten Fuß über die Schwelle steigen.

Im Glauben vieler Kulturvölker ist die Idee zweier Seelen verankert, der Körperseele und der Geistseele, die im Leben unabdingbar zusammengehören und sich erst im Tod trennen. In der frühen chinesischen Heilkunde ist der Wohnsitz der Körperseele die Lunge. Die Leber wiederum beherbergt die Geistseele. In der späteren Han-Zeit wurden die beiden Seelen weiter differenziert: es gab sieben Körper- und drei Geistseelen. Die Gesamtheit dieser Seelenanteile zu harmonisieren, galt als die wichtigste Aufgabe im Leben eines Daoisten.[42]

Irgendwann gelangte ich zu der Überzeugung, dass die Seele im Gehirn beheimatet sein müsse. Damit befand ich mich im Einklang mit der modernen wissenschaftlichen Sichtweise. Als ich im Jahr 1980 mit dem Studium der Psychologie begann, fand ich mich in einem von Physik und Mathematik überschriebenen Fachgebiet wieder, das mit endlosen Gleichungen und Wahrscheinlichkeitsberechnungen imponierte. Quantitative Informationen wollten verarbeitet und Korrelationen gefunden werden, mit denen man vielleicht dem menschlichen Handeln auf die Spur kommen könnte. Über die Seele wurde nicht gesprochen.

Die Fähigkeit, glücklich zu leben, kommt aus einer Kraft, die der Seele innewohnt.

Marc Aurel

In der Lehre der Psychotherapie wurden wir mit Schulen- und Methodenstreitigkeiten beschäftigt, die im Ursprung auf die narzisstischen Bedürftigkeiten und persönlichen Kränkungen der Gründungsväter zurückzuführen waren. So gestaltete sich das Studium mühsam, unbefriedigend und ließ kaum metaphysische Fragestellungen zu. Wie alle Heranwachsenden, die sich neugierig und mit Forschergeist durch ihr noch junges Leben bewegen, wollten wir unbedingt wissen, „was die Welt im Innersten zusammenhält". Geist und Seele hatten zu jener Zeit die Psychologie verlassen und waren in die Geisteswissenschaften, in die Philosophie und Theologie abgewandert. Am ehesten konnte man sie noch bei den Psychoanalytikern finden. Doch die waren aus den Vorlesungsverzeichnissen verschwunden.

Inzwischen hat die Wissenschaft das schwierige Konzept der Seele aufgegeben. Stattdessen steuern wir mit Hilfe von Algorithmen, riesigen Datensätzen und künstlicher Intelligenz auf einen neuen Mythos zu: auf eine unsterbliche digitale Seele.(43) Aus einer Fülle von Nutzerdaten entstehen digitale Doppelgängerinnen und so lässt sich auch der Begriff der „Unsterblichkeit" neu interpretieren und in eine postmoderne Geschichte von morgen* einspeisen.

Mit Carl Gustav Jung (1875-1961) fand dann doch noch einer der großen „alten" Männer der Psychologie seinen Weg zu mir. Er hat sich stets sein Interesse an Mythologie und Religionsgeschichte bewahrt und sich vor allem der Deutungsarbeit unbewusster Symbole gewidmet. Jung war mit dem Sinologen und Missionar Richard Wilhelm befreundet. Nach der Trennung von Freud und einer anschließenden schweren Lebenskrise ließ er sich durch Wilhelms Übersetzungen von Texten chinesischer Weisheitslehre inspirieren.

---

* In Anlehnung an Yuval Noah Harari: Homo Deus – Eine Geschichte von morgen; Beck-Verlag, 2018

Es mag die metaphysische Tiefe des Daoismus gewesen sein, die den Schweizer Psychiater angesprochen hat. Das traditionelle chinesische Denken ist dynamisch, lebendig und orientiert sich am ewigen Wandel aller Erscheinungen und zugleich an deren Integration. Alles gehört zusammen und wir befinden uns jederzeit mittendrin im prozessualen Geschehen. Im Jahre 1931 erhielt C. G. Jung von Richard Wilhelm einen Text über das „Geheimnis der goldenen Blüte". Der Text dieses magischen, chinesischen Lebensbuchs hat den Schweizer Arzt so fasziniert, dass er sechzehn Jahre an einem Kommentar dazu arbeitete. Die goldene Blüte ist eine Metapher, die sich auf einen alchemistischen Prozess der Läuterung und Veredlung, auf eine innere Transformation bezieht.(44)

Mit der analytischen Psychologie des Schweizer Psychiaters eng verbunden sind die zwei wichtigsten Archetypen Animus und Anima, die von Jung als Teile der Seele verstanden werden. Animus und Anima wiederum stimmen mit der chinesischen Geistseele Hun und mit der Körperseele Po überein. Jung begreift die Geistseele Hun als eine Art Wolkendämon, dem Yang-Prinzip zugehörig, der nach dem Tod emporsteigt und zu einem sich ausbreitenden Geist wird. Die Körperseele Po ist dem Yin-Prinzip zugeordnet und sinkt nach dem Tod zur Erde hinab. In ähnlicher Weise gehen auch Animus und Anima nach dem Tod getrennte Wege.(44)

> Es ist aber gerade der Osten, der uns ein anderes, weiteres, tieferes und höheres Begreifen lehrt, nämlich das Begreifen durch das Leben.
>
> **C. G. Jung**

In der chinesischen Vorstellungswelt unterliegt die Wirklichkeit einem stetigen Wandel und zeigt sich voller Widersprüche. Diese bleiben oft bestehen, ohne dass sie besprochen oder gar aufgeklärt werden können. Ja es besteht aus chinesischer Sicht keine Notwendigkeit dazu. Diese im Daoismus verankerte Lebenseinstellung hat mich immer mal wieder zu kleinen Gedankenexperimenten angeregt. So stelle ich mir etwa die Frage, wie man im alten China wohl auf das Trojanische Pferd reagiert hätte? Hätte man auf die Warnung einer Kassandra gehört und das hölzerne Monstrum klugerweise vor den Stadttoren stehen lassen oder wären die Chinesen, erschöpft nach zehnjähriger Belagerung, ebenso auf die Kriegslist der Griechen hereingefallen?

Unvereinbares, so haben wir gelernt, kann auch einfach mal an Ort und Stelle stehen bleiben und wir bewegen uns geschmeidig und flexibel drum herum. Es wird mit Sicherheit bald wieder eine Gelegenheit geben, sich dieser heiteren Übung zu widmen.

和

Harmonie
he

ESSAY 4

VOM ÜBEN UND LERNEN. KONFUZIUS UND HERAKLIT IN BABYLON. VOM ROTEN DRACHEN. WESHALB MAN NICHT AN JUNGEN PFLANZEN ZIEHEN SOLLTE. ÜBUNGSDISZIPLIN UND DAS „ALS-OB-RITUAL".

„Warum verbringen Sie Ihre Samstagnachmittage in der Sägemühle, während die anderen Männer sich in der Stadt dem Vergnügen hingeben?" fragte Hightower. „Ich weiß es nicht", sagte Byron. „Ich denke, es ist einfach mein Leben."

William Faulkner (Licht im August)

Ich bin mit dem Lesen „alter Texte" aufgewachsen. In der Unterprima erfolgte der Einstieg mit Latein und „De bello Gallico". Dessen Anfangspassage „Gallia est omnis divisa in partes tres" ist mir unvergessen. Altgriechisch kam in der Untertertia hinzu und wir haben uns redlich um eine Annäherung an die Ideen von Platon und Sokrates bemüht. Bis heute möchte ich die Beschäftigung mit den alten Sprachen, mit griechischer und römischer Geschichte und Philosophie nicht missen.

So lernte ich die Idee des Guten kennen, die bei Platon als höchste Erkenntnis betrachtet wird und im Höhlengleichnis ihre bildhafte Darstellung findet. Hier wird die Wirklichkeit von Dingen, von Tieren und Pflanzen in Frage gestellt. Das wiederum führte in jungen Jahren, in denen die Themen des Lebens zart und fragil zugleich daherkommen, zu erheblichen inneren Umwälzungen. Wenn das, was wir von der Welt sehen, nur aus Abbildern von Ideen besteht, können wir uns zwar eine Meinung bilden. Aber wirkliches Wissen oder wahre Erkenntnis sind kaum möglich. Das war zunächst entmutigend.

Immerhin sammelten wir Erfahrungen, diskutierten uns in den Lehrstoff hinein und schlugen die üblichen jugendlichen Schlachten. Manchmal waren wir siegreich und gönnten uns kleine Triumphzüge, die sich in den Räumen eines altehrwürdigen Schulgebäudes wunderbar zelebrieren ließen. In meiner Erinnerung waren wir im Unterricht so sehr mit dem Dreigestirn Pythagoras, Sokrates und Platon beschäftigt, dass kaum Zeit für weniger bekannte Philosophen blieb.

So kommt es, dass ich mit einem Mann wie Heraklit (520-460 v.u.Z.) erst später in Kontakt gekommen bin. Dieser eigenbrötlerische Philosoph lebte ungefähr zur selben Zeit wie Konfuzius (551-479 v.u.Z.) und wird zuweilen auch als der „chinesischste" unter den Weisen des antiken Griechenlands bezeichnet. Ihm wird ein feuriges Temperament zugeschrieben und er soll sein Leben lang mit der Oberflächlichkeit im Denken und Handeln seiner Mitmenschen gekämpft haben.

„Wir können nicht zweimal in denselben Fluss steigen", soll Heraklit gesagt haben, von dem es nur wenige schriftliche Aufzeichnungen gibt. Der Mann aus dem ionischen Ephesos stellte sich die Welt in unablässiger Bewegung und Veränderung vor. Diese immerwährende Bewegtheit, der ständige Fluss der Dinge, wurde später in dem Ausdruck „Panta rhei" (Alles fließt) zusammengefasst. Im Osten wie im Westen entwickelten sich zu jener Zeit naturphilosophische Vorstellungen, deren Elemente der Dualismus der Urkräfte sowie eine alles durchdringende Weltordnung waren. Bei Heraklit befindet sich die Weltordnung im Logos. Aufgabe des Menschen sollte es demnach sein, den Logos, die alles durchwaltende Weltvernunft, zu erkennen.

Der griechische Philosoph beschäftigte sich gerne mit Gegensätzen, die er zugleich als zwei Teile einer größeren Einheit betrachtete. So wird deutlich, auf welche Weise Heraklit mit traditionellen chinesischen Vorstellungen in Verbindung gebracht werden kann. Wie trefflich auch, dass er sich in hohem Alter in die Berge begeben und dort das Leben eines Einsiedlers geführt haben soll. Vielleicht, so ist zu lesen, ist er sogar der erste Eremit auf europäischem Boden gewesen.[45]

Der Edle verbreitet Harmonie, und doch ist er nicht schwach: wie mächtig ist er doch in seiner Stärke! Er steht fest in der Mitte und beugt sich nach keiner Seite.

Konfuzius zugeschrieben

Das wiederum hat meine Fantasie angeregt und so lade ich Sie ein zu einem fiktiven Ausflug in die Vergangenheit: wir dürfen an einer zufälligen Begegnung von Konfuzius und Heraklit zu Beginn des Jahres 501 v. u. Z. teilhaben. Konfuzius ist fünfzig Jahre alt und wird in wenigen Wochen in seinem Heimatstaat Justiz- und Innenminister werden. Endlich wird er die Gelegenheit bekommen, seine Grundsätze gerechten Regierens in die Tat umzusetzen.

Der Vorsokratiker Heraklit ist seiner Mitbürger in der kleinasiatischen Metropole Ephesos überdrüssig. Auch nerven ihn die kampflustigen Perser. Beim Wiederaufbau des von Heraklit sehr geliebten Artemis-Tempels stehen sie mit klirrendem Rüstzeug immerzu im Weg und hindern die Ochsenkarren mit dem Baumaterial an der Weiterfahrt. Heraklit und Konfuzius begegnen sich in Babylon, der zu jener Zeit größten Stadt der Welt. Wir wissen nicht, wie sie dorthin gekommen sind. Auch nicht, was sie dort zu finden hoffen. Aber an den Ufern des Euphrat lässt sich trefflich umher wandeln und nachdenken. Und das sind doch die wesentlichen Vorlieben eines Philosophen.

Nach einem ausgiebigen Spaziergang durch die weitläufigen Gartenanlagen Babylons beschließt Konfuzius, unten am Fluss in dem kleinen Teehaus eine Pause einzulegen. Dort trifft man sich, tauscht sich über Neuigkeiten aus und vereinbart Geschäfte. Worüber sprechen die beiden Denker, nachdem sie einander bekannt gemacht haben? Ist Heraklit, der Jüngere der beiden, insgeheim neidisch darauf, dass es der chinesische Philosoph im Gegensatz zu ihm geschafft hat, eine Schule zu gründen und eine Vielzahl von Anhängern zu akquirieren, die sich die Finger wund schreiben, um jedes Wort des Meisters für die Nachwelt festzuhalten?

Und wie geht der Ältere mit dem unkonventionellen, distanziert und durchaus arrogant wirkenden Nachkömmling aus reichem Haus um? Dieser versteht das Philosophieren vornehmlich als Selbstsuche und scheint sich immer wieder in seinem eigenen Denken sowie auch in seiner

Selbstgefälligkeit zu verlieren. Würde Heraklit im damaligen China als Daoist durchgehen? Immerhin suchen sowohl der Ionier als auch die Anhänger des Daoismus ihr Seelenheil in der Hinwendung zur Natur und einem Leben im Einklang mit deren Rhythmen. Auch Konfuzius kommt im Allgemeinen zurecht mit den Vertretern des Daoismus. Er teilt deren Skepsis gegenüber den herrschenden Regierungen und ihren Widerwillen über die Egoismen der Mitmenschen. Aber inmitten der Regierungs- und Wertekrisen seiner Zeit glaubt er ebenso fest an die Möglichkeit von Reformen.

Konfuzius ist ein unerschütterlicher Weltverbesserer und seine Reden haben stets einen moralisch-traditionellen Überbau. Seine sittliche Botschaft, seine Forderungen nach vorbildlichem Verhalten in jeder Lebenslage, nach Respekt und Ernsthaftigkeit sich selbst und anderen gegenüber, dürfte dem nachdenklichen Mann aus Griechenland wohl imponiert haben. Zugleich erschreckt ihn die scharfe Konsequenz, das hartnäckige Staccato der Ratschläge in den Worten des Älteren. Es mag dem griechischen Philosophen damals ähnlich ergangen sein wie heute dem Philosophen Kai Marchal. Dieser hadert mit der Urgestalt der frühen chinesischen Geschichte und beschreibt das Rätselhafte an Konfuzius so: „Immer sagt er etwas, seine Schüler und Trabanten hören sich das an, sind demütig, ganz klein vor seiner geistigen Autorität, aber oft ist nicht klar, was er überhaupt sagen will. Seine Zuhörer müssen es sich selbst zusammenreimen."[(46)]

Aber zurück nach Babylon: der Appell an die Rückkehr zu bewährten Ordnungsprinzipien wird den jungen Griechen wohl beschäftigt haben. Vielleicht hat er während dieser Begegnung überlegt, sich Konfuzius anzuschließen und dessen Schüler zu werden? Zuhause hätte Heraklit aufgrund seiner Herkunft ein königliches Amt beanspruchen können. Doch er hatte zugunsten seines Bruders darauf verzichtet und es war ihm gleichgültig, dass ihm das von manchen Zeitgenossen als Beweis für seinen Hochmut ausgelegt wurde.

Jede Veränderung, davon ist Heraklit fest überzeugt, entsteht durch den Kampf und das Zusammenspiel gegensätzlicher Kräfte. Aber in der Begegnung mit dem Meister aus Fernost kommt er nicht weiter. Und schlimmer noch: er fühlt sich nicht wohl in der Fremde, vermisst seine Heimatstadt. Inmitten des Übermaßes an konfuzianischen Belehrungen sehnt er sich nach seinem Freund Pythagoras: nach dem ruhigen, gemeinsamen Philosophieren ebenso wie nach dem neckischen Geplänkel, das der Freundschaft der beiden Männer eine wohltuende Leichtigkeit verleiht.

> Wer Übungen will, begebe sich auf die Suche nach den Quellen des Lebens.
>
> H. D. Thoreau

Heraklit wird die Heimreise antreten und sich nach dem Tod des Pythagoras in die Berge zurückziehen. Manche meinen, er habe sich nicht völlig von der Zivilisation abgewandt, sondern sei in jenem Wäldchen geblieben, das zum heiligen Bezirk des Artemis-Tempels in Ephesos gehörte.(47) Unter der Obhut einer Göttin lebt es sich allemal besser als mutterseelenallein oben in den rauen Bergen.

Auch Konfuzius wird nach einer langen Reise endlich im Sommer an der chinesischen Ostküste zurück sein. Er wird die ihm angetragenen Ämter übernehmen, für Ordnung sorgen und in seinem Schaffen zunächst Erfolg haben. Allerdings wird das Mächtespiel der Fürsten seinen Erfolg wieder zunichtemachen. Die Regierenden des Nachbarstaates sehen den Aufstieg des Staates Lu unter Konfuzius mit Besorgnis. Sie verführen den Landesherrn und obersten Chef von Konfuzius, indem sie ihm 80 wunderschöne Mädchen und 120 ihrer besten Pferde zukommen lassen. Die Ordnung bricht innerhalb von drei Tagen zusammen und Konfuzius geht für dreizehn Jahre ins Exil. Wir halten fest: mit jungen Mädchen und erstklassigen Pferden ließen sich immer schon mächtige Männer und selbst gut durchdachte Reformpakete zu Fall bringen.

Der Meister hatte auf der Grundlage von überlieferten Sitten und Regeln stets auf Harmonie und Vertrauen gesetzt. Daoistische Zivilisationsflucht sowie gar der Verzicht auf jegliche Belehrung gegenüber seinen Mitmenschen waren seine Sache nicht. Auch den Hinweis des weisen Laozi, dass jeder Versuch, die Gesellschaft verbessern zu wollen, vergeblich sei, wollte er nicht hören.(48)

Wer China begreifen will, so meinen manche Autoren, müsse vor allem Konfuzius und sein Erbe verstehen. Der Philosoph und Schriftsteller Volker Zotz sieht in der Begegnung mit Konfuzius die Möglichkeit einer „vertieften, kulturellen und individuellen Selbsterfahrung, indem sie unseren Standort als Europäer und als Persönlichkeiten neu bestimmt". Mit seinem Konfuzius-Buch will er den Leser auf der Suche nach Orientierung „soweit nach Osten führen, bis er, durch eine lange Reise gewandelt, wieder im Westen ankommt und diesen mit verändertem Blick wahrnimmt. Der direkte Weg zu sich selbst führt stets um die ganze Welt, immer durch das Fremde und Unvertraute."[(48)]

Die Beschäftigung mit Qigong Yangsheng und Taijiquan war für mich zugleich der Einstieg in eine intensive Auseinandersetzung mit den drei großen Schulen Daoismus, Buddhismus und Konfuzianismus sowie mit Elementen des indischen Yoga. An der frühen Entstehungsgeschichte der Qigong-Methoden waren vielfältige Strömungen und Traditionen beteiligt. Ich will an dieser Stelle aber auch eingestehen, dass ich mich mit Meister Kong Fuzi (oder: Kongzi), den später die Jesuiten latinisiert Konfuzius nannten, zunächst schwergetan habe. Er verkörperte für mich stets die Traditionen einer sehr alten, lange zurück liegenden patriarchalen Gesellschaftsstruktur. Der bedingungslose Gehorsam gegenüber dem Ehemann und den Eltern, die für die Partnerwahl verantwortlich waren, sind für Frauen Lebensumstände, die aus einer fernen Zeit herüberwinken und sich gleichzeitig in manchen Gesellschaften bis heute erhalten haben.

Im modernen China wird die traditionsreiche Denkweise eines Konfuzius in den allgegenwärtigen Partei-Autoritarismus eingewoben und ist nunmehr Bestandteil von Disziplinierungs- und Umerziehungsmaßnahmen. Zugleich strebt die kommunistische Partei nach wirtschaftlichem, technologischem und wissenschaftlichem Wachstum und Erfolg. Für die Menschen im heutigen Reich der Mitte besteht eine der Herausforderungen darin, gewohnte konfuzianisch geprägte Strukturen mit den unterschiedlichen Ausprägungen einer globalisierten, kapitalistischen Welt zusammenzubringen.

Die Aufrechterhaltung von Harmonie in der sozialen Ordnung, die der konfuzianischen Denkweise zu eigen ist, scheint zunehmend gefährdet. „Die Ablösung der alten Planwirtschaft durch die Marktwirtschaft", so die Psychoanalytikerin Antje Haag, „erfordert Wettbewerb, der ohne eine Individualisierung der Gesellschaft nicht möglich ist. Traditionelle Maßstäbe werden verworfen und in vielen Familien kommt es zu früher undenkbaren Konflikten zwischen den Generationen. Dies wiegt umso schwerer als die Elterngeneration der heutigen jungen Erwachsenen die Traumata der Vergangenheit nicht bewältigt hat."(49)

Der Sinologe Tilman Spengler sieht im heutigen Comeback des Konfuzius in der chinesischen Gesellschaft eine notwendige Identitätssuche, nachdem die unterschiedlichen politischen Kampagnen der vergangenen Jahrzehnte wenig Ordnungsstiftendes und Kontinuierliches für die Menschen mit sich brachten. Die neuen Konfuzius-Anhänger sind stolz auf das China von damals und auf das China von heute. Sie sehen sich als Vertreter einer uralten Kultur, die jetzt ihre Wurzeln sucht.(50)

Konfuzius predigte Lernen, Üben und Disziplin. Dabei spielen die Gemeinschaft und gemeinsame Werte eine wesentliche Rolle. Mit der Priorität des Lernens ist jedoch nicht die Anhäufung von Wissen gemeint. Vielmehr gilt es, ein gutes Leben zu führen und zu verstehen, dass man niemals auslernt: „Immer bleibt man Anfänger, sogar wenn man selbst schon in der Lage ist, andere in bestimmten Dingen anzuleiten oder ein Stück des Weges als Lehrer zu begleiten".(48)

Konfuzius selbst muss ein sehr strenger Lehrer gewesen sein. Er tadelte seine Schüler fast ständig. Er lächelte so gut wie nie und sprach nicht mit Frauen. Der Meister war sein Leben lang erfüllt von dem Wunsch, ein besserer Mensch werden zu wollen und die Menschen um sich herum ebenfalls zu besseren Menschen zu machen. Tägliches Üben und unaufhörliches Streben nach Tugendhaftigkeit bestimmten sein Leben.

> Etwas lernen und sich immer wieder im Erlernten üben – bringt das nicht Zufriedenheit?
>
> *Konfuzius zugeschrieben*

Greifen wir das „tägliche Üben" auf. Denn auch bevor man mit dem Erlernen von Qigong beginnt, macht es Sinn, die realen Möglichkeiten einer persönlichen Übungspraxis auszuloten. Nicht selten stellt sich dabei heraus, dass der Anspruch des täglichen Übens zu hoch gegriffen ist. Sowohl die Unterrichtseinheiten bei der Lehrerin als auch jene zuhause wollen gut geplant und müssen in den Alltag integrierbar sein. Prinzipiell ist es jederzeit und überall möglich zu üben. Doch insbesondere zu Beginn der Übungspraxis kann eine gründliche Auswahl der Rahmenbedingungen sowohl für die Motivation als auch für die Ausdauer förderlich sein. Etwas lernen und sich immer wieder im Erlernten üben – das erfordert auch in der Vorbereitung Disziplin, Sorgfalt und Geduld.

Viele Übende mögen draußen im Freien praktizieren. Jedoch sollten extreme Temperaturen, Niederschläge oder starker Wind gemieden werden. Auch lässt sich nicht gut üben, wenn man sich aus sonstigen Gründen ungeschützt und unwohl fühlt. Indem vorab solche Details in die Vorbereitung miteinbezogen werden, gelingt es leichter, eine Übungsstruktur aufzubauen und zu erhalten. Traditionell werden während der Sommerzeit die Zeitabschnitte des frühen Morgens vor 7 Uhr und der Abend ab 17 Uhr empfohlen. Zwischen 5 und 7 Uhr sind Yin und Yang fast ausgeglichen, das Yang überwiegt aber leicht. Auch zwischen 17 und 19 Uhr sind Yin und Yang ziemlich ausgeglichen – mit zunehmender Abenddämmerung wird das Yin stärker.

Lockerungs- und Aufwärmübungen, die den Eintritt in das Haus des Qigong ausmachen, werden ebenso sorgfältig ausgeführt wie die Übungsformen selbst. Anschließend stimmen wir uns mit einer natürlichen und aufrechten Körperhaltung auf die Übungszeit ein. Beim natürlichen Stehen lässt eine leichte Anspannung im Gesäß das Qi in die Beine fließen und sichert so einen guten Stand auf der Erde. Im Gesicht zeigt sich eine innere Haltung von Ruhe und Gelassenheit sowie zugleich Wachheit und Konzentration. Ein leichtes Lächeln fördert die Entspannung vieler Leitbahn-Punkte im Gesichtsbereich. Nach einer Weile folgt die innere Stimmung dem Lächeln – wir empfinden Sanftheit und Heiterkeit.

Die Bewegungen des Qigong oder Taijiquan lassen sich durch aufmerksames Beobachten, Nachahmen und häufiges Wiederholen erlernen. Dabei erfolgt das Üben bewusst und schrittweise. Auf dem Weg meiner persönlichen Übungspraxis habe ich zu mehr Sorgsamkeit gefunden: beim genauen Hinsehen und Kennenlernen der Bewegungsabfolge sowie beim Üben selbst. Das gilt sowohl für die sichtbare, äußere, als auch für die weniger sichtbare, innere Bewegung. Auch entwickelte ich zunehmend Respekt vor scheinbar leicht zu erlernenden Übungen.

Die Übungssequenz der „15 Ausdrucksformen des Taiji-Qigong" wird gleichermaßen als „leicht" und „schwer" angesehen. Bei Prof. Jiao findet sich hierzu folgende Interpretationshilfe: „leicht bedeutet, dass die äußere Form der Übung unkompliziert ist. Die Bewegungen sind so strukturiert und geordnet, dass es jedem leichtfällt, sie zu lernen und zu praktizieren. [...] schwer bedeutet, dass die Übenden nicht leicht den Wert einer so einfachen Methode erkennen. Da die Übungen äußerlich nicht besonders spektakulär anzuschauen sind, haben viele Übende auf halbem Wege ihre Übungspraxis abgebrochen. [...] Die Schwierigkeit dieser Methode liegt darin, beständig an einer so einfachen Übung festzuhalten und ihre Übungsprinzipien zu verstehen."(51)

In der Praxis zeigen sich die Attribute „leicht" und „schwer" mit einer ganz eigenen Dynamik. Obgleich ich sehr motiviert war und endlich einen Lehrer gefunden hatte, bei dem ich mich gut aufgehoben fühlte, schien es zunächst kaum möglich, dass ich mir die Reihenfolge und Ausführung von 15 unterschiedlichen Bewegungsformen merken konnte. Immer und immer wieder endete ich beim Üben der „15 Ausdrucksformen des Taiji-Qigong" bei der Zahl 14. Eine Übungsform ließ ich also dauerhaft weg. Aber welche war das? Ich war ratlos.

Schließlich bemerkte mein Lehrer, dass es sich bei der fehlenden Übung um die Nummer 7 „Der rote Drache spreizt seine Klauen" handelte. Der rote Drache sollte sich in den darauffolgenden Jahren noch des Öfteren bemerkbar machen und sich in vielerlei Hinsicht als Übungsobjekt anbieten. Nach Jiao bringen wir „mit der Kraft des Drachens eine zähe, ausdauernde und zugleich feine und geschmeidige Kraft" zum Ausdruck.(51) Durchsetzungswille, Entschlossenheit und Wildheit wollen mit Flexibilität, Weichheit und Unabhängigkeit in Einklang gebracht werden.

Beim Erlernen asiatischer Bewegungskünste sind Geduld und Durchhaltevermögen gefragt. Qigong versteht sich als Selbstübungsmethode und so gibt es die Empfehlung, vor allem die Zeiträume zwischen den Seminaren zum selbständigen Üben zu nutzen. Aber auch die Pflege des Lebens gehört zu den wesentlichen Aspekten beim Erlernen von Qigong: „Es ist wichtig, den Alltag vernünftig zu gestalten. Die Heilung von Krankheiten, die Festigung der Heilungseffekte und die Erhaltung der Gesundheit hängen von vielen Faktoren ab. Die Qigong-Übung ist nur einer dieser Faktoren. Daneben ist es wichtig, auf eine ausgewogene Gemütslage zu achten und den Alltag gut zu gestalten. Dies schließt gute Gewohnheiten beim Arbeiten und Lernen, beim Essen und Wohnen und im kulturellen Leben ein."[52]

Für die Anfangsphase empfiehlt sich ein schrittweises Erarbeiten jeder einzelnen Bewegungssequenz, möglichst ohne bereits mit der nächsten Übung zu liebäugeln. Manche Lehrer raten einen langsamen Einstieg in die Übungspraxis mit zehn Minuten pro Tag. Ich habe auch gute Erfahrungen damit gemacht, zu Beginn nicht mehr als drei Bewegungsformen auszuwählen und sich in den ersten Wochen vor allem auf diese zu konzentrieren.[53]

Jeder Anflug von Ungeduld lehrt uns, dass wir nicht alles auf einmal lernen können. Es geht zunächst um kleine Fortschritte und bescheidene Erkenntnisse. Wenn die Zeit „reif" und die Selbstwahrnehmung mehr geschult ist, können weitere Übungsformen hinzukommen und beliebig miteinander kombiniert werden. Mit regelmäßigem Üben geht auch ein Zuwachs an Sicherheit und Selbstvertrauen einher. Es ist ein wunderbares Gefühl von Einssein mit sich und der Welt, wenn es während des Übens gelingt, der inneren Impulse gewahr zu werden. Wenn wir uns dann jenen Bewegungen widmen, die sich bemerkbar machen, sprechen manche Qigong-Praktizierende davon, dass diese Übungen „anklopfen" und geübt werden wollen.

> Wenn du die Absicht hast, dich zu erneuern, tu es jeden Tag.
> *Konfuzius zugeschrieben*

Solange eine möglichst korrekte Ausführung der äußeren Form im Vordergrund steht, empfiehlt sich die Begleitung durch einen Lehrer. Neben den Bewegungsabläufen geht es auch um die Heranführung an Aspekte wie „Vorstellungskraft" oder „Regulierung des Qi". Ohne Anleitung geraten die Übungen möglicherweise zu einer Art Gymnastik. Dabei spielen in der Qigong-Praxis die inneren Übungen, zu denen auch die Vorstellungskraft gehört, eine wesentliche Rolle. „Wir üben nur dann wirklich Qigong," so der Leitgedanke, „wenn wir mit dem Herzen und unseren Gedanken dabei sind. Das Qi ist da, wo unsere Gedanken, unsere Vorstellungen sind."

Das aufmerksame Nähren der „Sprösslinge des Herzens" findet sich in der Lehre des konfuzianischen Philosophen Mengzi (370-290 v.u.Z.): „In dem Augenblick, in dem die eigenen Handlungen das Herz nicht mehr erfreuen, wird das Qi verdorren. [...] Um es gut zu pflegen, musst du an ihm arbeiten, aber ohne etwas zu erzwingen. Verlier nicht den Kontakt zu deinem Herzen, aber erzwinge auch nichts. In Song lebte ein Mann, der aus Sorge, dass sein Getreide nicht wachsen würde, an diesem zog. Müde kehrte er abends heim und sagte zu seiner Familie: Heute bin ich müde. Ich habe den Sprösslingen beim Wachsen geholfen. Sein Sohn eilte hierauf auf das Feld und schaute sich das Getreide an. Die jungen Pflänzchen waren verwelkt. Es sind wenige in der Welt, die es lassen können, den Sprösslingen beim Wachsen zu helfen."[(54)]

Mit zunehmender Übungserfahrung werden wir vertrauter mit den Hintergründen der Methoden und vertiefen anschließend wiederum die Übungspraxis. Durch die stetige Wiederholung der einzelnen Bewegungsabläufe bahnt sich eine neue Spur in das Körpergedächtnis. Die Lebenskraft Qi wird im Dantian (Energiespeicher) gesammelt und verfeinert. Von hier aus kann sie in alle Körperteile fließen. In der Übungspraxis kann das Dantian zum Ausgangspunkt jeder Bewegung werden. Wenn Körper, Geist und Atem in einen Gleichklang münden, vermag sich aus der strukturierten Aktivität heraus eine Art Flow-Erlebnis zu entfalten. Mit dem Begriff Flow ist im Ursprung das als beglückend erlebte Gefühl eines mentalen Zustands völliger Vertiefung (Konzentration) und restlosen Aufgehens in einer Tätigkeit gemeint.[(55)] Wir fühlen uns eins mit uns und der Welt; Handeln und Bewusstsein verschmelzen ineinander.

Der Glücksforscher Mihály Csíkszentmihályi sieht als Bedingung für das Eintreten eines Flow-Gefühls, dass im Bewusstsein Ordnung herrscht und die Zielsetzungen klar sind. Außerdem sollten wir uns auf unsere Tätigkeit voll konzentrieren können und Freude an der Herausforderung haben, von der wir überzeugt sind, dass wir sie bewältigen können. Er sieht große Ähnlichkeiten zwischen Yoga und Flow und hält es für „sinnvoll, sich Yoga als eine sehr sorgfältig geplante Flow-Aktivität vorzustellen."[(56)]

Sei dazu entschlossen, und die Sache ist getan.

Konfuzius zugeschrieben

Sowohl beim Flow-Erleben als auch in den asiatischen Bewegungskünsten findet sich das Konzept der Mühelosigkeit: Anforderung und Anstrengung dürfen nicht zu hoch sein. Um in den Zustand des Flow zu gelangen, sollte man sich in einem mittleren Bereich zwischen zu wenig und zu viel, zwischen Unterforderung und zu hoher Anforderung bewegen. Beim Saiteninstrument etwa lässt sich hören, dass eine zu wenig gespannte Saite keinen schönen Klang ergibt. Ist die Saite allerdings zu stark gespannt, kann sie reißen. Erst die richtige, angemessene Spannung kann einen schönen Klang erzeugen.

„Will man Reis kochen, so darf die Flamme nicht zu klein und nicht zu groß sein", so Jiao Guorui. Und weiter: „will man sich guter Wirkungen durch das Üben von Qigong erfreuen, so muss man beim Praktizieren das richtige Maß für das eigene Üben finden. Wir müssen unsere Grenzen nach oben und nach unten kennen [...] Es gilt, das rechte Maß in Bezug auf alle Aspekte der Übung zu finden, also in Bezug auf Körperhaltung, Bewegung, Atmung, Vorstellungskraft und Übungsdauer."[(51)]

So werden Körper und Geist gleichermaßen geschult. Bei der Kultivierung des Geistes wird eine klare Denkweise und zugleich eine Beruhigung der Emotionen angestrebt. Wenn der Geist zur Ruhe kommt, ist das wie eine Art Kurzerholung. Wir lassen uns von äußeren Einflüssen weniger ablenken, gehen mit der Aufmerksamkeit nach innen und übernehmen „in unserem Haus" wieder die Führung.

Jede Übung kann als „ein Forschungsprojekt" auf dem Erkenntnisweg verstanden werden. Der Einstieg erfolgt über sorgfältiges Üben, stetiges Nachahmen und Einstudieren der Bewegungen. Danach folgen Nachdenken und Einsicht, eine Art Synthese, in der die Essenz ihren Ausdruck findet. Schließlich begeben wir uns auf einer höheren Stufe erneut in die Übungspraxis – so gewinnen wir zunehmend Erfahrung und Verständnis für die gelernten Inhalte. Ulli Olvedi ist Lehrerin für Stilles Qigong und beschreibt den Übungsweg so: „Nach einiger Zeit regelmäßigen Übens wird sich eine „natürliche Disziplin" einstellen, die auf einem echten Kontakt mit den Bewegungen des Qi beruht, auf der unmittelbaren Erfahrung des Qi-Flusses, die sich im Allgemeinen aus körperlichen Empfindungen in Verbindung mit imaginativen Bildern und emotionalen Eindrücken zusammensetzt."[(57)]

Im Lehrsystem Qigong Yangsheng finden sich für die einzelnen Formen stets Hinweise auf die Übungsanforderungen, mit denen ein tieferes Verständnis für die Übung erreicht werden kann. So gilt für den roten Drachen die Vorstellung eines Drachen, der sich im Wasser bewegt, sowie einer zähen, ausdauernden Drachenkraft, die „gleichzeitig fein und geschmeidig ist."[51] Ich war lange davon überzeugt, die Übungsform „Der rote Drache spreizt seine Klauen" sowie deren Einbettung als Nummer sieben in den Zyklus der 15 Ausdrucksformen niemals lernen zu können. Doch eines Tages verkündete „Meister Lu" eine zusätzliche Praxiszeit am Abend. Hier wurde fast nur der rote Drachen geübt, immer und immer wieder. So wurde ich allmählich mit dieser Übung vertraut. Später sollte ich meine Abschlussarbeit über den chinesischen Drachen schreiben.

Christel Proksch, die große alte Dame des Taiji in Deutschland, hat in Taiwan gelernt und ist dort der asiatischen Art, zu lernen und zu lehren, begegnet. „Fremd muss uns bleiben," so schreibt sie, „dass die chinesische Lehrmethode auf reiner Nachahmung ohne alle Erklärungen beruht. Ein chinesischer Schüler würde niemals etwas bei seinem Meister hinterfragen. Speziell die Frage nach dem „Warum" gilt als im höchsten Maße unhöflich und anmaßend." – Als „positive Seite der chinesischen Unterrichtsmethoden" sieht die Autorin, dass „der Schüler in der Nachahmung Erfahrung sammeln und sensibler werden kann für das, was diese Bewegungen ausmacht [...] Dieses Gelernte prägt sich unendlich viel tiefer ein, als wenn man es über den Verstand begreifen will."[58]

Nun haben über die Jahre Annäherungen stattgefunden. Chinesische Lehrerinnen wissen darum, dass im Westen das Studium von Fachliteratur ebenso angesagt ist wie das genauere Nachfragen. Wir Lernende wiederum haben gelernt, diesbezüglich etwas zurückhaltender zu sein. Auch haben wir verstanden, dass beim Erlernen einer neuen Übung nicht gleich zu Beginn alles erfasst werden muss.

> Wenn drei Menschen unterwegs sind, muss einer davon mein Lehrer sein. Ich folge ihren guten Beispielen und vermeide die schlechten.
>
> *Konfuzius zugeschrieben*

Es war ein Anliegen von Konfuzius, „anderen Menschen mit einer völlig neuen Einstellung zu begegnen. Nicht das, was ich von ihnen will, steht im Vordergrund, sondern das, was sie mich lehren können. Abschreckende Beispiele sind dabei ebenso wertvoll wie nachahmenswerte Vorbilder […] Wer lernen möchte, muss still werden und sein vorschnelles kritisches Denken zurücknehmen."(48) Das konfuzianische Lernen beinhaltet immer auch, sich zurückzunehmen. „Lernen ohne Denken ist sinnlos", aber „Denken ohne lernen ist gefährlich […]. Wer mehr denkt als zuzuhören und hinzuschauen, mag für sich selbst und die Welt kühne Utopien ersinnen oder alle Probleme der Erde gedanklich lösen. Aber er kann dabei leicht der Versuchung erliegen, das Rad neu zu erfinden, weil ihm nicht auffiel, dass es überall schon rollt."(48)

Auch Riten und Rituale kennzeichnen den konfuzianisch geprägten Alltag. Sie ermöglichen Selbstkultivierung und Kontinuität im Leben. „Ein gut durchgeführtes Ritual schafft einen rituellen Raum, in dem sich ideale Beziehungen entwickeln können." Rituale bringen die Möglichkeit der Veränderung mit sich. Sie erlauben uns für einen Moment, ein anderer Mensch zu sein. „Die Kraft des Rituals liegt darin, dass es sich von der Realität unterscheidet."(59)

Beim konfuzianischen Lernen kommt auch dem Als-ob-Ritual eine Bedeutung zu. In der westlichen Kultur dominiert eher die Tendenz, authentisch sein zu wollen: sich so zu zeigen, wie man ist. Auch in der Psychotherapie geht es darum, das Innenleben zu erkunden und herauszufinden, wer wir wirklich sind. In einem weiteren Schritt geht es um das Annehmen dessen, was wir über uns herausgefunden haben. Im Sinne von Konfuzius würden wir unser Verhalten genau beobachten und es dann verändern.

Das konfuzianische „als ob" führt von einer konkreten Handlung zur Haltung. Indem man beispielsweise einer zunächst notwendigen, aber eher weniger erfreulichen Angelegenheit doch mit einer positiven Einstellung nachgeht, kann man insgesamt in eine wohlwollendere Gestimmtheit kommen. Den Grundgedanken vom Appetit, der beim Essen kommt, wendet die konfuzianische Lehre auf den gesamten Lernprozess an. In vielen Regionen Ostasiens ist die Lernmoral konfuzianisch geprägt. Lernen gilt als die Erfüllung des Lebens. Es dient vor allem der charakterlichen Bildung und Selbstkultivierung mit dem Ziel, eine bessere Welt zu schaffen.

> Das Einzige, was ich erfahren, womit ich üben kann, ist mein Leben genau jetzt. Mehr kann ich nicht tun.
>
> **Joko Beck**

Tausende von in- und ausländischen Touristen besuchen jährlich das Städtchen Qufu in der heutigen Provinz Shandong, in dem Konfuzius geboren wurde und gestorben ist. Der Grabhain im Norden der Stadt, der Ahnentempel sowie das Anwesen der Nachkommen sind UNESCO-Weltkulturerbe. Die chinesische Regierung verfolgt das Ziel, dass die Menschen ihre konfuzianischen Wurzeln neu entdecken. Ich stimme mit Kai Marchal darin überein, dass Konfuzius der heutigen kommunistischen Partei Chinas wohl eher eine Abfuhr erteilt hätte. Das heutige China, so Marchal, sei nicht konfuzianisch und könne es auch nicht so mehr so leicht werden, weil „die menschlichen Beziehungen in diesem Land längst durchökonomisiert" seien.[(46)]

In Anlehnung an die konfuzianische Lehre haben wir in diesem Essay „so getan als ob". Mithilfe einer fingierten Begegnung, in der sich Historie, Erkenntnisgewinn und Freude an der Fiktion vereinen, haben sich neue (Denk-)Räume eröffnet – und vielleicht sind wir auch ein wenig geschmeidiger geworden. Tatsächlich kann es lohnend sein, selbst zu überprüfen, ob sich Beziehungen durch die Wiederholung von Ritualen und die Simulation von harmonischem Miteinander verbessern lassen. So mag auch jede Alltagsübung einer Art Forschungsprojekt gleichkommen und sich im Dialog mit der Lebenskraft verfeinern.

鶴戲

Das Spiel des Kranichs
hexi

ESSAY 5

ALLE SINNE BEIEINANDER: HIER KOMMT DER SECHSTE SINN. DER TANZ DER FÜNF TIERE UND DIE THEORIE DER WANDLUNGSPHASEN. VON SELBSTOPTIMIERUNG, SELBSTKULTIVIERUNG UND FREUNDLICHKEIT.

Nichts, was wir benutzen, hören oder berühren, kann man in Worten so gut ausdrücken, wie die Sinne es wahrnehmen.
Hannah Arendt

Der Schwebebalken und ich wurden niemals Freunde. Das fünf Meter lange Holz dämmerte in einer hinteren Ecke der Turnhalle vor sich hin und fand glücklicherweise meist wenig Beachtung. An manchen Tagen jedoch stellte sich die Lehrerin neben das Sportgerät, legte eine Hand lässig auf den Balken und forderte alle Mädchen dazu auf, sich hintereinander in einer Reihe aufzustellen.

Dem nun folgenden Tanz auf dem Holz war kaum zu entkommen. Mir bereitete bereits das Erklimmen des schmalen Schwebebalkens erhebliche Schwierigkeiten und falls es dann doch gelang, drohte auf der anderen Seite sofort wieder der Absturz. Zehn Zentimeter Breite können für eine ungelenke junge Frau nicht ausreichend sein.

Sehr viele Jahre später – bei den Olympischen Sommerspielen 2012 in London – gewann die chinesische Turnerin Deng Linlin die Goldmedaille am Schwebebalken und ich war fasziniert. Eine kleine Akrobatin, die sich mit einer magisch anmutenden Körperbeherrschung sicher und ästhetisch auf dem schmalen Grat zu bewegen vermochte. In meiner Wahrnehmung zeigte sie das Finden und Halten des Gleichgewichts sowie die innere und äußere Aufrichtung in Vollkommenheit.

Wir geraten im Laufe des Lebens immer mal wieder aus dem Gleichgewicht und bei so manchem Balanceakt geht es darum, auf den Beinen zu bleiben und nicht zu Fall zu kommen. Inneres wie äußeres Gleichgewicht gelten als wesentliche Parameter für Wohlbefinden und Gesundheit. Deshalb macht es Sinn, so lautet die Maßgabe unserer Zeit, Gleichgewicht und Koordination ein ganzes Leben lang zu üben. Also stehen wir während des Zähneputzens auf einem Bein, gehen auf geraden Linien oder balancieren auf den Baumstämmen im Wald. Bei diesen Übungen geht es um Körperwahrnehmung und Stabilisierung.

Der sechste Sinn hat mit der Wahrnehmung der Tiefensensibilität zu tun. Er zeigt uns genau an, wo wir uns im Raum befinden und wie schnell wir uns darin bewegen. Der sechste Sinn informiert in jedem Augenblick über die relative Position der Körperteile. Auf diese Weise können wir Treppensteigen, ohne jeden einzelnen Schritt bewusst steuern zu müssen. Beim Gehen müssen wir nicht ständig nach unten auf unsere Füße schauen, sondern setzen ganz selbstverständlich einen Fuß vor den anderen. Ebenso können wir uns mit geschlossenen Augen den rechten, ausgestreckten Arm vorstellen und verlieren selbst im Dunkeln nicht das Gleichgewicht. Diese Eigenwahrnehmung des Körpers im Raum wird Propriozeption genannt.

Der sechste Sinn passt unsere Aktivitäten den jeweiligen Erfordernissen an und garantiert jene Bewegungsfreiheit, ohne die das Leben sehr schwierig wäre. Vor allem entlastet er uns: während der sechste Sinn uns fortwährend über unsere Position im Raum informiert, sind wir frei, anderes zu tun. Ohne Propriozeption wäre es unmöglich, die Kraft und Intensität der eigenen Bewegungen einzuschätzen.[60]

> Lasst uns wieder ganz werden.
>
> **Thich Nhat Han**

In allen körperorientierten und bewegungstherapeutischen Verfahren geht es darum, einen Raum für die Wahrnehmung des körperlichen Ausdrucks und der begleitenden Empfindungen zu schaffen. Dabei spürt man nicht immer, was in einer Bewegung steckt oder welche Emotionen damit verbunden sind. Manche Abläufe geschehen auch unbewusst. Deshalb wird in der Qigong-Praxis der Selbstwahrnehmung viel Zeit gegeben und wir experimentieren mit den Bewegungen, indem wir sie größer oder kleiner, kräftiger oder sanfter, schneller oder langsamer ausgestalten.

Hier bieten sich im Qigong ganz besonders die Übungen aus dem „Spiel der 5 Tiere" an: die Wahrnehmung lässt sich schulen und verfeinern, indem man beispielsweise beim Spiel des Kranichs mit dessen Bewegungen variiert. So fühlt sich ein kleiner, junger Kranich anders an als die weiten, ausladenden Bewegungen des großen Vogels.

In ähnlicher Weise lässt sich mit den anderen Tieren verfahren. Die Freude am Spielen und Ausprobieren bringt auch ein Kennenlernen differenzierter Qualitäten wie Geschmeidigkeit, Sanftheit und Leichtigkeit mit sich. Bei dieser Übungsmethode geht es nicht nur um Nachahmung im engeren Sinn, sondern darum, das Wesen des jeweiligen Tieres zu erfassen, dieses „im Herzen wachzurufen" und seine Besonderheiten nach außen hin zum Ausdruck zu bringen.

„Die Gestalt des Kranichs ist elegant und leicht, gedehnt und gestreckt, kein Eindruck von Enge darf entstehen. Die Brust ist weit und „durchsichtig". Wenn wir das Spiel des Kranichs üben", so Jiao Guorui, „denken wir an seine Leichtigkeit, seinen schwerelosen Flug."[(61)] Beim Tier-Spiel geht es neben der äußeren Form auch um die Ausdruckskraft und um das Erfassen des Charakters der Tiere. Es ist die Sorglosigkeit und Zufriedenheit, die dem Kranich zugeschrieben wird, während er hoch oben in den Wolken schwebt und seinen Flug genießt.

Alle Kraftentfaltungen im Spiel des Kranichs sind sanft und leicht. Für Jiao ist die Leichtigkeit des Kranichs „aber nicht die einer Feder, die haltlos umhergaukelt, sondern die Leichtigkeit, die ein festes Fundament hat. Das bedeutet, dass wir zuerst die untere Stabilität [...] üben." Von diesem sicheren Grund aus kann die Ausdehnung in den Raum hinein erfolgen. Während der äußere Blick in die Weite geht, bewegt sich der innere Blick hinab zu den Wurzeln. So lässt sich in einer guten Aufrichtung üben, ohne den Kontakt zum Boden zu verlieren. Das ist eine besondere Art des Selbstgewahrseins und des Daseins im Augenblick. „Die Ruhe des Kranichs ist reine Ruhe. Es ist eine Ruhe, der Schönheit und Anmut innewohnt, eine Ruhe, die aus der Zufriedenheit der Seele erwächst".[61]

> Schwerelos schwebt der Kranich hoch in den Lüften
> Kieferngleich steht der Kranich auf irdischem Grund.
> Geist voller Freiheit wahrhaft beschwingt und beflügelt
> Wie durch Wolken gleitend im himmlischen Rund.
>
> *Jiao Guorui*

Wir werden dem Kranich und den ihm zugeschriebenen Attributen in diesen Essays immer wieder begegnen. In der chinesischen Kultur gilt er als Symbol der Langlebigkeit und in der Mythologie sowie in den darstellenden Künsten werden Kraniche oft mit den immergrünen Kiefern kombiniert, die ebenso für das lange Leben und die Beständigkeit stehen. Kraniche können in der chinesischen Überlieferung tausende von Jahren alt werden. Sie gelten als Reittiere für Unsterbliche, die auf dem Rücken der Vögel in den Himmel gelangen. Manche daoistische Schülerinnen sollen sich nach langen Jahren des Übens selbst in Kraniche verwandelt haben. Im Laufe der Kulturgeschichte Chinas haben verschiedene Tierarten und Vogelmotive als Vorbilder für Bewegungsmuster im Taijiquan und Qigong gedient. Neben Sperber, Falke oder auch der „badenden Stockente" gibt es den Hahn, dem in unterschiedlichen Zeitperioden verschiedene Bedeutungen zugesprochen wurden.

Wegen des markanten Hahnenschreis zum Sonnenaufgang glaubte man in China, darin ein Sinnbild für Mut und Stärke sowie eine enge Beziehung zum Sonnenlicht zu erkennen. In einer ganzen Reihe von Orakeln spielten Hühner oder Hähne eine besondere Rolle. Man glaubte, dass der Hahn die ungewöhnliche Fähigkeit besitzt, kommende Ereignisse vorherzuahnen oder auch, das Böse zu vertreiben.[62] Der goldene Hahn bewacht nach alter Vorstellung das Himmelstor. Der Himmel hat zehn Sonnen und keinen Schatten. So kommt der Hahn in den Genuss des Lichts von zehn Sonnen und sein Gefieder reflektiert den prallen goldenen Glanz. Im Taiji gibt es die Übungsform „Der goldene Hahn steht auf einem Bein“: hier kann mit der Streckung von Kopf und Rücken in Richtung Himmel die Yang-Energie geöffnet werden.

In chinesischen Modellen der Welt waren alle Dinge und Lebewesen Teil derselben Realität. Die vielfältigen Phänomene der Welt wurden durch ein Entsprechungssystem zu einem einzigen Gewebe verflochten. So gestalteten sich auch die Grenzen zwischen Tieren und Menschen durchlässiger und den Möglichkeiten von Transformationen waren kaum Grenzen gesetzt. Tiere verwandelten sich in andere Tiere oder in geisterartige Formationen und auch Menschen konnten sich in Tiere oder in Gegenstände verwandeln. Indem sie sich einzelnen Tieren anglichen, konnten sich Menschen an die kreativen und transformativen Kräfte der Natur ankoppeln.(63)

„Das Spiel der 5 Tiere“ ist eines der ältesten chinesischen Übungssysteme. Im Laufe der Historie haben sich zwar unterschiedliche Schulen und Richtungen entwickelt, aber im Kern geht es stets um die Imitation von Tierbewegungen. Auf diese Weise können wir an der Kraft und Anmut unterschiedlicher Tiere teilhaben, uns diese sozusagen „ausleihen“. Zunächst ging es bei dieser Art der Körperkultivierung vor allem um das Heilen von Krankheiten und den Erhalt der Gesundheit. Später fanden Tierformen auch Eingang in das Taijiquan und in die Kampfkunst der Shaolin.

Der chinesische Arzt Hua Tuo (ca. 141-220), auf den das Tierspiel zurückgeht, bezog sich auf frühere Unsterblichkeitsrituale und Übungen des Leitens und Dehnens (Daoyin), bei denen unter anderem die Bewegungen von Tieren nachgeahmt wurden. „Der menschliche Körper“, so Hua Tuo, „braucht Aktivität, aber man sollte es nicht übertreiben. Bewegung ermöglicht es dem mit der Nahrung aufgenommenen Qi, sich zu verteilen, lässt das Blut ungehindert fließen und verhindert das Entstehen von Krankheiten. […] Deshalb machten die Unsterblichen des Altertums daoyin-Übungen; sie vollführten den gleitenden Bären und den Falken, der seinen Kopf dreht, um hinter sich zu blicken, und in dem Bestreben, das Altern aufzuschieben, dehnten und beugten sie ihre Taillen und bewegten ihre sämtlichen Gelenke. Ich selbst habe eine Methode, die Wuqinxi heißt. Die erste [Form] heißt [die Form des] Tigers, die zweite [die Form des] Hirschs, die dritte [die Form des] Bären, die vierte [die Form des] Affen und die fünfte [die Form des] Vogels.“(63)

Diese Textstelle gilt als der früheste Hinweis auf das „Spiel der 5 Tiere". Zwar existieren keine Abbildungen der Bewegungsformen von Hua Tuo, aber „auch wenn Hua Tuo's eigene Beschreibung des Spiels der fünf Tiere nicht erhalten geblieben ist, wurde das Übungssystem mündlich weitergegeben, und es ist in verschiedenen schriftlichen Quellen in unterschiedlichen Versionen festgehalten."[63]

Auch in der Folgezeit wurde über die Jahrhunderte hinweg diese Methode vielfach weiterentwickelt und verändert. Wer das „Spiel der 5 Tiere" erlernen möchte, begegnet folglich sehr unterschiedlichen Variationen. Die Ausführungen in meinen Texten beziehen sich auf das Lehrsystem von Jiao Guorui, für den vor allem die Einbeziehung medizinischer Aspekte in die Entwicklung des Spiels der Tiere wesentlich war. Dazu gehört die Ausgewogenheit von Yin und Yang, die Harmonisierung und Stärkung der Funktionskreise und deren Zuordnung zu den Tieren.[61]

Die Bezeichnungen „Spiel der Tiere" oder „Tanz der Tiere" werden in der Literatur abwechselnd benutzt. Die Übungen zeichnen sich durch eine große Nähe zur Natur und zugleich durch das Prinzip der Natürlichkeit aus. Tatsächlich lassen sich die im Qigong Yangsheng praktizierten Tiere Bär, Kranich, Tiger, Hirsch und Affe gut draußen in der Natur üben und in ihrem Wesen entfalten. So kommt man mit den Tierbewegungen dem daoistischen Grundgedanken einer ausgeglichenen, harmonischen Beziehung von Natur und Mensch wieder nahe.

> Ausgeliehene Kraft ist zwar nicht wirklich,
> und doch scheint sie vorhanden,
> die Vorstellung ist zwar abstrakt,
> und doch wurzelt sie in wirklichen Dingen.
> *Jiao Guorui (Leitgedanken zu Qigong Yangsheng)*

In Harmonie mit der Natur zu leben, bedeutet, „dem natürlichen Beispiel der Natur zu folgen. Dieses Bild bezieht sich auf die Veränderungen, die auf zyklische Art und Weise in der Natur auftreten, wie beispielsweise die Aufeinanderfolge der Jahreszeiten und die Mondzyklen. Diese

Veränderungen müssen den regelmäßigen Veränderungen in unserer Lebenshygiene entsprechen. So gibt es Nahrungsmittel, die gut im Frühjahr zu verzehren sind, und andere, die während des Winters gegessen werden sollen".[64]

Wenn die uns Menschen innewohnenden Kräfte in ursprünglichen, natürlichen Bewegungsformen zum Ausdruck gebracht werden, berührt das ein wichtiges Element der Lebenspflege. Bei den Tierformen steht das Spiel des Bären für die Erdverbundenheit sowie ein eher einfaches, unkompliziertes Gemüt: „seine Bewegungen sind langsam, etwas schwerfällig und stabil. Stabile, feste Bewegungen sind nicht zerstreut oder fahrig, sondern durch inneren Halt gekennzeichnet".[61] Neben der Bodenständigkeit gilt es in den Bewegungen auch, die Gewandtheit des Bären zum Ausdruck zu bringen.

Der Kranich mit seiner eleganten, aufgerichteten Gestalt wirkt eher wie das Gegenteil des Bären: unbeschwert und leicht kreist er hoch oben in den Wolken – da gibt es keine Schwere. Das rhythmische Steigen und Sinken, das Entfalten und Zurückholen der Flügel wird auf der Basis einer stabilen Erdverbundenheit geübt: fest wie eine Kiefer.[61] Für den Kranich und all jene, die den Kranich üben, gilt im Besonderen: wer hoch hinaus will, muss umso mehr eine gute Verbindung zur Erde haben.

In den kämpferischen Bewegungen aus dem Spiel des Tigers zeigen sich Kraft und Autorität. Der König der Tiere kennt keine Furcht. Er bewegt sich ohne Eile, zugleich mit deutlicher Kraftentfaltung. Er zeigt äußere Härte bei innerer Aufrichtung und Sanftheit. „Der Blick des Tigers ist ernst, ruhig und furchtlos." – „Wenn wir das Spiel des Tigers üben, denken wir nicht an die Gestalt eines kleinen Kätzchens."[61] Auch der Hirsch wurde in alten Zeiten als Reittier für Unsterbliche beschrieben. Er ist der Meister des schnellen, fliegenden Laufens. Äußerlich wirkt er fest und straff, innerlich ist er entspannt. „Der Hirsch zeigt sich kampflustig, sein Körper und Geist sind in Hochstimmung".[61]

Der neugierige Affe ist schnell und geschickt, „klug und wachsam, geistesgegenwärtig und flink. Er liebt es, sich zu bewegen und hält nie still." Seine Bewegungsfreude erfordert eine tiefe, innere Ruhe. Das Spiel des Affen ist eine Art Essenz der bei Bär, Kranich, Tiger und Hirsch erlernten Qualitäten.[61] Beim Affen wird besonders deutlich, dass sich das „Spiel der

5 Tiere" zwar aus der Idee der Nachahmung entwickelte, aber mit dem bloßen Nachahmen oder gar Parodieren ist es nicht getan. Mit zunehmender Vertiefung der Übungspraxis kann man sich in einem nächsten Schritt dem Charakter der Tiere annähern. Dabei gilt stets: es handelt sich um einen Tanz, um ein Spiel, das mit natürlicher Unbefangenheit und Freude einher gehen darf.

„Das Spiel der 5 Tiere" ist eingebunden in das System der fünf Wandlungsphasen und dieses gilt sowohl in der chinesischen Medizin als auch in der Philosophie als grundlegendes Konzept. Die fünf Wandlungsphasen oder fünf Elemente – Holz, Feuer, Erde, Metall und Wasser – „beschreiben alles, was im Universum existiert, und stellen es in eine höhere Sinngebung und Ordnung, deren Ausgangspunkt das Dao ist. […] Sie sind auch Sinnbild des ewigen Werdens und Vergehens, des zyklischen Ablaufs aller Lebensprozesse in Raum und Zeit."[(65)]

Jede Wandlungsphase bringt die nächste hervor. Eine Phase beginnt, blüht auf und geht dann in die nächste über. Auf dieser Grundlage hat sich eine umfassende Zusammenstellung von Zuordnungen und unterschiedlichen energetischen Eigenschaften entwickelt: bei den Zuordnungen der Jahreszeiten kommt im traditionellen chinesischen Kontext die Zahl „fünf" zusammen, weil der Spätsommer eingefügt wurde.

Wir starten mit der Wandlungsphase Holz und der Jahreszeit Frühjahr, der die Funktionskreise Leber (Yin) und Gallenblase (Yang) zugeordnet sind. Holz symbolisiert die Bereitstellung von aufsteigender Energie. Junges Grün bahnt sich seinen Weg, Bäume und Sträucher treiben aus. Mit den aufbrechenden Knospen des Frühlings zeigt sich das neue Leben. Die Leber[*] steuert die Dynamik und den Fluss des Qi in alle Richtungen.

Aus dem „Spiel der 5 Tiere" begegnet uns hier der aufrechte, stolze Hirsch. Es fühlt sich wunderbar wohltuend an, nach einem langen, kalten Winter in der Frühlingssonne auf einer

* Wenn hier die Leber oder weitere einzelne Organe genannt werden, dann ist im Kontext der chinesischen Medizin stets der Funktionskreis gemeint, ein energetisches Fließsystem, dem bestimmte Funktionen und Aufgaben zugeordnet sind.

Waldlichtung zu stehen und, das große Tier nachahmend, Sehnen und Muskeln zu strecken und zu dehnen.

> Die drei Frühlingsmonate sind die Zeit der Entstehung und Entfaltung des Lebens. Himmel und Erde bringen die mannigfaltigen Dinge und Wesen hervor, damit sie aufblühen.
>
> **Innerer Klassiker des Gelben Kaisers**

Das Frühjahr trägt bereits den Sommer, das Feuer-Element, in sich: die Triebe drängen zur Blüte und zur vollendeten Gestalt der Pflanze. Jede sich öffnende, ausdehnende Energie ist eine Bewegung des Feuers. Herz (Yin) und Dünndarm (Yang) sind die zugehörigen Funktionskreise der Wandlungsphase Feuer, die mit ihrer aktiven, nach außen strebenden Energie der Natur ihren Höhepunkt setzt: das hellste Licht und die größte Wärme gibt es im Sommer.

Im Feuer-Element bewegt sich der Affe und hier findet sich der Funktionskreis Herz wieder. Damit kommt dem Spiel des Affen eine besondere Bedeutung zu: es stärkt jenen Funktionskreis, der alle anderen Funktionskreise steuert. Das Herz wird oft als der Kaiser beschrieben, der alle Aspekte des Körpers und der Seele lenkt.

Dem Sommer folgt der Spätsommer und die Wandlungsphase Erde: diese nährt uns und zugleich ist die Erde mit den zugeordneten Funktionskreisen Milz (Yin) und Magen (Yang) die zentrale Wandlungsphase, die auf allen Ebenen des Lebens die Mitte symbolisiert. Die Erde steht für Ausgleich und Gleichgewicht: ein Mensch mit einer gesunden Mitte steht mit beiden Beinen auf der Erde. Mit den Übungen des stattlichen Bären werden die Funktionskreise Milz und Magen gestärkt. Die Erde ermöglicht auch Übergänge und vermag Gegensätze zu überbrücken.

> Und die Erde ist das, wodurch die zehntausend Dinge haben, was sie zum Leben brauchen.
>
> **Shujing (Buch der Aufzeichnungen)**

Die Wandlungsphase Erde gebiert und nährt das Metall in der Jahreszeit Herbst. Hierher gehören die Funktionskreise Lunge (Yin) und Dickdarm (Yang). Jede zurückkehrende Energie ist eine Bewegung des Metalls. Es heißt Abschied zu nehmen, loszulassen und zugleich Wesentliches zu bewahren. Wie die Natur im Herbst ziehen auch wir uns mehr nach innen zurück. Die Kraniche sammeln sich und fliegen zurück in ihre Winterquartiere. Das Kranichspiel gilt im Besonderen dem Qi und der Lunge: „das Qi ist leicht und beweglich und gehört zum Yang. Die Lunge gehört [...] zum Yin. Aber sie befindet sich im oberen Bereich des Körpers, ist leicht und ausgedehnt und hat somit Yang-Charakter. Der Funktionskreis Lunge wird daher als Yang im Yin bezeichnet."(61)

Die von der Lunge begonnene Abwärtsbewegung setzt sich fort zur Niere. Jede sinkende Energie ist eine Bewegung des Wassers. Der Winter hält Einzug und mit ihm die Wandlungsphase Wasser, der die Funktionskreise Niere (Yin) und Blase (Yang) zugeordnet sind. Diese sind zuständig für den Flüssigkeitshaushalt im Körper. Das weiche und nachgiebige Wasser besitzt die Fähigkeit, etwas aufzunehmen und zu speichern und so wird im Winter jenes Leben vorbereitet, das im Frühjahr wiederum hervorbricht.(66) (67)

Die Niere steht am Beginn und am Ende des Lebenszyklus. Sie gilt als Quelle des Lebens und im Organismus ist hier der Ursprung von Yin und Yang verortet. Der Funktionskreis Niere lässt sich in der Qigong-Praxis mit dem Spiel des Tigers stärken. Hier darf man auch „ein wenig den feurigen Blick" üben. Ein vitaler Blick, „der Glanz in den Augen" zeigt den Zustand des Nieren-Qi an.(61) Für das Lernprinzip der Nachahmung ist es wichtig, dass wir dem Übungs-Objekt positiv gegenüberstehen und daraus den Wunsch entwickeln, genau dieses auch imitieren zu wollen. Aus dem Kinder-Qigong wissen wir, dass die jüngeren Teilnehmer beim Tierspiel am liebsten den Tiger mit all seiner Kraft und Stärke mögen.

Brüllt der Tiger tief in den Bergen, erheben sich Wirbelstürme,
röhrt der Hirsch in grünen Tälern, durchdringt sein Ruf die Weiten des Himmels,
brüllt der Bär in der Schneewüste, bersten die dicken Eisschichten,
kreischt der Affe in der Felswand, erschrecken alle Tiere,
ruft der Kranich im blauen Himmel, wandeln sich Wind und Wolken. Das Spiel der 5 Tiere führt zu Gesundheit und Harmonie.

Jiao Guorui

Die Lehre der Wandlungsphasen beschreibt zyklische, ineinander übergehende Phasen, die in ihrer Gesamtheit eine Harmonie darstellen. Insofern habe ich in diesem Konzept auch immer einen tröstlichen Aspekt gesehen. So stellen sich doch manche Aspekte des Wandels – wie etwa die Jahreszeiten oder Veränderungen, die mit dem Älterwerden einher gehen – als überschaubar, manchmal sogar vorhersehbar dar. Wenn in der dunkleren Jahreszeit das Licht fehlt, wissen wir darum, dass ab Februar die Tage wieder länger werden und sich ab März die ersten Frühlingsboten ankündigen.

Aus meiner Studienzeit bin ich vertraut mit entwicklungspsychologischen Modellen, in denen die menschliche Entwicklung in Phasen oder Etappen beschrieben wurde. Die Heterogenität der Modelle konnte nicht darüber hinwegtäuschen, dass diese Art der entwicklungspsychologischen Beschreibung damals schon nicht unumstritten war. Aber es war immerhin eine Grundlage, von der aus man weitere Überlegungen für ein Menschenleben anstellen konnte.

Die entwicklungsspezifischen Veränderungen in diesen Modellen, die nicht mehr nur auf das Kindes- und Jugendalter beschränkt blieben, hatten einen linearen, durchaus auch normativen Charakter. Im Gegensatz hierzu bildete sich im praktischen Berufsalltag eine zunehmende Fragmentierung von Lebensläufen ab. Immer deutlicher zeigten sich Krisen und Brüche als das systematisch Normale.

TIGER BO ÜBT QIGONG YANGSHENG

NACH DEM LEHRSYSTEM VON PROFESSOR JIAO GUORUI

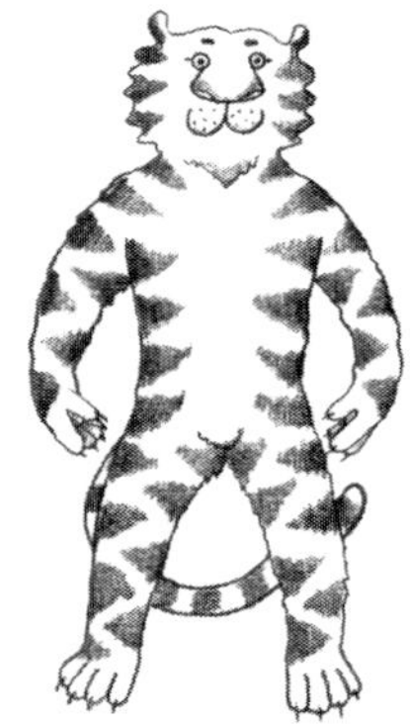

TIGER BO STEHT WIE EIN BAUM

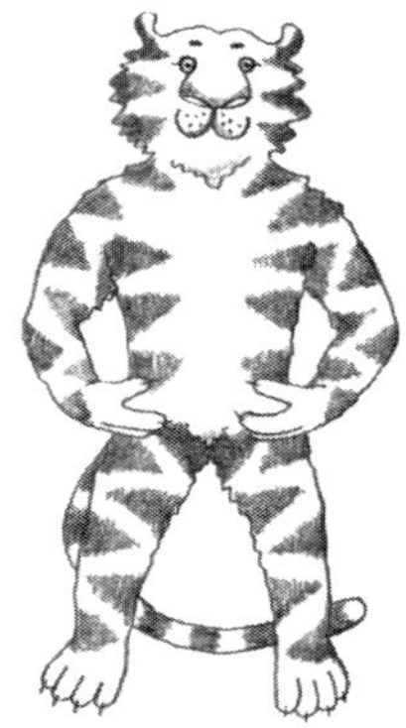

TIGER BO HÄLT DEN WASSERBALL

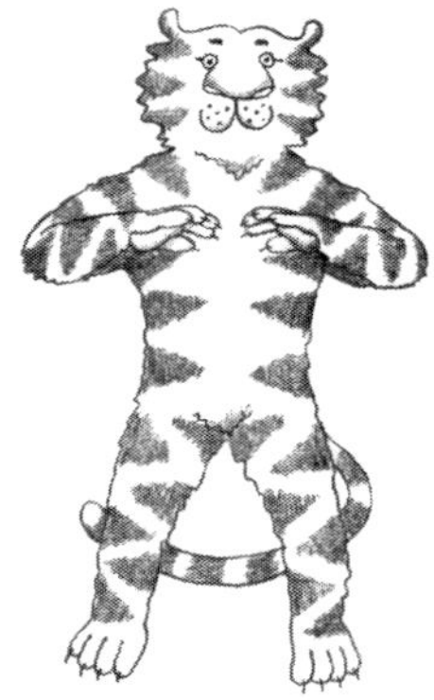

TIGER BO HEBT UND SENKT DIE ZAUBERKUGEL

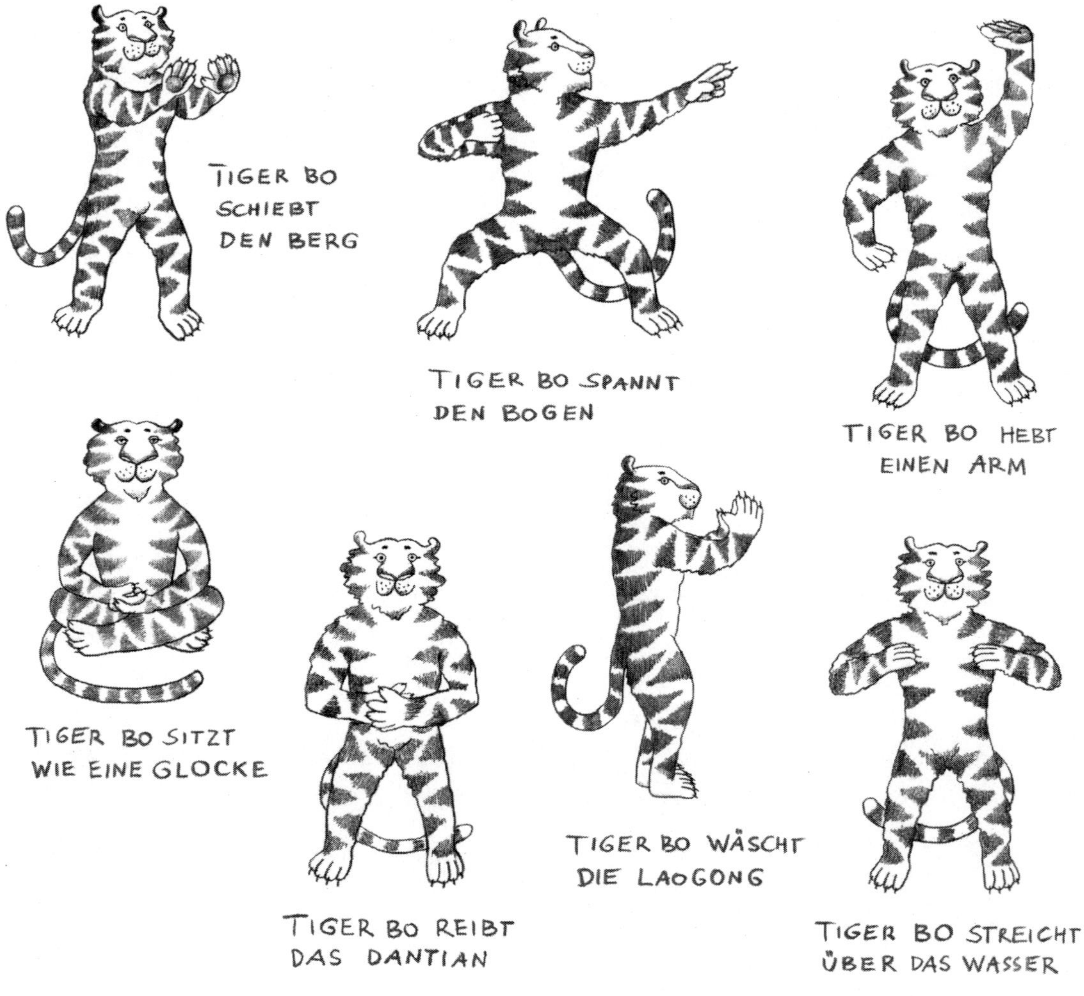

Tiger Bo übt Qigong Yangsheng“ (Dorothea Hampel und Kerstin Hülle) (69)

Für den Soziologen Zygmunt Bauman (1925-2017) bedeutet das Ende langfristigen Denkens, Planens und Handelns sowie die Auflösung oder Schwächung sozialer Strukturen, in denen solches Denken, Planen und Handeln auf längere Sicht verankert wird, eine gesellschaftliche Entwicklung, in der das Leben jedes Einzelnen nur noch aus einer Aneinanderreihung kurzfristiger Projekte und Episoden besteht. Diese verbinden sich keineswegs zu Sequenzen, die mit Konzepten wie „Entwicklung", „Reifung", oder „Fortschritt" (die alle eine vorgegebene Abfolge implizieren), angemessen etikettiert wären. Bauman hat auch darauf hingewiesen, dass „Methoden, die in der Vergangenheit erfolgreich erprobt wurden, ständig überprüft und angepasst werden müssen, denn sie könnten sich unter veränderten Umständen als nutzlos oder gar kontraproduktiv erweisen."[(68)]

Mit Blick auf die historische Entwicklung der traditionellen chinesischen Medizin haben wir gesehen, dass tatsächlich beides berücksichtigt worden ist: sowohl die Beibehaltung bewährter Konzepte als auch die Anpassung an die jeweiligen Umstände.

Nun wissen wir schon lange, dass die „Yangisierung" des modernen Lebens, jene stetige Leistungsbereitschaft, von der weite Strecken der uns zur Verfügung stehenden Lebenszeit dominiert werden, wenig zuträglich ist für die Gesundheit, für Zufriedenheit und Lebensfreude. Als Orientierungsmuster für die individuelle Lebensgestaltung gilt das Prinzip der Selbstoptimierung: Wie können wir uns immer weiter verbessern? Wie können wir das Beste aus unserem Leben machen?

Vor dem Hintergrund solcher Fragestellungen stellt sich die Welt des Taiji und Qigong, die ohne Leistungsdruck auskommt, nahezu als antagonistisch dar. Beide Methoden bestehen aus einem ausgeglichenen Wechselspiel von Steigen und Sinken, von Weiten und Zurückziehen, von Öffnen und Sammeln. In diesem sanften Rhythmus können sich neue Bewegungs- und Ausdrucksräume, aber auch ein Zuwachs an Handlungsmöglichkeiten und Freiheitsgraden in allen Lebensbereichen entfalten – vielleicht auch eine Art Yin im Yang.

„Wir brauchen nur unsere Augen aufzumachen", so lesen wir bei der Philosophin und Taiji-Lehrerin Christel Proksch, „wenn wir hierzulande durch belebte Straßen gehen, um in der Menge festzustellen, dass die meisten Körper schwer, steif und ungelenk wirken, ohne ‚Grazie und

Anmut', unabhängig von Alter und Gewicht. In den meist maskenhaft, unfreundlich wirkenden Gesichtern spiegeln sie sich wider. Und wie selten treffen wir auf Füße und Beine, die leider auch beim Joggen, Lust am Gehen und Laufen ausstrahlen. Wie sollten sie auch, wenn sie von zielbewusst vorgebeugten Oberkörpern mitgezogen werden."

„Alles beginnt in den Beinen und endet im Gleichgewicht", zitiert die Autorin, die diesen Text[70] vor mehr als dreißig Jahren niedergeschrieben hat, den Philosophen Peter Sloterdijk. Auch heute begegnen mir auf meiner Laufstrecke häufig Sportlerinnen, die so sehr mit der Vermessungstechnik an ihrem Körper beschäftigt sind, dass sie keinen Blick erwidern. Wie wohltuend ist es hingegen, wenn jemand grüßt oder mir gar ein Lächeln schenkt. Nach einer solchen Begegnung läuft es sich leichter, lebt es sich besser.

> Lebe tagein tagaus so oft ganz geruhsam.
> **Bai Juyi**

Nun ist die Selbstoptimierung weit entfernt von jener Selbstkultivierung, welche an die in der chinesischen Kultur verwurzelte Gesundheitspflege anknüpft. Anstrengende, schweißtreibende Sportarten würden in den meisten traditionellen Kulturen vermutlich als Vergeudung von Lebenskraft angesehen werden. Übermäßiges Schwitzen wird dort nur zu Heilzwecken, etwa der Ausscheidung von Giftstoffen, oder zur Vorbereitung spiritueller Praktiken vollzogen.[71]

Im Prozess der Selbstkultivierung sind wir gemeinsam mit anderen auf dem Weg – eingebettet in eine Tradition und in Dankbarkeit und Respekt vor Methoden und Lehrern verbunden. „Je mehr wir üben," so Dietlind Zimmermann, Lehrerin für Qigong und Taiji, „einfach um zu üben, je mehr wir die Erwartung großartiger Ergebnisse des Übens loslassen und einfach hingebungsvoll praktizieren, umso mehr öffnet sich der Horizont der Erfahrung."[72] Da haben wir es wieder: es ist die stetige Praxis, das sorgfältige und beständige Üben, das uns Schritt für Schritt den Weg aufzeigt.

Häufig kommen Menschen in den Unterricht, die unzufrieden, unglücklich oder krank sind und sich durch Qigong (oder das, was sie sich darunter vorstellen) Linderung und

Besserung versprechen. Manchmal hilft dann das gemeinsame Üben in der Gruppe, die unverkrampfte, frohe Stimmung und die Leichtigkeit, mit der wir uns gemeinsam auch an komplexere Übungsprojekte heranwagen. Ebenso können die manchmal nahezu poetisch anmutenden Übungs-Bezeichnungen wie Herzöffner wirken und das Ankommen und Sich-Einlassen erleichtern: „Die Hände wie ziehende Wolken". „Der Kranich fliegt". „Die Handflächen gleich dem Berg Sumeru aufrichten" oder „Der Affe pflückt Pfirsiche" – Nomen est omen. Diese Qigong-Übungen machen neugierig und lassen eine freudige Erwartung entstehen. Auch die Ästhetik der Bewegungen mag mit dazu beitragen, dass sich der Geist vorübergehend weniger mit Sorgen, Grübeleien oder einem belastenden Krankheitsgeschehen beschäftigen muss.

In der traditionellen chinesischen Denkweise ist es das höchste Ziel, Körper und Geist in Einklang zu bringen. Im Zentrum dieses Weges steht dabei stets das Herz. Es gilt als das wichtigste, übergeordnete Körperorgan und zugleich als der Ort höchster Transformation. Selbstkultivierung meint also immer vor allem die Kultivierung des Herzens.[73]

> Die Leute fragen mich oft, was die wirksamste Methode sei, mit der sie ihr Leben verändern können. Es ist ein wenig peinlich, dass ich nach all den Jahren des Forschens und Experimentierens sagen muss, dass die beste Lösung die folgende ist. Seien Sie einfach ein bisschen freundlicher!
>
> *Aldous Huxley*

Der Begriff „kultivieren" bedeutet ursprünglich, etwas mit Sorgfalt zu bearbeiten, zu verschönern und zu verfeinern. Die intensive Verfeinerung des eigenen Inneren ist ein Leitmotiv, das sich von Anbeginn an durch die chinesische Geistesgeschichte zieht.[74] Und so geht es auch heute in der Übungs-Praxis nicht darum, mit großer Anstrengung und unter Einsatz aller Mühen eine Optimierung zu erreichen. Allen Übungen liegen vielmehr eine entspannte Körperhaltung sowie ein ruhiger Geist zugrunde.

Ich habe die Erfahrung gemacht, dass sich, neben der Freude am Lernen und einer angemessenen Selbstdisziplin, der Weg vor allem mit Dankbarkeit und Freundlichkeit ebnen lässt. Es geht mir besser, wenn ich den Blick vom Mangel wegnehme und mich an der Fülle des Lebens erfreue. Und es geht mir gut, wenn ich freundlich bin. Freundlich zu mir selbst und freundlich zu anderen.

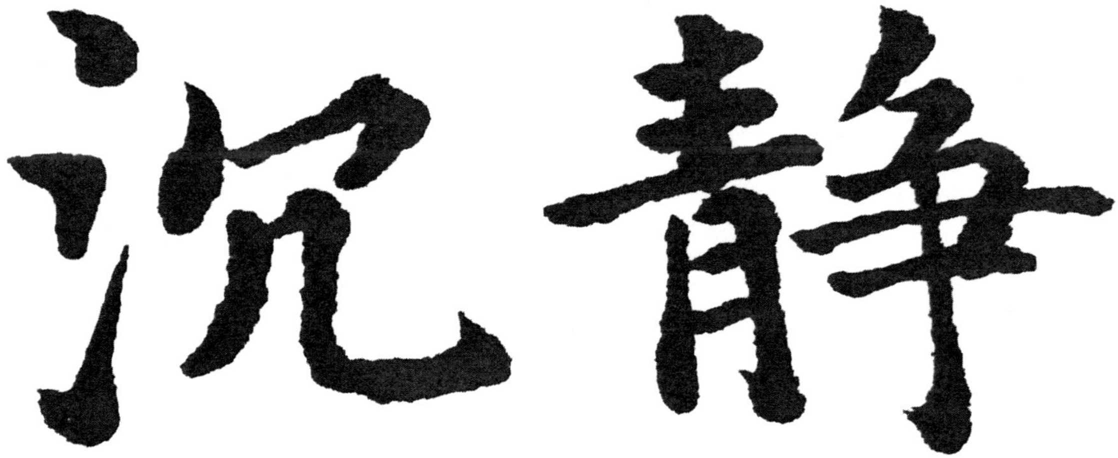

Tiefe Ruhe oder In-die-Ruhe-Treten
chenjing

ESSAY 6

VON DER GROSSEN STILLE BIS ZUR GRÖSSTEN STADT DER WELT. VITA CONTEMPLATIVA UND VITA ACTIVA. RUHE UND BEWEGUNG. YIN UND YANG. AM UFER DES YANGZI. MEHRDEUTIGKEITEN IN DER FREMDE.

> All das hat, so will es mir vorkommen, auch etwas mit meiner Sehnsucht nach Stille zu tun. In der Stille schweigen die Erwartungen der anderen. Die Geräusche der Natur, auch diejenigen der Tiere, stören nicht, sie beeinträchtigen nicht, was an der Stille wesentlich ist: dass keine Erwartungen anderer Menschen zu hören sind, die mich bedrängen und mich von mir selbst abbringen könnten.
>
> **Pascal Mercier (Das Gewicht der Worte)**

Stille – welch magisches Wort! Stille – ein Ort, an den wir uns hin sehnen und zugleich gehen uns immer mal wieder seine Koordinaten verloren. Freilich können wir versuchen, die Sinnestore zu schließen, uns gegen Störungen jeglicher Art abzuschotten sowie uns von schönen Frauen fernzuhalten. Von schönen Frauen?

Nun, eine solche soll vergeblich versucht haben, einen Fluss zu überqueren, als zwei buddhistische Mönche des Weges kamen. Diesen war verboten, eine Frau auch nur anzusehen. Folgerichtig schaute der eine Mönch zur Seite und tat so, als bemerke er die hilfesuchende Frau nicht. Der andere Mönch aber packte sich die junge Frau auf den Rücken und brachte sie so über den Fluss. Darüber war der erste Mönch sehr zornig und nachdem er lange Zeit schweigend weiter gegangen war, machte er seinem Mönchskollegen heftige Vorwürfe wegen dieser Rettungsaktion. Daraufhin erwiderte dieser: „Nun, ich habe die Frau am anderen Ufer abgesetzt und du trägst sie immer noch mit dir herum!"

Wer mit sich im Reinen ist und Stille-Sein praktiziert, kultiviert diesen Weg durch bewusste Zeiten des Rückzugs. Manchmal muss man die Welt ausschließen, wenn man zu innerer Geistesruhe und Zufriedenheit finden sowie der tiefen Kraft in uns gewahr werden möchte. Welche Wohltat, wenn Gedanken und Gefühle sich beruhigen!

Auch im Außen lässt sich eine relative Stille erfahren – etwa, wenn wir die Abwesenheit von Geräuschen bewusst wahrnehmen. Wenn, wie bei Pascal Mercier, die Erwartungen anderer Menschen nicht zu hören sind. Oben auf dem Berggipfel mit weiter Sicht über das ausgebreitete Land. Am frühen Morgen draußen auf dem See oder im Schutz der Abenddämmerung auf der verdeckten Bank im Ried. Am Bodensee bieten sich die Herbst- und Wintermonate an, um in die Ruhe zu kommen. Eine Zeit, in der Landschaften sich in dichte Nebelschwaden hüllen und mit mystischen Licht- und Schattenspielen die Fantasie anregen.

Zuweilen tauchen unerwartet Andeutungen von Umrissen auf, wie von Geisterhänden im Augenblick aufgestellt, und ebenso rasch wieder in den wabernden Nebelschwaden aufgelöst, dem Blick entzogen. Man muss sehr genau hinsehen, um die Silhouetten der kegelförmigen Bojen oder der dicken Schiffstaue zu erahnen, an denen man sich bei klaren Sichtverhältnissen verlässlich entlangdenken und in Sicherheit bringen kann.

Äußere Stille kann ein Türöffner für das innere Zur-Ruhe-Kommen sein. Während des Lockdowns haben wir eine eindrückliche Reduzierung der Außengeräusche in unserer sonst so von Lärm erfüllten Welt erfahren. Das auf menschlichen Aktivitäten basierende „seismische Summen" nahm deutlich ab. Manche Wissenschaftler sprachen davon, es sei so still wie sonst nur an Heiligabend. Stille Nächte also – im europäischen Frühling 2020.

Zugleich liegt das geschäftige und ruhelose Umherwandern auch in der Natur des eifrigen Geistes. Er weiß oftmals zu verhindern, dass wir mit der Aufmerksamkeit nach innen gelangen. Immerzu feuert er einen Gedanken nach dem anderen ab – und schickt seine Kommentare und

Bewertungen gleich hinterher. So fallen die ersten Versuche mit einer ruhigen Innenschau, mit Meditation und „Sitzen in Stille" oft eher ernüchternd aus: inneres Geschwätz, Unruhe, Gedankensprünge und Unklarheit darüber, was erreicht werden soll, erschweren das Sich-Hinein-Finden.

> Bedenke, wer die Gedanken erzeugt.
> Warum bleibst du im Gefängnis,
> obwohl die Tür weit geöffnet ist?
> Befreie dich aus dem Gestrüpp des Angst-Denkens.
> Lebe in Stille.
> Fließe abwärts und immer weiter abwärts
> in ständig weiter werdenden Ringen des Seins.
>
> Rumi*

Für den Qigong- und Taijiquan-Lehrer Paul Shoju Schwerdt ist Stille ein Begriff, „der Sehnsucht und zugleich auch Unbehagen auslöst. Wir haben zwar einerseits das Bedürfnis nach Stille, sind aber andererseits […] auch auf der Flucht vor ihr. In einer Gesellschaft, in der Fortschritt, Leistung und Ranking im Vordergrund stehen, müssen Begriffe wie Entschleunigung oder Stille Unbehagen auslösen." Doch Stille, so Schwerdt weiter, sei eben nicht gleichzusetzen mit Stagnation, sondern sei eher als ein Heimkommen zu verstehen. Dies bedarf einer „Kultur der Stille, einer Kultivierung des Seins und des Alltags, in dem die Stille ihren Platz hat, in dem auch das Seinlassen jenseits des Agierens wirken kann."[(75)]

Auf diese Weise kann der Aspekt der Stille in unserem Leben zu einem Wegweiser werden. Durch das Praktizieren von Achtsamkeit, Meditation oder auch Qigong kann die Stille gleichsam kultiviert werden. Viele spirituelle Schulen setzen Schweigen ein, um zunächst „das Phrasendepot" zu leeren – ein Lernprozess, der seine Zeit braucht. So soll der griechische Philosoph

---

* Rumi (1207-1273) gilt als der bedeutendste islamische Mystiker und Dichter des Mittelalters

und Mathematiker Pythagoras von seinen Schülern zu Beginn der Lehrzeit ein fünfjähriges Stillschweigen gefordert haben.[76]

Auch Philip Gröning wartete lange Jahre darauf, in der Grande Chartreuse, dem Mutterkloster des Schweigeordens der Kartäuser, einen Film drehen zu dürfen. Bei seiner ersten Anfrage hieß es, es sei noch zu früh. Es sollte sechzehn Jahre dauern bis endlich der Anruf kam und dem Regisseur mitgeteilt wurde, man sei nun bereit. Der Film „Die große Stille" zeigt das kontemplative Leben der Mönche, ihren Alltag, die immergleichen Abläufe und Rituale in einem burgähnlichen Kloster in den französischen Alpen.

Da kein Filmteam mitkommen durfte, hat der Regisseur Philip Gröning selbst ein halbes Jahr in der Grande Chartreuse gelebt und das karge Leben der Mönche beobachtet und gefilmt. Das Ergebnis ist ein fast dreistündiger Film, der in seiner reduzierten Darbietungsweise durchaus zu einer Herausforderung für die Zuschauerin werden kann. Zugleich lässt er uns teilhaben an einem traditionellen abendländischen Erleuchtungsweg, den auch der Benediktinerpater und Zen-Meister Willigis Jäger beschreibt. Für ihn definiert sich der Begriff Kontemplation als „Eintritt in den mystischen Erfahrungsraum, in dem in tiefer innerer Ruhe die Begegnung mit Gott möglich ist."[77]

Stille ist das Ziel und zugleich der Ausgangspunkt kontemplativer Übungen. Wenn die stille Betrachtung im Leben eines Menschen eine dominierende Rolle spielt, spricht man von einer „kontemplativen Lebensform" (lateinisch vita contemplativa) im Gegensatz zur „praktischen Lebensweise", dem auf äußere Aktivität ausgerichteten „tätigen" Leben (vita activa). Dieses Verhältnis zwischen Betrachtung und Aktivität zählt seit der Antike zu den am meisten diskutierten Themen der philosophischen und religiösen Ethik.[78]

Die heutige Zeitkrise, so der Philosoph Byung-Chul Han, hänge nicht zuletzt mit der Absolutsetzung der vita activa zusammen: „Die vita contemplativa ohne Handlung ist blind. Die vita activa ohne Kontemplation ist leer". Die Hyperkinese des Alltags nehme dem menschlichen Leben jedes kontemplative Element, sie führe zum Verlust von Welt und Zeit. Insofern könne die Zeitkrise erst in dem Moment überwunden sein, in dem die vita activa die vita contemplativa wieder in sich aufnehme.[79]

Nun dominieren in der westlichen Welt einander ausschließende kategorische Gegensätze, die zwangsläufig in ein statisches Gefüge von Entweder-Oder und Richtig-Falsch münden. Auf der Grundlage naturwissenschaftlicher Wissenschaftstheorie werden Trennungen und Unterscheidungen vorgenommen und Untersuchungsmaterial in immer noch kleinere Bestandteile zerlegt.

Die östliche Denkweise ist geprägt von einer dynamischen Dualismus-Auffassung, einem offenen und verbindenden Sowohl-als-auch. Die Verbindung der Gegensätze vermag den Menschen von den Problemen zu lösen, die das trennende Denken zuweilen mit sich bringt. Vielleicht auch deshalb ist das Interesse im Westen an buddhistischen und daoistischen Konzepten so groß. Gibt es doch eine starke Sehnsucht nach einem integrativen Lebensgefühl, das mit Zugehörigkeit einhergehen und spirituelle Heimat sein kann.

Henry David Thoreau hat zeitlebens dem einfachen Leben in der Natur den Vorzug gegeben. Der Essayist hat nahezu alle literarischen Klassiker, unter anderem auch Konfuzius, gelesen und kommt dem traditionellen chinesischen Denken schon sehr nahe, wenn er in seinen Tagebüchern schreibt: „Wir haben unsere Zeiten des Handelns und unsere Zeiten des Nachdenkens. Die eine Stimmung sorgt für die andere“.[80]

Meine Sicht auf die Erscheinungen der Welt war von der Enge einer kleinbürgerlichen, südbadischen Familie geprägt, deren Ostausdehnung bei Niederösterreich endete. Zwei Brüder des Großvaters waren im zweiten Weltkrieg in Russland gefallen und entsprechend durfte alles, was mit dem Osten zu tun hatte, nicht angesprochen werden. Angesichts des Mangels an Informationen und der Unsicherheit durch den Kalten Krieg griff ich gleichwohl begierig alles auf, was über Auslandskorrespondenten wie Klaus Bednarz und Fritz Pleitgen in deutsche Wohnzimmer gesendet wurde. Später war ich dann mit Gerd Ruge „unterwegs in Sibirien“ und „unterwegs in China“.*

Meine Faszination für den asiatischen Kontinent und im Besonderen für das geheimnisvolle China war groß – allerdings fehlte mir in jungen Jahren der Zugang und es gab niemanden, der meinen Forschergeist diesbezüglich hätte unterstützen können. Fast niemanden. Im Deutschunterricht begegnete man immerhin im Werk von Bertolt Brecht der fernöstlichen Kultur. Dieser

* Gleichnamige Reisereportagen von Gerd Ruge aus den Jahren 1997 und 1998

hatte sich intensiv mit dem Daodejing auseinandergesetzt. Indische und chinesische Einflüsse fanden sich auch im Werk von Hermann Hesse. Für diesen waren abendländisches und fernöstliches Denken Pole einer Einheit, die sich nicht ausschließen, sondern ergänzen.

Das „Daodejing" in der Übertragung von Richard Wilhelm (1873-1930) hob sich für Hesse „wohltuend ab gegen die kalte Logik und die Spitzfindigkeiten westlicher Philosophie."(81) Das „Daodejing" wird im Allgemeinen dem „Alten Meister" Laozi, zugeschrieben. Heute wird davon ausgegangen, dass es sich um eine Vielzahl mündlich überlieferter Weisheiten handelt, die irgendwann schriftlich zusammengetragen wurden.

Auch zwischen dem indischen Yoga und dem chinesischen Qigong gibt es eine Verwandtschaft: Yoga, so der Qigong-Meister Kenneth Cohen, sei wahrscheinlich älter als Qigong und habe dieses vielleicht sogar beeinflusst. Der geistige Austausch verlief aber durchaus in beide Richtungen: die chinesische Seite ließ Yoga-Texte ins Chinesische übersetzen und der chinesische Klassiker, das Daodejjing, wiederum wurde ins Sanskrit übersetzt. Auch frühe Erzählungen über daoistische Einsiedler und indische Yogis weisen Ähnlichkeiten auf: man lebte und meditierte vorzugsweise in Berghöhlen und in Fluss-Einsiedeleien.(82)

„Die Legende von der Entstehung des Buches Tao Te King auf dem Weg des Laotse in die Emigration" von Bertolt Brecht wurde von Hannah Arendt als das „stillste und tröstlichste Gedicht unseres Jahrhunderts" bezeichnet.(83) Es ist bis heute auch eines meiner Lieblingsgedichte.

Als er Siebzig war und war gebrechlich,
Drängte es den Lehrer doch nach Ruh,
Denn die Güte war im Lande wieder einmal schwächlich
Und die Bosheit nahm an Kräften wieder einmal zu.
Und er gürtete den Schuh.

Und er packte ein, was er so brauchte:
Wenig. Doch es wurde dies und das.

So die Pfeife, die er abends immer rauchte,
Und das Büchlein, das er immer las.
Weißbrot nach dem Augenmaß.

Freute sich des Tals noch einmal und vergaß es,
als er ins Gebirg den Weg einschlug.
Und sein Ochse freute sich des frischen Grases
Kauend, während er den Alten trug.
Denn dem ging es schnell genug.

Doch am vierten Tag im Felsgesteine
Hat ein Zöllner ihm den Weg verwehrt:
„Kostbarkeiten zu verzollen?" – „Keine."
Und der Knabe, der den Ochsen führte, sprach:
„Er hat gelehrt." Und so war auch das erklärt.

Doch der Mann in einer heitren Regung
Fragte noch: „Hat er was rausgekriegt?"
Sprach der Knabe: „Dass das weiche Wasser in Bewegung
Mit der Zeit den mächtigen Stein besiegt.
Du verstehst, das Harte unterliegt."

Dass er nicht das letzte Tageslicht verlöre
Trieb der Knabe nun den Ochsen an.
Und die drei verschwanden schon um eine schwarze Föhre.
Da kam plötzlich Fahrt in unsern Mann
Und er schrie: „He, du! Halt an!"

„Was ist das mit diesem Wasser, Alter?"
Hielt der Alte: „Interessiert es dich?"
Sprach der Mann: „Ich bin nur Zollverwalter,
Doch wer wen besiegt, das interessiert auch mich.
Wenn du's weißt, dann sprich!

Schreib mir's auf! Diktier es diesem Kinde!
So was nimmt man doch nicht mit sich fort.
Da gibt's doch Papier bei uns und Tinte
Und ein Nachtmahl gibt es auch: ich wohne dort.
Nun, ist das ein Wort?"

Über seine Schulter sah der Alte
Auf den Mann: Flickjoppe. Kein Schuh.
Und die Stirne eine einzige Falte.
Ach, kein Sieger trat da auf ihn zu.
Und er murmelte: „Auch du?"

Eine höfliche Bitte abzuschlagen
War der Alte, wie es schien, zu alt.
Denn er sagte laut: „Die etwas fragen,
Die verdienen Antwort." Sprach der Knabe: „Es wird auch schon kalt."
„Gut, ein kleiner Aufenthalt."

Und von seinem Ochsen stieg der Weise.
Sieben Tage schrieben sie zu zweit.
Und der Zöllner brachte Essen (und er fluchte nur noch leise

Mit den Schmugglern in der ganzen Zeit).
Und dann war's soweit.

Und dem Zöllner händigte der Knabe
Eines Morgens einundachtzig Sprüche ein.
Und mit Dank für eine kleine Reisegabe
Bogen sie um jene Föhre ins Gestein.
Sag jetzt: kann man höflicher sein?

Aber rühmen wir nicht nur den Weisen
Dessen Name auf dem Buche prangt!
Denn man muss dem Weisen seine Weisheit erst entreißen.
Darum sei der Zöllner auch bedankt:
Er hat sie ihm abverlangt.

Diese Legende(84) gehört zu den Svendborger Gedichten und entstand 1938 während der Emigration von Brecht in Dänemark. Der Dramaturg und Lyriker sah sich zu jener Zeit ebenfalls mit zunehmend schwächelnder politischer Weisheit konfrontiert und floh schließlich in die USA. Die Gesellschaftskritik von Brecht, sowie seine zum Teil von chinesischer und japanischer Bühnenkunst inspirierten Theaterstücke, haben mich durch die gesamte Schulzeit hindurch begleitet.

Zugleich war die Spurensuche nach dem Sinn des Lebens dem Alter entsprechend verklärt: so hat es mich tief berührt, wenn die Götter auf der Suche nach einem guten Menschen in der Provinz Sezuan* bei der Prostituierten Shen Te fündig wurden. Es könnte sich doch alles angenehm zusammenfügen, wenn die Antworten auf schwierige Lebensfragen bei den einfachen

* in der heute gültigen Pinyin-Umschrift: Sichuan

Menschen zu finden wären. Auch fand ich bei meinen Nachforschungen erste Hinweise darauf, dass es ein Stoff von der Art der Lebenskraft Qi sein könnte, welcher die Welt in ihrem Innersten zusammen und in Bewegung hält.

Bei der Sinologin Gudula Linck findet sich eine Zusammenfassung der Eigenschaften des Qi: [...] „Qi ist eine dem gesamten Kosmos zugrundeliegende Antriebs- und Lebenskraft. Dies setzt Dynamik voraus, mit anderen Worten: die Wandlungen des Qi zwischen den Polen Verdünnung/Zerstreuung/Leere auf der einen und Sammlung/Verdichtung/Fülle auf der anderen Seite. [...] in der Nähe des Yang-Poles (Zerstreuung) ist Qi fließend, weich und durchdringend, unsichtbar zwar, und doch spürbar präsent; in der Nähe des Yin-Poles (Verdichtung) ist Qi eher gestaltete und gefestigte Form, tast- und sichtbar."[(85)]

Als Heranwachsende hat uns auch die Grundannahme von linearen, progressiven Verläufen, von immer mehr Wachstum und Wohlstand im kapitalistischen Wirtschaftsdenken beschäftigt. Diese würde angesichts der begrenzten Ressourcen der Erde keinen Bestand haben können. Auf die damals schon drängende Frage, wie ein Ausgleich stattfinden kann, welche Veränderungen eingeleitet werden müssen, sobald eine Ressource dem Ende zugeht, gab es in der Welt des immerwährenden Fortschritts keine Antwort.

In der chinesischen Tradition hat eine fehlende Harmonie im Gleichgewicht von Yin und Yang sowohl im Makrokosmos Welt als auch im Mikrokosmos Mensch Störungen und Krankheiten zur Folge. In medizinischen, aber auch in philosophischen Schriften gibt es Handlungsanweisungen zur Überwindung von Schwächen, Ungleichgewichten und Krisen. So heißt es im „Klassiker des Gelben Kaisers": „Wenn das Yin die Oberhand gewinnt, erkrankt das Yang, und umgekehrt, wenn das Yang übermächtig wird, erkrankt das Yin. Überwiegen von Yang bedeutet Hitze, Überwiegen von Yin bedeutet Kälte."

Nach Liu Yafei, der ehemaligen Chefärztin der Qigong-Klinik in Beidahe, kann Krankheit entstehen, „sobald die ausgewogene Beziehung von Yin und Yang gestört ist. [...] Die Entstehung und Entwicklung einer Krankheit, die Krankheitsursache, die Pathologie, das Wiederaufflackern einer Krankheit, aber auch die Diagnose, die Behandlung und Therapie, all diese Aspekte beruhen auf der Lehre von Yin und Yang. Wird Qigong zur Behandlung von Krankheiten oder zur Vorbeugung eingesetzt, schließt das die Wandlung von Yin und Yang unvermeidlich mit ein."[86]

Yin und Yang gehören zusammen und sind gleichwertig. Auch gibt es immer ein Yin im Yang und ein Yang im Yin. Für die Qigong-Praxis geht das einher mit dem Wissen darum, dass es kein Innen ohne ein Außen, kein Einatmen ohne Ausatmen und keine Bewegung ohne Ruhe gibt. Beim Üben kann man den Schwerpunkt mehr auf die Bewegung oder eher auf die Ruhe legen. Bei einem Überschuss an Yang kann mit dem Üben von Qigong mehr Ruhe erreicht werden: „So wird die Erregbarkeit des Sympathikus abgeschwächt, der Stoffwechsel des Organismus herabgesetzt, die erhöhte Reaktionsbereitschaft korrigiert und überschießende Funktionen reguliert."

Bei Liu Yafei findet sich diese Beschreibung „als Ausdruck der Wirkung des Qigong, die das überschießende Yang im Zaum hält und das Yin unterstützt. Mit Qigong können auch deutlich Yang stärkende Wirkungen erreicht werden. […] Die Aufrechterhaltung des dynamischen Fließgleichgewichts von Yin und Yang wird durch den nach beiden Extremen hin regulierenden Effekt des Qigong erreicht, nämlich der „Zügelung des Starken und Unterstützung des Schwachen."[87]

> Es liegt im Stille-Sein eine wunderbare Macht der Klärung, der Reinigung, der Sammlung auf das Wesentliche.
>
> *Dietrich Bonhoeffer*

Dies macht verständlich, weshalb es nahezu unmöglich ist, aus einer hektischen, mit Stress verbundenen Situation heraus direkt in die Qigong-Praxis einzusteigen. Um Ruhe zu erreichen, gilt es zunächst anzuhalten, innezuhalten, zu lauschen –- das Yin-Yang-Wechselspiel beim Ein- und Ausatmen wahrzunehmen. Das kann nicht von jetzt auf gleich gelingen. Es ist gut, sich Zeit dafür zu geben.

Mit zunehmender Übungserfahrung vermag man sich dann „beim Eintreten in das Haus des Qigong" auf bestimmte Energiezentren, die Dantian, zu konzentrieren. In diesen Energiezentren sammelt sich das Qi und deshalb spielen sie im Qigong eine besondere Rolle. Dabei gibt es in den alten Schriften unterschiedliche Angaben dazu, wo die Dantian genau zu finden sind. Das untere, vordere und mittlere Dantian befindet sich jeweils im Bereich des Bauchnabels. Diese Energiefelder stehen in enger Beziehung zueinander.

Die Bauchnabelregion gilt oft als Synonym für die Mitte. Die Mitte ist das Kraftzentrum, von dem aus wir in die Bewegung kommen: von innen nach außen und über außen wieder zurück nach innen zur Mitte. In der Übungspraxis ist es nicht notwendig, sich allzu sehr auf einen Punkt zu fixieren. Vielmehr ist es ausreichend, die Vorstellung auf die „Landschaft" um den Bauchnabel herum zu lenken und in diesem Bereich zu bewahren. „Dort, wo es warm wird, wo sich etwas bewegt, von wo eine ausgewogene Haltung ausgeht – dort ist das Dantian".[(87)]

In der Geschäftigkeit des Alltags bleibt gewöhnlich wenig Raum und Zeit für Kontemplation. Im Moment innehalten und ruhig ein- und ausatmen. Wahrnehmen, was ist, ohne es zu beurteilen. Einige Minuten Stehen wie ein Baum, wie eine Kiefer. Ich gehöre auch zu jenen Menschen, die nicht gut in Stille sitzen können. Aber „Stehen wie eine Kiefer" hat sich (nach einer längeren Annäherungszeit) zu einer Lieblingsübung entwickelt.

Das ruhige Stehen ist nicht gleichbedeutend mit Bewegungslosigkeit oder gar Steifheit. Vielmehr soll der Körper zu einem guten Gefäß für die inneren Bewegungen werden. „Das Gefäß ist nicht starr und bewegungslos, sondern ein höchst lebendiges Geschehen ständig ablaufender, äußerlich nicht oder kaum sichtbarer Ausgleichsbewegungen und dynamisch wechselnder Anspannungs- und Entspannungsvorgänge."[(88)]

> In der Ruhe, einem Gemälde gleich,
> in der Bewegung wie das Schreiben eines Gedichts.
>
> *Jiao Guorui*

An manchen Tagen ziehe ich dem Stehen das achtsame Gehen vor. Beim Gehen kann man ebenso in die Ruhe kommen und Friedfertigkeit pflegen. Sorglos und gelassen dem Feldweg folgen, die wundersame Welt der Pflanzen entdecken und sich am heiteren Gesang der Vogelwelt erfreuen – nur stehen bleiben, um sich ein frisches Blatt vom Sauerampfer zu pflücken oder oben in der Baumkrone nach dem kleinen, laut schmetternden Zaunkönig Ausschau zu halten. Im Gehen kann ich nachdenken und forschen. Jeder Schritt, den ich behutsam gehe, gleicht einem Übungsprojekt.

Weniger erfolgreich war ich mit meinem Übungsprojekt, als wir an einem frühen Morgen im April 2019 in Chongqing das Schiff verlassen, auf dem wir fünf Tage den „Langen Fluss" Yangzi hinuntergefahren waren. Bereits beim ersten Schnuppern wird deutlich, dass wir nicht wirklich auf diese Mega-City vorbereitet sind. Keine Schönheit kommt uns da entgegen. Die erwartete Wolkenkratzerkulisse hat sich in gelblich-grauen Einheitsdunst gehüllt. Die Stadt entzieht sich uns vom ersten Augenblick an. Kaum einer der Betontürme ist älter als dreißig Jahre. Der rasante gesellschaftliche Wandel in China bringt das Gleichgewicht der Kräfte, die Verbindung von gestern und heute, das Wissen darum, wo man herkommt und wo man hingehört, heftig durcheinander. Wie alle anderen Städte befindet sich auch Chongqing in steter Veränderung. Was gestern noch galt, gilt heute nicht mehr.

Das ist ein Phänomen in diesem großen Land: kaum ein Ort lässt sich wiedererkennen, wenn man ihn eine Weile nicht mehr aufgesucht hat. Viele Chinesen finden oder erkennen ihre Heimatdörfer nicht mehr. Die Halt gebende Anbindung an den Ursprung wird sich über die Zeit auflösen. Was geschieht, wenn die Wurzel Yin geschwächt oder gar verloren gegangen ist? Wir haben gelesen, dass dann das Gleichgewicht der Kräfte nicht mehr gegeben ist.

Die aus der Provinz Sichuan heraus geschnittene Metropole verdankt ihre Existenz dem Bau des Drei-Schluchten-Damms, durch den der Yangzi verbreitert wurde und sein Wasserpegel so angestiegen ist, dass selbst sehr schwere Schiffe bis zur neuen Megastadt fahren können. Als der Pegel des Yangzi zu steigen begann, bedeutete das auch den Aufstieg von Chongqing zum Wirtschaftszentrum des chinesischen Westens.

Die Kultivierung innerer Stille mag im besten Fall auch dann gelingen, wenn die Welt um uns herum trubelig und laut ist. In der größten Stadt der Welt wird diese Übung zu einer Herausforderung. So beschließen wir, den Zoo „Chongqing Dongwuyuan" zu besuchen. In dieser kleinen, grünen Oase kann man sich an den behäbigen Pandabären erfreuen, die ihre Tage damit verbringen, an Bambussträuchern zu knabbern und die Besucher zu ignorieren.

Am frühen Abend stehen wir dann auf dem Pipaberg und blinzeln auf ein vom Dunst kunstvoll verschobenes Lichtspiel, mit dem die Neonreklamen zum Hausberg der Stadt heraufwinken. Hier oben wirken die Dimensionen von Nähe und Distanz eigenartig verzerrt: sie irritieren das gewohnte Verhältnis zur Welt. Der Boden schwankt, wenn es weder Erde noch Himmel zu geben scheint. Es ist eine anspruchsvolle Übung im Umgang mit dem Fremdsein.

Das Reich der Mitte kann Reisende psychisch und physisch an ihre Grenzen bringen. Es ist die Trockenheit im Norden und die Schwere der subtropischen Feuchtigkeit im Süden. Es ist die Unentzifferbarkeit der Schrift und die Lautstärke im Restaurant. Es ist das Erleben von Andersartigkeit, das verarbeitet und eingeordnet werden will. Wie geht es einem, wenn nahezu alles auf den Prüfstand kommt, was man sicher zu wissen glaubte?

Ich durfte in den Jahren 2014 und 2019 das Reich der Mitte bereisen und war beim zweiten Besuch doch überrascht, wie sich das Land in der Zwischenzeit verändert hatte. Im Jahr 2019 war auch für ausländische Gäste die Ausweitung der staatlichen Kontrollen und die engmaschigere Überwachung deutlich zu spüren. Auf unserer Reise bekommen wir aber auch eine Idee davon, dass die Bewertungssysteme zumeist akzeptiert werden. Das Sozialpunktesystem biete Sicherheit und Orientierung, so hören wir immer wieder.

Manche Menschen wirken sehr belastet, achten auf ausreichend Abstand zu uns oder signalisieren gar Ablehnung. Andere wiederum kommen fröhlich und ohne Scheu auf uns zu – es wird geplaudert und gelacht und natürlich darf das Erinnerungsfoto dabei nicht fehlen. Der Reifegrad des Menschen in Ostasien definiert sich vor allem über seine Anpassungsfähigkeit. Eine konfuzianisch geprägte Gesellschaft hat die Aufrechterhaltung von Harmonie in allen wesentlichen Bereichen zum Ziel.

Wie schwer es doch für den Fremdling im chinesischen Alltag sein kann, sich auch nur ansatzweise aus dem gewohnten Denken herauszulösen und den Mehrdeutigkeiten und Widersprüchen mit angemessener Offenheit und Gelassenheit zu begegnen. Die Kultivierung einer Unsicherheits- oder Ambiguitätstoleranz kann das Aushalten von Widersprüchlichkeiten sowie Anpassungsprozesse an das Andere wesentlich erleichtern. Wir kommen in diesen Essays immer wieder auf die Ambiguitätstoleranz zurück. Mit Unsicherheiten umgehen können, stellt auch in unserer Kultur eine wichtige Ressource dar.

Eine der Herausforderungen für die chinesische Bevölkerung resultiert daraus, dass die sozialistisch-konfuzianische Kollektivordnung auf eine zunehmende Individualisierung und Loslösung von traditionellen Gemeinschaften trifft. Vor allem jüngere Chinesen sind mit erheblichen Brüchen in der Übergangsgesellschaft aufgewachsen. Manche dieser jungen Heranwachsenden, die sich nicht in die gesellschaftlichen Wandlungen und die damit verbundenen Ansprüche an sie einfinden können oder wollen, retten sich wie in alten Zeiten in die Berge. Sie hoffen dort, unbehelligt von den Behörden und ihren Familien, ein freieres Leben führen zu können. Sie suchen Trost, inneren Frieden und vielleicht auch so etwas wie Heilung. Dort oben in den Bergen begegnen sie wiederum der Stille.

Ich habe mir den Film von Philip Gröning in der Zwischenzeit mehrfach angesehen. Die Kartäuser sind der strengste Orden der katholischen Kirche und es mag nicht überraschen, dass ihm niemals viele Mönche und Nonnen angehört haben. Hinter dicken Mauern gleicht ein Tag dem anderen und so vergeht ein Menschenleben in Schweigen und Rückzug. Die Mönche im Film wirken blass und sehr ernst. Ob sie manchmal glücklich sind? Ob Glücklichsein im Lebenskonzept strenggläubiger Gottesmänner, die sich freiwillig einem solchen Regularium unterwerfen, überhaupt vorgesehen ist?

Gemäß der überlieferten, fernöstlichen Lehre ist die Ausgewogenheit von Yin und Yang für eine Aufrechterhaltung aller Lebensaktivitäten und der Gesundheit erstrebenswert. Auch die Kunst der Langlebigkeit wurde dahingehend praktiziert, dass Yin und Yang so lange wie möglich miteinander in Verbindung bleiben. Das gilt für körperliche und geistig-seelische Aspekte.

Je geübter wir darin sind, uns in der eigenen Mitte zu verankern, in uns zu ruhen, in der Stille des Herzens, umso besser kann die Ausbalancierung der Kräfte gelingen.

Wie wir die Außenwelt wahrnehmen, hängt von unserer Befindlichkeit und vom Blickwinkel ab, mit dem wir die Welt betrachten – es ist der Zustand des Reisenden, der eine Reise ausmacht. Das Entdecken der Räume zwischen Erde und Himmel bleibt eine subjektive Erfahrung. Wenn wir die Bezugspunkte unten und oben nehmen, dann ist Yin unten und Yang oben. Es gibt keinen Bereich, der absolut Yin oder absolut Yang ist. Beide sind immer gleichzeitig vorhanden. Vielleicht lässt sich über solche Verbindungen die Welt manchmal ein wenig besser verstehen. Und so möge uns diese Übung immer wieder aufs Neue gelingen!

心

Herz
xin

ESSAY 7

VON DER WEISHEIT DES HERZENS. HESSE UND JUNG AUF DEN STUFEN DES LEBENS. WIE WIR DAS HERZ SCHÜTZEN UND WAS DIE VERBOTENE STADT DAMIT ZU TUN HAT. VOM LÄCHELN UND VOM LACHEN.

> Es kommt vor, dass ich dann an den Strand gehe und den Kopf weit hinaus in den Wind halte, den ich mir eisig wünschen würde, kälter, als wir ihn hierzulande kennen: Er möge all die abgegriffenen Worte, all die faden Sprechgewohnheiten aus mir hinausblasen, so dass ich zurückkommen könnte mit gereinigtem Geist, gereinigt von der Schlacke des immer gleichen Geredes.
>
> **Pascal Mercier (Nachtzug nach Lissabon)**

Zuletzt haben wir die in sich gekehrte, schweigende Welt der Kartäuser kennengelernt. Auch in unserem Leben mag es zuweilen besser sein, weniger zu sprechen. Besser für alle Anwesenden, und nicht selten auch für die Abwesenden, die an einem anderen Ort darüber phantasieren mögen, was über sie geredet werden könnte. Schweigen vermag uns die Tür in jene Räume zu öffnen, in denen das Innehalten angesiedelt ist, jene Nulllinie, von der aus alternative Entwürfe ihren Anfang nehmen können.

Es ist nicht immer leicht herauszufinden, ob sich eher Zurückhaltung empfiehlt oder ob dem Drängen der Worte nachgegeben, ob Inhalte preisgegeben werden dürfen. Dabei scheint genau das ein Phänomen unserer Zeit zu sein: alles muss raus, egal wie: alles will erzählt und präsentiert werden, es geht um Aufmerksamkeit und Zustimmung. Ob die Innenwelten danach tatsächlich aufgeräumter sind? Manchmal sind wir des ewig gleichen Geredes, des oberflächlichen Geplappers so überdrüssig, dass wir uns nur noch nach Ruhe sehnen: nach einem Platz, an dem wir gut für uns sein können.

Wenn in jungen Jahren das Zusammenspiel von Innen und Außen allzu mühsam und unüberschaubar zu werden schien, war verlässlich Trost zu finden in der Poesie eines Hermann Hesse. Sie kam weich, mystisch und gehaltvoll, manchmal gar verwegen daher und eignete sich als Fluchtpunkt ebenso wie als Wegweiser.

> Aber ob auch die Wege vom Ich hinweg führten,
> ihr Ende führte doch immer zum Ich zurück.
> **Hermann Hesse (Siddharta)**

Die autobiografische Einfärbung von Werken wie „Demian" und „Siddharta" deutete auf den langen Weg des Dichters zu sich selbst hin. Zugleich wies dieses Ringen um Authentizität eine Parallele zu den eigenen Fragestellungen auf: wo ist mein Platz in dieser Welt und woran erkenne ich ihn? „Es ist gut, alles selbst zu kosten, was man zu wissen nötig hat" habe ich mir aus „Siddharta" notiert. Und „Alles Versäumte blüht noch einmal auf", aus dem „Steppenwolf".

Jahrzehnte später sitzen wir im Garten von Mia und Hermann Hesse auf der Halbinsel Höri in Gaienhofen, blicken in der einen Richtung auf das Haus im Stil der Reformarchitektur, in der anderen auf den Untersee und richten uns auf den schmalen Gartenstühlen in der wohligen Wärme der Morgensonne ein. Es ist ein besonderer Ort, der die Besucherin friedlich stimmt und an dem nahezu übergangslos Entschleunigung einsetzt. „Ich muss sagen", so Hesse in einem Brief an Julius Knayer, „mir macht dieser warme Sommer eine mächtige Freude, obwohl ich nicht in den Bergen sitze, sondern hier unten, und obwohl ich jeden lieben Tag ein paar Stunden lang im Garten Wasser tragen muss, was bei der Wärme nicht leichtfällt. Dafür hat man doch einmal warm und hell, wie es zum Sommer gehört!"[90]

Tatsächlich waren die damaligen Lebensumstände am See recht beschwerlich: So nahmen die Hesses in Kauf, das Wasser am Brunnen und die Lebensmittel mit dem Ruderboot aus der Schweiz zu holen. In den literarischen Werken geht es spätestens nach einer schweren Krise des Autors im Jahr 1916 und dem Beginn einer psychoanalytischen Behandlung immer wieder um den „Weg nach innen". Für ihn selbst sollte der Lebensinhalt im Transzendieren bestehen. Das Dasein vollzieht sich in Stufen, denen der Dichter ein bekanntes philosophisches Gedicht gewidmet hat. Zugleich gibt es eine inhaltliche Nähe zu C. G. Jung (1875-1961). Hesse trifft den Schweizer Psychiater im Herbst 1917 erstmals in einem Berner Hotel. Die beiden Männer vertiefen sich einen Abend lang in ein Gespräch über seine neuesten psychologischen Ideen und Theorien.(91)

„Die Jungsche Psychologie", so die Jungianerin Verena Kast, „ist von einem Menschenbild geprägt, das den Menschen in einem umfassenden Sinnzusammenhang sieht, in schöpferischer Wandlung stehend […] zudem einem Selbstverständnis verpflichtet, für das alles Geschehen noch eine Dimension über das Offensichtliche hinaus hat und deshalb auch geheimnisvoll bleibt."(92)

> Es ist der Sinn meiner Existenz, dass das Leben eine Frage an mich hat. Oder umgekehrt: ich selber bin eine Frage, die an die Welt gerichtet ist, und ich muss meine Antwort beibringen, sonst bin ich bloß auf die Antwort der Welt angewiesen.
>
> C. G. Jung

C. G. Jung war sein Leben lang ein Suchender – stets ging es dem Arzt und Mystiker auch um die eigene Entwicklung. Er beschreibt als Ziel des Individuationsprozesses, dass der Mensch zu dem werden soll, der er eigentlich ist. Dazu gehört ein Zusammenführen von Bewusstsein und Nicht-Bewusstem, wobei letzterem ein starkes Streben danach zugeschrieben wird, Bestandteil des Bewusstseins zu werden.

Psychische Probleme und Krisen gelten bei Jung als Hinweis auf eine mangelnde Verbindung zwischen dem Bewusstsein und dem Unbewussten. Leid und Schmerz fungieren hierbei als eine Art Entwicklungsmotor: durch hohen Leidensdruck kann ein Mensch zu einer Veränderung in seiner Lebensführung gezwungen und so eine belastende Situation beendet werden. Der Individuationsprozess beschreibt den Entwicklungsweg hin zur Differenzierung, in der die Einzigartigkeit eines jeden Menschen zum Ausdruck kommt. Zugleich ist Individuation auch ein Weg, Fragmentierung zu überwinden, sich selbst anzunehmen und mehr Autonomie zu erreichen.[(92)]

In ähnlicher Weise findet bei Hermann Hesse durch das Voranschreiten auf den Stufen des Lebens eine persönliche Reifung statt. Oberstes Ziel ist auch hier die Verwirklichung der individuellen Fähigkeiten. Der Mensch soll im Laufe seines Lebens lernen, seine ihm von Gott gegebenen Möglichkeiten zu entfalten und sie zum Wohl seiner Mitmenschen einzusetzen.

> Wir sollen heiter Raum um Raum durchschreiten,
> an keinem wie an einer Heimat hängen,
> der Weltgeist will nicht fesseln uns und engen,
> er will uns Stuf' um Stufe heben, weiten.
> **Hermann Hesse (Stufen)**

Hier wird jede Lebensstufe als ein besonderer „Raum" beschrieben, der „heiter" durchschritten werden kann. Damit ist auch die Bereit- schaft gemeint, sich selbst nicht so wichtig zu nehmen und auch mal über sich lachen zu können. Es braucht also eine stimmige innere Einstellung, um die Übergänge gut zu schaffen, das Vergangene loszulassen (oder in daoistischem Sinn: das Vergangene zu bewahren) und zugleich vorausschauend leben zu können.

Bei jeder Wieder-Begegnung mit den „Stufen" fallen mir andere, bisher unbeachtet gebliebene Textstellen auf, die sich für die nächsten Schritte als Begleiter anbieten. Von der vielleicht bekanntesten Textstelle „und jedem Anfang wohnt ein Zauber inne, der beschützt und der uns hilft zu leben" habe ich mich unzählige Male an die Hand nehmen lassen. Auch die intensive Beschäftigung mit Philosophie und Praxis fernöstlicher Bewegungs- und Meditationstraditionen kann einem Individuationsweg gleichkommen. Unermüdliches Üben mit Körper und Geist, im Innen und Außen, die Erfahrung des Dialogs von Yin und Yang – all das führt zu einer vielfältigen energetischen Dynamik.

Der Körperpsychotherapeut Günter Hammerstein hat sich mit den energetischen Prozessen bei C.G.Jung und den Verbindungen zu den Prinzipien des Qigong Yangsheng beschäftigt. Demnach kommt dem Üben von Qigong im Jungschen Sinne auch eine transzendente Funktion zu: „Die Übungen vermitteln zwischen Unbewusstem und Bewusstem, sie stellen somit eine Verbindung her, die Wandlungsprozesse initiiert. [...] Während Psychotherapie die Überwindung pathogener psychischer Phänomene anstrebt, betont Qigong Yangsheng in besonderer Weise nährende, gesunderhaltende, prophylaktische Ziele. In der klinischen Praxis hat es sich bewährt, Qigong zur Unterstützung in die analytische Psychotherapie zu integrieren. [...] Der Qi-Fluss weitet sich über die unmittelbar körperliche Erfahrung zu einer ganzheitlichen Erfahrung von Körper, Seele und Geist".[(93)]

Eine der bekanntesten chinesischen Parabeln, die Geschichte vom chinesischen Bauern und seinem Sohn, macht mit einer ausgleichenden Sichtweise vertraut – hier in Bezug auf Glück (das ist gut) und Unglück (das ist schlecht). Ich habe die wunderbare Lyrikfassung der Dichterin Mascha Kaleko (1907-1975) ausgewählt:

Chinesische Legende

Hoch auf dem Felsen, abgeschieden,
lebt der Alte und sein Sohn
in stiller Eintracht wohlzufrieden.
– Da lief den beiden das Pferd davon.

Der Nachbar, nach geraumer Frist,
kam, den Verlust mitzubeklagen.

Da hörte er den Alten fragen:
„Wer weiß, ob dies ein Unglück ist?"

Und bald darauf, im nahen Walde
Vernahmen sie des Pferdes Tritt:
Das kam und brachte von der Halde
Ein Rudel wilder Rosse mit.

Der Nachbar, schon nach kurzer Frist,
pries den Gewinn nach Menschenweise.
Da lächelte der Alte leise:
„Wer weiß, ob dies ein Glücksfall ist?"

Nun ritt der Sohn die neuen Pferde.
Sie flogen über Stock und Stein,
ihr Huf berührte kaum die Erde …
da stürzte er und brach ein Bein.

Der Nachbar, nach geraumer Frist,
kam, um das Leid mit ihm zu tragen.
Da hörte er den Alten fragen:
„Wer weiß, ob dies ein Unglück ist?"

Bald dröhnt die Trommel durch die Gassen:
Es ist die Kriegsproklamation.
Ein jeder muss sein Land verlassen.
– Doch nicht des Alten lahmer Sohn.

„Wer weiß, ob dies ein Glücksfall ist?" und „Wer weiß, ob dies ein Unglück ist?" Der Alte in dieser Legende weiß um den steten Wandel der Dinge. Und wenn die Situationen sich ohnehin wieder ändern werden, braucht man sich keine Gedanken und keine Sorgen um die aktuelle Lage zu machen. Nichts wird bleiben, wie es ist. Auch die Kommentare des Nachbarn bringen den Alten nicht aus der Ruhe.

Im traditionellen chinesischen Entsprechungssystem wird „die Zunge als Öffner des Herzens" beschrieben. „Die Zunge gilt als eine Verstofflichung und materielle Fortsetzung der feinen Regungen des Herzens in der Außenwelt." Wenn einem etwas auf dem Herzen oder auf der Zunge liegt, dann kann es über die Sprache zum Ausdruck kommen. „Die gesunde Herz-Energie drückt sich in einer klaren Stimme und einer deutlichen Artikulation aus. Die Sprache ist verständlich, tragend und kräftig. [...] Die Worte kommen ohne Mühe, geordnet und präzise. Sie ergeben einen verständlichen Sinn. All das geschieht durch einen gesunden und gefestigten Geist Shen, der die notwendige Klarheit der Gedanken, der Wortfindung und des sprachlichen Ausdrucks gewährleistet."[(94)]

Der gefühlsmäßige Ausdruck des Herzens ist die Freude: wir freuen uns über schöne Ereignisse und wärmende Begegnungen, die dem Herzen wohltun. Dabei geht es im chinesischen Sprachgebrauch auch um die tiefgehende Herzensfreude, die uns erfüllt, wenn wir gut in uns ruhen und das Gefühl haben, in Einklang mit uns, der Welt und einer umfassenden göttlichen Dimension zu leben. „Freude gibt unserem Herzen Nahrung und Richtung. In Freude sein und die Dinge mit Freude tun, ist die wichtigste Voraussetzung für das Gelingen des Lebens."[(94)]

Auch das Lachen als Ausdruck von Freude ist Nahrung für das Herz: „Lachen ist die beste Medizin." Zugleich gilt in der traditionellen Medizin und der daoistischen Lebenspflege wiederum das Prinzip der Zurückhaltung. Man geht davon aus, dass mit übertriebener Freude das Herzfeuer angefacht und somit dem Herzen eher geschadet wird. Es ist die angemessene, maßvolle Freude, die ein übermäßiges Steigen des Qi verhindern kann und das Herz zu kühlen vermag. Das Herz Xin gilt als der Kaiser aller Organe: es sorgt für Gesundheit, für das körperliche, seelische und spirituelle Wohlergehen. Wenn es dem Herzen nicht gut geht, sind alle Teile des

Körpers und der Seele betroffen. Deshalb ist es wichtig, das Herz zu schützen sowie Unruhe und Stress jeglicher Art möglichst von ihm fernzuhalten.

Nach der Theorie der fünf Wandlungsphasen ist das Herz der Wandlungsphase Feuer zugeordnet, der aufsteigenden Hitze der Jahreszeit Sommer, der Zeit der Entfaltung und Transformation. Auch das Feuer als reinste und höchste Form des Yang profitiert vom Zusammenspiel mit dem Yin. Das Yin sorgt bei Bedarf für eine kleine Abkühlung und schützt vor dem Austrocknen.

> Man sieht nur mit dem Herzen gut. Das Wesentliche ist für die Augen unsichtbar.
> **Saint-Exupery (Der kleine Prinz)**

„Schon im frühen Daoismus", so der Sinologe Wolfgang Ommerborn, „wird das Herz Xin als das geistige Zentrum des Menschen und aktives Element des Kultivierungsprozesses zum Erlangen von Weisheit verstanden. Die höchste Form des Xin ist erreicht, wenn es von allen überflüssigen Gedanken und Gefühlen befreit worden ist, denn Xin kann sich in unterschiedlichen Zuständen befinden, so auch in einer getrübten, von Gedanken und Emotionen erregten Verfassung, in Nichtwissen oder in Verwirrung etc. Darum lautet die Forderung, dass Xin von nutzlosen Gedanken und Gefühlen gereinigt werden muss. Dieses Ziel kann durch die Kultivierungsmethode des Xinzhai erlangt werden."(95)

Der Begriff „Xinzhai" geht auf den Daoisten Zhuangzi zurück und kann mit „Fasten des Herzens" übersetzt werden. Dabei geht es um das Erreichen des Zustands der Leere, der „gekennzeichnet ist durch die Abwesenheit oder Unbewegtheit von Gedanken, Gefühlen, Wünschen und Sorgen. Statt innerer Aufgewühltheit und Bewegung herrschen Frieden und Stille. Diese Leere geht einher mit Reinheit und Klarheit, mit Empfänglichkeit für das Dao und der Freiheit von Anhaftung an Weltliches. […] Einer der Hauptwege des Daoismus, zur Leere zu gelangen, ist die Meditation, die gleichzeitig die äußere Stille zu Hilfe nimmt, um innere Stille zu gewinnen."(96)

Bei Chang Chung-Yuan (1907-1988) findet sich die im dritten Essay erwähnte Metapher der goldenen Blüte wieder: „Wenn […] ein Zustand vollkommener Stille erreicht ist, dann kommt jede Äußerung eines Geschehens in der Außenwelt und aus eigenem Wollen zum Stillstand. […] Kein Gedanke stört mehr. Man wird sich eines himmlischen Leuchtens in sich selbst bewusst. […] Wenn dieses Leuchten kommt, so sagt man, öffnet sich die Goldene Blüte. Das Aufblühen der Goldenen Blüte reinigt Sinn und Körper gleichermaßen. Man erlangt eine erleuchtende Einsicht in das eigene reine Wesen."[(97)]

Inzwischen haben wir einige Aspekte kennengelernt, die mit der daoistischen Selbstkultivierung einhergehen: Maßhalten in allen Lebensbereichen. Essenz, Lebenskraft und geistige Energie (die drei Schätze) verfeinern und bewahren. Unberührt leben von Sorgen und Ängsten. Dem Himmel, der Erde und allen Wesen der Erde zugeneigt sein und Harmonie in der Gesellschaft anstreben. Sich nicht eilen und nicht allzu sehr anstrengen. Die Stille suchen, um zum wahren Sein zurückzukehren. Nicht wider die Natur handeln.

Dabei lasse ich in meinen Texten weitgehend unberücksichtigt, dass hier Begriffe und Konzepte verwendet werden, die sich durch alle historischen Epochen hindurchziehen und diese umfassen einen Zeitraum von mehr als 2000 Jahren. So haben sich Bedeutung und Praxis immer mal wieder angepasst und verändert. Wahrscheinlich hat manchmal gerade die Auseinandersetzung mit fremden Einflüssen dazu geführt, dass man sich wieder mehr auf die Wurzeln und die Inhalte der frühen Schriftensammlungen besonnen hat.

Die Sinologin Gudula Linck hat beispielhaft am Konzept des Qi beschrieben, dass es sowohl eine Anpassungsbereitschaft als auch den Willen zur Beibehaltung der überlieferten Weisheitslehren gegeben hat: „Wenn Denkfiguren – wie das Qi oder die Vorstellung von […] Wechselwirkungen in der Welt – die Jahrhunderte überdauerten, so ist es nicht weiter verwunderlich, wenn die damit verknüpften Lehren sich immer vielfältiger und komplexer gestalteten. Und doch änderte sich am Grundkonzept nichts. Offenbar war die Lehre vom alles bewirkenden und alles durchdringenden Qi, dank der die Welt gar nicht anders als dynamisch und einheitlich erscheinen konnte, irgendwann so fest im chinesischen Denken verankert, dass sie durch nichts mehr wirklich zu erschüttern war."[(98)]

Die Lehre von den Leitbahnen findet sich erstmals im „Inneren Klassiker des Gelben Kaisers". Hier werden die Leitbahnen beschrieben als ein „energetisches Fließsystem, das durch die Technik der Akupunktur erreichbar ist […] Das Qi, welches vom Funktionskreis Lunge […] rhythmisiert auf das ganze Individuum verteilt wird, gibt auch den stofflichen Energieträgern in diesem Leitbahnsystem einen aktiven Impuls."(99)

Der Funktionskreis Herz „dominiert das Leitbahnsystem". Daneben gibt es eine Leitbahn mit dem schönen Namen „Beschützer des Herzens" (an anderer Stelle auch: „Meister des Herzens", „Perikard" oder „Herzbeutelleitbahn"). Diese Yin-Leitbahn verläuft an der Innenseite der Arme von oben nach unten über die Mitte der Ellbeuge und die Handgelenksfalte sowie das Zentrum des Handtellers (hier Punkt 8: Laogong) bis zur Spitze des Mittelfingers.(99)

Dem Laogong-Punkt, der auch als „Palast der Arbeit" (lao = Palast, gong = Arbeit) bezeichnet wird, kommt beim Üben von Qigong eine wichtige Rolle zu. Hier sammelt und verdichtet sich die Energie Qi. Das ist besonders dann zu spüren, wenn die Handinnenflächen, vielleicht sogar die ganze Hand und die Finger warm werden. Zugleich wird über die Laogong-Punkte bei manchen Übungen auch überschüssige Energie abgegeben.

Die Beschützerleitbahn dient als zusätzliche Schutzbarriere, um das Herz und die Vitalfunktionen vor schädlichen äußeren Einflüssen zu bewahren. An dieser Stelle nehme ich Sie mit in die Verbotene Stadt: mit der schützenden und zugleich abschirmenden Stadtmauer ringsherum liegt sie im Herzen von Beijing. Sie war einst die Residenz der mächtigen Kaiser von China, und ist architektonisch wie ein Abbild der himmlischen Ordnung auf Erden konzipiert. Die Umschließung der Stadt durch die zehn Meter hohen Mauern bildet eine Struktur, die sich innerhalb der Stadtmauer in kleineren ummauerten Einheiten wiederholt.

Im inneren Hof lebte der Kaiser mit Familie und Gefolgschaft, zu der Frauen, Konkubinen und Eunuchen in großer Zahl gehörten. Das Leben war dem Gebot und Wohlbefinden des Kaisers untergeordnet. Der Zutritt zu dieser geheimnisvollen Welt sich ewig wiederholender Rituale war der einfachen Bevölkerung verwehrt. Ohnehin durfte niemand das Palastgelände ohne Erlaubnis betreten oder verlassen.

Wir bleiben für einen Augenblick bei diesem Bild: denn wie die Kaiser im alten China benötigt auch unser Herz Schutz und dafür zuständig ist der „Beschützer des Herzens." – „Die Mauer um die verbotene Stadt ist wie diese Membran (Perikard), die das Herz umgibt."[100] Sowohl die Stadtmauer als auch die Membran sind durchlässig und filtern sorgsam, wer zu unserem Herzen durchgelassen wird.

> Das Reine ist die Quelle des Trüben.
> Die Bewegung ist das Fundament der Ruhe.
> Können die Menschen auf ewig rein und ruhig sein,
> kehrt das gesamte Weltall (zur Reinheit und Ruhe) zurück.
> **Qingjing Jing (Die Schrift über Reinheit und Ruhe)**

„Innerhalb der Stadtmauer," so die Qigong-Lehrerin Katrin Blumenberg, „befinden sich alle, die den Kaiser unterstützen, ihm die Arbeit erleichtern, sein Wohlbefinden steigern, ihm nahestehen, ihn erfreuen [...] Die Wachen entscheiden, wer von außen zum Kaiser vorgelassen wird. Wer ihm nahekommen darf, sollte sich respektvoll nähern, mit Interesse und Wohlwollen und sollte einen Wert darstellen für den Kaiser. Wird nämlich der Kaiser in Unruhe versetzt, verärgert, überlastet oder gar verletzt, so kann er seinen wichtigen Aufgaben nur eingeschränkt nachkommen und der ganze Staat leidet."[100]

Auch wenn im menschlichen Organismus der Kaiser der Organe, das Herz, angegriffen ist, hat das Beeinträchtigungen für Körper und Seele zur Folge. Wir sagen, dass Kränkung krank machen kann. Die Nöte der Seele gehen ans Herz. Beim Broken-heart-Syndrom etwa sind als Folge von erheblicher emotionaler Belastung vorübergehend Teile des Herzmuskels gelähmt: das Herz ist gebrochen. Die Schutzmembran wurde durchdrungen, der Kaiser konnte nicht ausreichend verteidigt werden.

Auch im Alltag stellt sich immer wieder die Frage: wen lasse ich in mein Herz hinein, wem öffne ich mich? Und im Weiteren: was lasse ich mir zu Herzen gehen, wie kann ich mich abgrenzen und wie kann ich gut für mich und mein Wohlbefinden sorgen? Besonders im beruflichen

Kontext ist es neben hohen Anforderungen und Zeitdruck oftmals die mangelnde Wertschätzung, die das Herz schwächt und die Seele belastet. Wertschätzung ist ein menschliches Grundbedürfnis und hier gilt nicht nur das gesprochene Wort: es ist vor allem die innere Haltung, über die sich Anerkennung zum Ausdruck bringt. Sie zeigt sich in Zugewandtheit, manchmal in einem freundlichen Lächeln oder einer kleinen Berührung.

Wenn wir einen Beruf gewählt haben, in dem wir uns den Nöten und Versehrungen anderer Menschen widmen, hinterlässt das auch bei uns Spuren. So scheint es selbstverständlich, sich mit Hingabe und Sorgfalt um die anvertrauten Menschen zu kümmern. Zuweilen besteht sogar die Gefahr einer Neigung zur Überidentifikation mit den Betroffenen. Hingegen gelingt eine angemessene Selbstfürsorge oftmals weniger gut. Dabei gilt das Mitgefühl für sich selbst als Grundlage für ein gesundes Mitgefühl mit anderen. Wer sich den eigenen Schmerz nicht zugesteht, vermag auch den Schmerz eines anderen Menschen nicht gut wahrzunehmen.

Häufig kommen Menschen in die Qigong-Kurse, die beruflich und manchmal auch im Privatleben bis an ihre Grenzen oder darüber hinaus gegangen und nun auf der Suche nach neuen Kraftquellen und Perspektiven sind. Idealerweise zeigen sich in solchen Lebensphasen neue Wege, wie man sich besser vor Überanstrengung und Verletzungen schützen und die innere Kraft bewahren kann. Dabei soll das Qigong-Üben, darauf weist Katrin Blumenberg hin, keineswegs dazu führen, dass wir länger in ungünstigen Situationen verbleiben: „Es ist nicht Sinn des Unterrichts, Kraft zu schöpfen, um dann in unwürdigen Verhältnissen im Privat- oder Berufsleben noch länger auszuharren. Stattdessen habe ich in der Qigong-Praxis die Möglichkeit, mich meinem aktuellen Befinden zu stellen."[(100)]

Es geht also weniger darum, nette Entspannungsübungen kennenzulernen. Qigong Yangsheng versteht sich als umfassende, ganzheitliche Übungsmethode. Bei jeder Form in Bewegung oder in Stille können wir dahin kommen, den Signalen des Herzens zu lauschen und Verantwortung für uns zu übernehmen. Wir können lernen, uns wieder besser um uns selbst zu kümmern und auf die Weisheit der Beschützerleitbahn zu vertrauen.

Shen, die Seele oder das Bewusstsein, ruht im Herzen. Hier kann der Geist Rückzug und Erholung finden. Für die Stärkung und Heilung im Herzbereich bieten sich nach Katrin Blumenberg vor allem Übungen an, die mit einer Dehnung der Leitbahnen von Herz und Herzbeutel einher gehen und bei denen die Hände sich auf Herzhöhe befinden. Auch die wohlwollende Aufmerksamkeit während des Übens zum Herzen hin wird das Herz uns danken.(100)

> Wenn der Mensch zur Ruhe gekommen ist, dann wirkt er.
> **Francesco Petrarca**

Die besondere Form daoistischer Lebenspflege-Praktiken der Wudang-Berge betont das gemeinsame Üben von Bewegung und Ruhe: Bewegung bedeutet Üben, Ruhe bedeutet, das Innere nähren. Im Sinne der Übungs-Vertiefung geht es stets darum, sich in der Gegenwart einzurichten und mit dem Herzen dabei zu sein. Auf diese Weise wird es möglich, mit der daoistischen Weisheitslehre in Berührung zu kommen. Wenn aus der Qigong-Praxis eine Herzensangelegenheit wird und wir uns zugleich einem tieferen Verständnis der Schriften widmen, kann es gelingen, das eigene Leben zu kultivieren und den Alltag zu harmonisieren.

Damit muss nicht der Anspruch (und schon wieder die Anstrengung) verbunden sein, die historischen Texte in ihrer Bedeutung ganz genau verstehen zu wollen. Gleichwohl können diese immer wieder eine Inspiration sein: manchmal trage ich Sätze oder Textabschnitte „im Herzen" viele Tage mit mir herum, denke über sie nach, rezitiere sie, suche nach Erläuterungen, vergesse sie – bis sie sich mitten in einer Qigong-Übung wieder bemerkbar machen und in die Bewegung einfließen.

Lassen Sie uns noch bei der „Straße zur Heiterkeit" vorbeischauen. Bereits die deutsche Übersetzung für den Herzpunkt 7 auf der Herzleitbahn macht Freude. Wir finden ihn entlang der Handgelenksfalte in einer Vertiefung. Hier kann das Herz-Qi ergänzend zu den Qigong-Übungen mittels Akupunktur oder (Selbst)Akupressur unterstützt und beruhigt werden. Wer mit einem gesunden Shen unterwegs ist, vermag achtsam und situationsangemessen zu handeln.

Das Herz hat die Obhut über die mentalen Aktivitäten und wenn die „Shen-Speicherfunktion" gut ist, wird der Mensch einen klaren Verstand haben und weise sein. Da eine (Selbst)Behandlung am Herzpunkt 7 wirkungsvoll bei Unruhe, Nervosität, Stress, und Ängstlichkeit helfen kann, findet die Straße zur Heiterkeit auch im Zusammenhang mit der Stärkung der Abwehrkräfte Erwähnung.[(101)]

Es ist deutlich geworden, dass ein Übermaß an Emotionen die Herzqualität und damit das Kontrollsystem des Lebens im menschlichen Körper schwächt und anfällig für Störungen macht. Bei der 4. Brokatübung „Blicke zurück auf die fünf Übertreibungen und die sieben schädlichen Einflüsse" wird der Aspekt der Übertreibung beim Denken und Fühlen sowie bei täglichen Verhaltensweisen besonders deutlich. Die fünf Übertreibungen sind: „Zu viel Sehen schädigt das Blut; zu viel Schlafen schädigt das Qi; zu viel Sitzen schädigt die Muskeln; zu viel Stehen schädigt die Knochen; zu viel Gehen schädigt die Sehnen." Zu den sieben schädlichen Einflüssen gehört das „Überessen", das dem Funktionskreis Milz schadet; „Aufregung, Wut und Zorn treiben das Qi nach oben, dadurch wird der Funktionskreis Leber verletzt; zu viel Heben, an feuchtem Ort sitzen, schädigt die Niere; Kälte und Kaltes trinken schädigt die Lunge; zu viel Denken (Kummer und Sorgen) schädigt das Herz; Wind, Regen, Kälte und Sommerhitze schädigen den Körper; große Angst (auch Gier, Schreck und zu viel sexuelle Aktivität) schädigt Geist und Willen."[(102)]

Diese Aufzählung beinhaltet eine Reihe von Empfehlungen für das tägliche Leben. Bei der Übung selbst gibt es zunächst ein Zurückblicken auf die schädlichen Einflüsse und daran anschließend die Blickrichtung nach vorne, in die Zukunft. Damit geht eine zuversichtliche geistige Einstellung einher, die es braucht, um die an Körper und Seele erfahrenen Schädigungen hinter sich zu lassen.

> Das Wort Stille ist eine Methode.
> Es ist auch eine Haltung im Herzen.
> *Meister Li*

Das Herz will geschützt, gepflegt und genährt werden.(103) Auch wenn wir lächeln, beruhigt sich der Atem und wird gleichmäßiger. Mit einem Lächeln schenken wir uns selbst und anderen einen Moment der Verbundenheit und der Zugewandtheit. „Man kann mit einem Lächeln die Schmerzen eines Menschen lindern, den man nicht kennt," schreibt der französische Denker Emile-Auguste Chartier.(104)

Manchmal ist der Weg vom Lächeln zum Lachen nicht weit. Die Augen sind der Spiegel der Seele, sagt man in China und in der Tradition der chinesischen Medizin ist das Auge das Sinnesorgan des Funktionskreises Leber, der eng mit der Yang-Leitbahn Gallenblase zusammenarbeitet. Diese wiederum ist für Gerechtigkeit und Genauigkeit sowie für unsere Entscheidungs- und Tatkraft zuständig. Auch diese Qualitäten kann man gut über die Augen zum Ausdruck bringen.

Noch einmal geht es um das Lachen, wenn der Protagonist im „Nachtzug nach Lissabon" erzählt, dass er einmal in einer Zeitung einen Bericht über einen Polizisten gelesen hat, der einen überführten Dieb laufen ließ. Zu seiner Entschuldigung führte der Polizist an: „Wir haben zusammen gelacht, da konnte ich ihn nicht mehr einsperren. Es ging einfach nicht mehr."(89)

Gemeinsames Lachen trägt und verbindet, entspannt und fördert die Zufriedenheit. Unterwegs in China haben wir mit vielen fremden Menschen gelacht. Nun war ohne ausreichende Sprachkenntnisse nicht immer zu verstehen, worüber gelacht wurde. Aber das hat die Begeisterung über die Begegnungen keineswegs geschmälert. Es wurden unzählige Fotos gemacht und die Freude daran miteinander geteilt. Die Freude ist der gefühlsmäßige Ausdruck des Herzens. Und so waren es stets diese vom Herzen getragenen Episoden, die sich wohlig und warm in uns ausgebreitet haben.

火

Feuer
huo

ESSAY 8

AUS TAUSEND GEDANKEN EINEN MACHEN. DER AFFENKÖNIG UND PFIRSICHBÄUME OHNE FRÜCHTE. DABEIBLEIBEN UND SICH NICHT ABLENKEN LASSEN. DIE SEUFZERLYRIK UNGLÜCKLICHER DICHTERINNEN.

> „Non ti perdere!" hatte Sophia gesagt und war ihm übers Haar gefahren. Es waren Worte des Abschieds, die Livia eingeführt hatte. Sie konnten bedeuten: Verlier dich nicht in den Gassen! Aber auch: Verlier dich nicht in dir selbst!
>
> **Pascal Mercier (Das Gewicht der Worte)**

„Und der Steinerne bestieg den Thron seines Affenreiches. Er verbot seinen Untertanen, ihn den Steinernen zu nennen und legte sich den Beinamen „der Schöne" zu. Dann wählte er sich unter den Pavianen, Schimpansen und Meerkatzen seine Hofbeamten und Minister aus. Tagsüber streifte er mit ihnen auf dem Berg der Wuchernden Blüten umher, abends kehrte er mit ihnen in die Grotte der Wasserschleier zurück. Sie lebten alle miteinander in paradiesischer Eintracht und kamen weder mit anderen Tieren noch mit der Vogelwelt in Berührung. Der Schöne regierte unumschränkt und mit fester Hand, und seine Untertanen lebten wunschlos und glücklich."[(105)]

So beginnen die dreiundzwanzig Kapitel, in denen die unglaublichen Abenteuer des nicht immer sympathischen Affenkönigs Sun Wukong erzählt werden. Dieser geht bei daoistischen Meistern in die Lehre und erlernt so das Kämpfen, die Fähigkeit, sehr hochzuspringen, sowie das Geheimnis der Unsterblichkeit. Auch erwirbt der Affenkönig die Fähigkeit, sich auf zweiundsiebzig verschiedene Arten verwandeln zu können: „Als er die Zauberformel auswendig konnte, übte er Tag für Tag, gönnte sich nicht eher Rast und Ruh, als bis er alle zweiundsiebzig beherrschte."[105]

Jede noch so aussichtslos scheinende Situation meistert Sun Wukong mit Witz, List und Zauberkunst. Gleichzeitig missbraucht er die gelernten Künste für allerlei Streiche. So bringt er schließlich den Jadekaiser dazu, ihn zu einem himmlischen Gott zu machen. „Ich verleihe dir hiermit den Rang eines Großen Heiligen [...] Es ist das höchste Amt, das ich zu vergeben habe. Du bist nunmehr mit der Aufgabe betraut, stets weise und vorbedacht zu handeln", so der Jadekaiser zum Affenkönig.[105]

„Das neue Amt sollte zwei Abteilungen haben: die Abteilung für Ruhe und Frieden und die Abteilung für Ausgeglichenheit des Geistes. In diesen beiden Abteilungen sollten dem Affenkönig himmlische Beamte und Sekretäre ganz zur Verfügung stehen. Auch beauftragte der Kaiser fünf Sterne, den Affen in sein Amt einzuführen, und schenkte ihm zwei Flaschen seines Lieblingsweines und zehn goldene Blüten, die ihm helfen sollten, Gleichmut und Willensstärke zu erlangen und keinen Unfug mehr zu treiben."[105]

Nicht immer jedoch halten sich die Verläufe auf Erden an die himmlischen Gebote und so treibt der Affe auch als Gott weiter Schabernack. Um zu verhindern, dass er vor lauter Langeweile noch mehr Unfug anstellt, wird er schließlich zum Verwalter des himmlischen Pfirsichgartens ernannt. Allerdings führt auch das zu Turbulenzen und schließlich wird Sun Wukong von Buddha gefangen. Zum Zweck der Läuterung darf er den Mönch Xuanzang auf seiner Reise nach Indien begleiten, wo dieser von Buddha heilige Schriften für China erbeten soll. Diese als „Reise in den Westen" bekannte Erzählung wird schließlich zum Symbol für die Vervollkommnung des menschlichen Herzens.

In Asien gilt der Affe als schlau, klug und liebenswürdig, aber auch respektlos. Im chinesischen Tierkreis ist er das neunte von zwölf Tieren, eingebettet zwischen die sanftmütige, zurückhaltende Ziege und den extrovertierten Hahn. Menschen mit dem Tierkreiszeichen Affe gelten als einfallsreich und lebhaft. Sie brauchen viel Bewegung und Freiraum und haben Freude daran, Neues zu entdecken und auszuprobieren. Häufig wird der Affe mit einem Pfirsich abgebildet. Die wahrscheinlich aus China stammende Frucht gilt den Anhängern des Daoismus als ein Lebenselixier, das Unsterblichkeit verleihen kann.

Nach alter Überlieferung pflegte die Königinmutter des Westens ein Pfirsichfest auszurichten, sobald einer der Pfirsiche reif wurde. Einmal allerdings konnte dieses Fest nicht in gewohnter Weise stattfinden, weil der Affenkönig sich an den reifen Früchten nach Herzenslust satt gegessen und nurmehr wenige übrig gelassen hatte. Das ganze Ausmaß dieser Verfehlung wird deutlich, wenn man weiß, dass die Frucht des ewigen Lebens 1000 oder auch schon mal 3000 Jahre zur Reifung benötigte.

Auch im „Spiel der fünf Tiere" begegnen wir dem Affen. Beim Kennenlernen und Einüben der fünf Tiere nach dem Lehrsystem von Prof. Jiao gibt es eine wohl bedachte Reihenfolge.[(106)] So lernt man zunächst die wohltuend bedächtigen, erdigen Bewegungen des Bären und das sorglose, leichte Spiel des Kranichs kennen. Im Studienprogramm der Medizinischen Gesellschaft werden beide Tiere an einem Wochenende gemeinsam vorgestellt – ebenso wie der Tiger und der Hirsch: mit der Nierenkraft des Tigers sowie mit dem Strecken und Dehnen in der Aufrichtung des Hirschen ergeben sich weitere Qualitäten aus dem Tierspiel.

Mit dem Spiel dieser beiden Paare – Bär und Kranich sowie Tiger und Hirsch – lässt sich jeweils eine gute Ausgewogenheit von Yin und Yang erreichen und häufig wird ein Tier zunächst am liebsten und am häufigsten geübt. Dieses „Lieblingstier" ist in der Darstellung seiner Bewegungen und seiner Emotionalität entweder am meisten vertraut oder seine Attribute sind uns fremd und genau deshalb ansprechend.

Als fünftes und letztes Tier werden die Bewegungen des Affen vorgestellt, für den in der Reihenfolge der Kurse ein ganzes Wochenende allein vorgesehen ist. Zwar ist der Affe uns Menschen am ähnlichsten, doch an diesem Wochenende durchlaufen viele Lernende ein Wechselbad der Gefühle. Ich selbst habe auch mit diversen Qualitäten des Affen „gekämpft" und war froh darüber, zuvor die gesetzte Ruhe des Bären und die Vitalität des Tigers kennengelernt zu haben. Das Spiel des Affen ist „gekennzeichnet durch große Beweglichkeit und Flinkheit, durch subtile Mimik und Gestik, es spiegelt den schnellen Wandel der Stimmungen des stets neugierigen und wachsamen Affen wider. Hierzu ist eine tiefe innere Ruhe erforderlich."[(106)]

Von einer solchen Ruhe ist die Anfängerin in den ersten Lehrjahren weit entfernt. Der Affe ist dem Herz und dem Element Feuer zugeordnet. Und genau darin besteht eine der Herausforderungen: mit dem Spiel des Affen wird der Funktionskreis Herz angesprochen, der Geist und insbesondere die Geistesruhe. Zugleich geht es in der äußeren Bewegung um Gewandtheit und Flexibilität. Wenn Körper und Geist sich verbinden, kann es allmählich gelingen, mit dem fünften Tier ein höheres Übungs-Niveau zu erreichen.

Schritt für Schritt zu üben ist eines der Übungsprinzipien des Qigong Yangsheng. Zunächst wird sorgfältig die Ausführung der Formen erlernt. Zu einem späteren Zeitpunkt kommen wir auch zum „Freien Spiel der fünf Tiere", einer Abwandlung und Weiterentwicklung der Grundübungen. Je freier die Formen praktiziert werden, umso bedeutsamer werden die ihnen innewohnenden Gesetzmäßigkeiten. Während die Bewegung in gelernter Weise ausgeführt wird, „lässt man Körperhaltung und innere Haltung, Form und Geist zu einer Einheit werden, erfüllt von Lebenskraft, frei und unbefangen, voll geistiger Vitalität und körperlicher Lebendigkeit – auf diese Weise erreicht der Körper Vollkommenheit".[(107)]

Der britische Kinderarzt und Psychoanalytiker Donald Winnicott hat das Spiel in seiner psychotherapeutischen Wirksamkeit beschrieben. Danach setzen sowohl Kinder als auch Erwachsene im Spielen ihre ganze Persönlichkeit ein und vermögen sich in diesem Modus immer wieder neu zu entdecken. Spielregeln können dabei helfen, den beängstigenden Aspekt zu begrenzen, den das Spielen auch mit sich bringt. In diesem Sinne behalten wir auch im freien Spiel der Tiere grundsätzlich die Form bei. Zugleich nähert man sich auf spielerische Weise den charakteristischen Merkmalen der Tiere an und vertieft das Verständnis für sie.

> Psychotherapie hat mit zwei Menschen zu tun, die miteinander spielen.
>
> **Donald W. Winnicott**

Ähnlich verhält es sich mit der Reihenfolge der Formen: erst wenn diese verinnerlicht ist, kann dem Impuls nachgegeben werden, eine oder zwei Übungen zu überspringen oder Bewegungen aus anderen Übungssequenzen hinzuzunehmen. Indem wir jede einzelne Form möglichst genau kennenlernen, entwickelt sich wiederum Vertrauen in die persönlichen Fähigkeiten: „Ich bin mutiger geworden!" erzählt eine Teilnehmerin. Mit zunehmender Entspannung bei gleichzeitig guter Erdung lässt sich ein Gefühl von Sicherheit herstellen. So kann man sich in den Bewegungen (aus-)weiten und den Raum zwischen Himmel und Erde ausfüllen. Unten und oben sind zum Greifen nah und indem wir beides miteinander verbinden, erobern wir uns einen Platz in der Welt, fühlen uns zugehörig und aktiv-lebendig.

In der chinesischen Tradition gilt Qigong zwar nicht wie bei uns als Entspannungsverfahren.* Gleichwohl gehört das Überwinden von Härte und Starre auf allen Ebenen des Seins zu einer erfüllten Qigong-Praxis. In diesem Sinne meint Entspannung im Qigong immer eine relative Entspannung, in der ein gewisses Maß an Spannung erhalten bleibt. So lässt man während des Übens keineswegs den Kopf hängen oder baumelt mit den Gliedmaßen herum. Nacken und Kopf sind sanft aufgerichtet und wir stellen uns vor, über den Scheitelpunkt mit dem Himmel verbunden zu sein. Wenn sich das Bedürfnis einstellt, den Kopf doch einmal hängen zu lassen oder Arme und Beine auszuschütteln, dann kann dies im Rahmen einer Auflockerungsübung erfolgen.

Wang Tong, der erste Kampfkunst-Lehrer von Jiao Guorui, kam aus der Shaolin-Tradition. Auch die Shaolin-Kampfkunstmönche praktizieren das Spiel des Affen. In der buddhistischen Tradition gilt der Affe als Sinnbild des menschlichen Herzgeistes, den es zu zähmen und zur Konzentration zu erziehen gilt. Der Affe liebt das Spiel und zugleich geht er keinem Kampf aus dem Weg. Er ist ursprünglich und tapfer. Dabei wechselt er so rasch und unerwartet seine Körperhaltung und seine Stimmung, dass es manchmal der Eindruck entsteht, er habe keine Gestalt. Eine Besonderheit beim Spiel des Affen sind die offenen und geschlossenen Hakenhände.

* Qigong ist in Deutschland als Präventionsmethode für das Handlungsfeld Stressreduktion und Entspannung von den gesetzlichen Krankenkassen anerkannt. Der Leitfaden Prävention des GKV-Spitzenverbandes bildet die Grundlage für die Förderung von Gesundheitskursen: hier sind die Handlungsfelder und Kriterien für die Leistungen der Krankenkassen in der Primärprävention und betrieblichen Gesundheitsförderung nach den §§ 20 und 20 a des SGB V verbindlich festgehalten. Gesundheitsangebote, die diesen Qualitätskriterien entsprechen, werden von den Krankenkassen gefördert

Bei beiden Handhaltungen sind die Handgelenke leicht abgewinkelt und bleiben zugleich locker, damit das Qi ungehindert fließen kann.

Bei der Übung „Der Affe pflückt Pfirsiche" werden durch die Bewegung des Pflückens und Zurückziehens die Laogong-Punkte auf der Leitbahn „Beschützer des Herzens" in der Handmitte aktiviert. Die pflückende Bewegung der Hände kann mehrfach wiederholt werden. Dabei wird zwischen öffnender und schließender Handbewegung abgewechselt.(106) Auf diese Weise spielen und imitieren wir die Suche nach dem schönsten Pfirsichbaum und nach der ansehnlichsten reifen Frucht. Gleichzeitig wird die innere Geistesruhe geübt. Es gilt, sich auf die Aufgabe zu konzentrieren und sich nicht ablenken zu lassen.

Das Spiel des Affen
Bewegung liebt er – er ist Bewegung.
Jede Geste, Gebärde an ihm ist geschickt:
Jeder Gang, jedes Zeichen von ihm, jede Regung
Entsteht aus der Ruhe, die ihn entzückt.

Energiegeladen, gleich blendenden Blitzen,
Bewegt sich sein Körper, wundersam leicht.
Nichts Festes fügt sich, nichts Starres kann nützen.
Weil er jede Bewegung spielend erreicht.
So wie Sun Wukong, der edle Pfirsiche pflückt,
Mit der Frucht der Unsterblichkeit seine Freunde beglückt.
Jiao Guorui

Beim Spiel des Affen ist gut zu erspüren, wie Ruhe und Bewegung einander bedingen und zusammengehören. Gewöhnlich haben wir im Anschluss an eine Erholungspause das Bedürfnis danach, wieder aktiv zu werden. In der Übungspraxis ist das ein sehr spannender Moment des Gewahrseins: wann entscheidet sich, dass wir aus der entspannten Ruhehaltung heraus in der

Übungssequenz fortfahren? Wann spüren wir den Impuls zur Weiterbewegung? Wann ist die Zeit „reif" für den nächsten Schritt, der im Ausruhen bereits angelegt war?

Zu langes Innehalten in einer Position, das kennen wir auch aus dem Alltag, kann zu Verspannungen und Steifheit führen. Eine zu kurze Verweildauer wiederum mag vielleicht mit Übereilung einhergehen, die zu wenig Raum für eine genauere Körper-Wahrnehmung lässt. Der nahezu ununterbrochene Bewegungsfluss ist charakteristisch für das Taijiquan. Aber auch in dieser Übungspraxis gibt es immer wieder ein Verweilen in Positionen, um die Wahrnehmung zu verfeinern und das Verständnis für die einzelnen Sequenzen zu vertiefen.

In diesem Zusammenhang habe ich den Begriff „Dingshi" gefunden. Der Taiji-Lehrer Janudin Setiawan versteht unter „Dingshi" ein „seitens der Übenden bewusstes, beabsichtigtes Verweilen in Stellungen/Figuren ...". Auch bei ihm geht es um den Raum für die Selbstwahrnehmung, für das Auflösen unnötiger Spannungen und bei Bedarf auch für die Selbstkorrektur.[108]

Das Spiel des Affen kann eine belebende Wirkung auf Körper und Geist haben. Sich aus niedergedrückter Stimmung erheben und „den Affen machen" – das kann aufheitern und den Blick nach vorne öffnen. Mit der äußeren Beweglichkeit (Yang) verbindet sich die innere Ruhe (Yin). Und – völlig unabhängig davon, was uns in den Sinn kommt, was wir als nächstes anstellen könnten – dem Affen in uns kann nichts passieren. Er geht unbeirrbar und authentisch auf seinem Weg. Schließlich ist er jener Meister, dem es gelungen ist, selbst die obersten Gottheiten auszutricksen. Eine vergleichbare Heldinnentat ist jeder von uns schon einmal gelungen. Und daran dürfen wir gerne immer wieder anknüpfen.

Das kann auch ein psychologischer Aspekt in der Begegnung mit dem Affen sein: zunächst geht es darum, sich dieses Spiel zu erlauben, dieses Affen-Theater, und sich an der eigenen Verspieltheit zu erfreuen. Also beginnen wir mit der ersten Übung, mit dem Schritt, und nehmen Kontakt auf mit der Art und Weise, wie der Affe sich bewegt: flink und eigen. Der verstohlene Blick der zweiten Übung kann uns ermöglichen, Gewohnheitsmuster aufzubrechen, aus der Ernsthaftigkeit herauszutreten und sich für die leichtere Seite des Lebens zu öffnen.

In der dritten Form stehen wir im Pfirsichgarten vor einem Baum, erwartungsvoll und in Vorfreude auf die ausgesuchte Frucht. Vielleicht müssen wir uns aber auch überwinden, den Pfirsich zu greifen und abzupflücken. Es handelt sich schließlich um einen der Lebenspfirsiche der Königinmutter des Westens, den wir dabei sind, unerlaubterweise an uns zu nehmen. „Du sollst nicht stehlen", haben wir gelernt. Und wie wir es auch drehen und wenden: es bleibt unredlich und ist keine Kleinigkeit, sich an fremdem Eigentum zu bedienen.

„Du sollst nicht stehlen", war das strenge Zeigefingerformat des siebten Gebots, mit dem viele von uns aufgewachsen sind. Also sind wir auf der Hut und versuchen, uns nicht erwischen lassen. Der spielerische Kontext ermöglicht aber auch, dass wir eine kleine diebische Freude verspüren dürfen. So mögen wir als Erwachsene ambivalent darin sein, welche Regelübertritte wir uns leisten wollen und können. Im Spiel selbst, noch bevor wir den Pfirsich ergreifen, gibt es vielleicht zunächst ein kurzes Zaudern, eine Unentschlossenheit. In der spielerischen Annäherung, indem wir so tun, als ob wir die Früchte vom Baum nehmen, übernimmt dann wieder die Freude an der spielerischen Gestalt die Führung.

Bevor wir mit den Übungen beginnen, versuchen wir in die Ruhe zu kommen. Dazu „werden die vielen umherstreunenden Gedanken," so Jiao Guorui, „gebündelt zu einigen wenigen. Unsere geistigen Aktivitäten sind ganz auf die Übung ausgerichtet. – Wir sind nicht nur mit den Gedanken, sondern auch mit dem Herzen bei der Übung und geben keiner Ablenkung Raum."(106)

> Gegenwärtige Herzensruhe besteht nicht im Planen zukünftigen Glücks.
>
> *Zeng Bangiao*

Was für eine wunderbare Vorstellung: dabeibleiben und sich nicht ablenken lassen. Wo es doch immer wieder schwer fällt, sich auf eine Sache zu konzentrieren. Stattdessen zerstreuen sich die Gedanken: verlieren sich in Ideen, Mutmaßungen und Fantasien. Manchmal fehlt es dann an Zielgerichtetheit und Klarheit im Alltag. Wenn ich abgelenkt bin, kann ich nicht in meiner Mitte bleiben. Auch verliert sich die Leichtigkeit; Sorgen lassen das Herz schwer werden. Der

Grübel-Modus wägt ab, bewertet und geht mit dunklen Emotionen einher.* Er verhindert, dass wir positiv im Augenblick und zuversichtlich im Leben sind.

Eine weitere Affen-Metapher wird gewöhnlich auf Buddha zurückgeführt: wenn die Innenwelt in Unordnung geraten ist, gleicht das zuweilen einer Affenhorde, die in der Gedanken- und Gefühlswelt ihr Unwesen treibt: sie springt wild und übernimmt gelegentlich sogar die Kommandozentrale im Kopf. Die quirlige Affen-Bande steht hier für all jene Gedanken, die sich nicht bändigen lassen wollen und für Unruhe im Herzen sorgen.

Hierzu schreibt die Theologin und Zen-Meisterin Doris Zölls: „Buddha sagte einmal: deine Gedanken sind wie eine Horde Affen, sie zu bändigen, das ist die Aufgabe. Dies geschieht mit Hilfe eines Fokus, mit dessen Hilfe die Gedanken gebündelt werden. Meistens wird der Atem als Fokus genommen […] So übt man sich als Erstes in dieser Konzentration, die zugleich alle psychosomatischen Energien bündelt. Kein Gedanke schiebt sich zwischen mich, den Beobachter und das Atemgeschehen. Diese Konzentration wirkt sich sehr schnell im Alltag aus. So wird man sich allmählich besser auf seine Arbeiten konzentrieren können. Man lässt sich nicht immer von allem und jedem ablenken und wird sich bald ruhiger und ausgeglichener erfahren."[(110)]

Das Bild von der Affenhorde hat sich auch in meiner Qigong-Praxis bewährt und ich habe in den Übungsgruppen noch eine Erweiterung vorgenommen: so imaginieren wir zu Beginn der Übungszeit um uns herum einen hohen, schützenden Zaun, hinter dem die Affen bleiben und sich gedulden sollen, bis ihnen nach der Übungsstunde wieder Aufmerksamkeit zuteilwerden kann. Dabei entsteht zumeist Heiterkeit bei den Teilnehmerinnen – denn natürlich halten sich die quirligen, ungeduldigen Tierchen nicht in gewünschter Weise an die Regel: immer wieder hüpfen sie herum oder winken zu uns herüber, um auf sich aufmerksam zu machen.

Gerne erinnere ich mich daran, als ich erstmals von einer unserer Qigong-Lehrerinnen zur Einstimmung die Anregung hörte: „Aus tausend Gedanken wollen wir jetzt einen machen!" Das

---

* Im Yoga gibt es nach Anna Trökes einen Zustand der „Verdunklung des Geistes", der im klinischen Kontext als depressive Episode bezeichnet wird. Der ursprüngliche klassische Yoga versteht sich als eine „Wissenschaft von der Seele", der von Anbeginn an untersucht hat, wie unser Geist funktioniert, was das Denken verzerrt und was die Gründe dafür sind.[(109)]

hörte sich bedeutungsvoll und zuversichtlich an! Aus der Meditationspraxis kannte ich die Affirmation: „Lasst eure Gedanken wie kleine Wolken am Himmel vorüberziehen!“ Und nun: „Aus tausend Gedanken einen machen!“ Diese Formulierung sprach mich an: hier könnte sich ein Weg zeigen, den Teufelskreis aus immer wieder kehrenden Grübeleien zu durchbrechen! Auch bei Jiao Guorui bedeutet das In-die-Ruhe-Treten „nicht das Erreichen eines Zustandes geistiger Leere […], sondern das Ersetzen von vielen verschiedenen Gedanken durch einen Gedanken“. Wenn man in die Ruhe gekommen ist und sich trotzdem noch verschiedene Gedanken bemerkbar machen, so sei dies “als ganz normal zu werten und man sollte darüber nicht ärgerlich werden. Mit längerer Übungspraxis“, so die Aussicht, „werden die Nebengedanken weniger“.[(107)]

> Worte springen wie Affen von Baum zu Baum.
> **Robert Musil**

Die Idee der Geistesruhe ist für mich eng verknüpft mit der Kunst der Poesie und Dichtung. Die Vertiefung in schöne Texte lässt innere Räume entstehen, in denen sich zuweilen sogar verloren geglaubte Wörter und Textstellen wieder einfinden. Während meiner Ausbildung bei der Medizinischen Gesellschaft für Qigong Yangsheng hat Gisela Hildenbrand mit besonderer Hingabe diesen Aspekt genährt. Sie hat den Unterricht mit einer Vielzahl von Texten, Gedichten aus Ost und West sowie Zitaten von Prof. Jiao bereichert: „Qigong ist Kunst und Wissenschaft zugleich“.

In China blickt man auf eine lange Kultur der Dichtung zurück. Bereits im chinesischen Mittelalter wurde die Idee formuliert, dass „das Wichtigste an der Literatur das Qi ist, in dessen Klarheit oder Trübung der Stil liegt“. Der Sinologe Kai Vogelsang führt dazu weiter aus, dass die Literatur „durch die Lebenskraft Qi zur autonomen Sphäre wird, die sich ihre Regeln nicht vorschreiben lässt, sondern sie aus ihrer eigenen Natur schöpft. Dieser Gedanke ließ die Kunst im chinesischen Mittelalter zu sich selbst finden und befreite sie von äußeren Bindungen.“[(111)]

Dichtung und Poesie spiegeln das kollektive Gedächtnis einer Kultur wider, ermöglichen Einblicke in deren seelische und soziale Beschaffenheit. So eröffnet sich ein Zugang zu Vergangenheit und Gegenwart einer fernen, fremden Welt. Kaum eine andere Kultur führt uns bereits in der frühen Geschichte eine solche Diversität vor Augen wie die chinesische. Wer in der vormodernen Zeit das Glück hatte, der Gelehrtenschicht anzugehören, war gewöhnlich umfassend gebildet und künstlerisch kreativ. Das galt für Männer und – in deutlich geringerem Umfang – auch für Frauen.

Ach, die Frauen! Diese hatten im alten China, das haben wir im dritten Essay gelesen, keine Wahl bezüglich dessen, wie sie leben wollten. So ist die Suche nach bedeutenden Frauengestalten von oft undeutlich bleibenden Lebensdaten und nicht immer eindeutig zuzuordnenden Schriften begleitet. Das Seufzen, das werden wir gleich erfahren, gehört hierbei unbedingt dazu. Zwar haben Männer und Frauen gemeinsame Lebensthemen – allen voran solche, die mit Abschied und Vergänglichkeit einhergehen. Aber es konnte nicht ausbleiben, dass in der Lyrik von Frauen vor allem Erfahrungen von Beklemmung und Melancholie, von Trägheit und Langeweile zum Ausdruck kamen.

Die weibliche Lebensform war im Wesentlichen beschränkt auf die inneren Gemächer und wurde spätestens ab dem 14./15. Jahrhundert durch die gebundenen und kaputten Füße bestimmt. Entsprechend war das Empfinden von Enge und Eingesperrt-Sein vorherrschend: „Das Innere zu hüten bis ins Alter, ist mir vom Schicksal bestellt. Ein Leben beschränkt auf Kleider, Socken, Strohsandalen".[(112)]

„Symbole und Metaphern von Engung und Beklemmung in den Frauengedichten sind das mehrfach verschlossene Tor, dichter Nebel über dem Fluss, Bäume, die den Blick verstellen, [...], Mitternachtskälte, die durch die Fenster und Bettvorhang kriecht". [...] Auch der Papagei im goldenen Käfig versinnbildlicht die Begrenzung, ein Leben im Gefängnis. Die Sinologin Gudula Linck bezeichnet die überlieferten weiblichen Selbstzeugnisse als „Seufzerlyrik". „Noch die harmloseste Schilderung des Regens, der auf die Bananenblätter fällt, der Zimtblüte, die ihren Duft verströmt, des Papageis in seinem Käfig ist zugleich trauerumflortes Seelenbild", so Gudula Linck.[(112)]

Auch das Erleben der Jahreszeiten verschafft den Frauen kaum Linderung: während die Männer sich draußen aufhalten, im Hof, im Garten, beim Wandern und Reisen, sitzen die Frauen in ihren Gemächern, am Fenster, vielleicht noch auf dem Balkon. „Die Versuche der Dichterinnen, dieser Welt der Enge zu entkommen, sind bescheiden im Vergleich zu den Möglichkeiten der Männer, die noch im fortgeschrittenen Alter weit ausschreiten querfeldein, die Berge hinauf und hinunter, lange Wege zurücklegen zu Fuß, im Boot, in der Sänfte, auf dem Pferd, Tage und Nächte in Tempeln und Klöstern verbringen und auf ihren Reisen nur sich selbst mitnehmen, um sich selbst zu finden!"[112]

> Wenn die Dattelpflaume blüht,
> besuch ich dich wieder in meinen Träumen.
> *Yang Wenli*

Das Klagen und Seufzen der Frauen wird zumeist unerhört geblieben sein. Manchmal mochte es vielleicht im Traum gelingen, sich aus der Beklemmung zu befreien. Die vielleicht bekannteste klassische Dichterin, Li Qingzhao, lebte während der Song-Dynastie (960-1279) und damit in einer Zeit, in der sich China als ziviler Beamten-Staat präsentierte, in dem nicht mehr der Krieger das gesellschaftliche Ideal ist. Die Song-Beamten waren gebildet, selbstbewusst und gut bezahlt. Die später von den Europäern „Mandarine" genannten Beamten waren die eigentlichen Herren im Land. Eine Laufbahn im Staatsdienst wurde in der chinesischen Gesellschaft zu einer sehr attraktiven, ja zur einzig respektablen Karriere. Und das blieb so bis ins 20. Jahrhundert. Wirtschaft und Handel florieren, eine stark urbanisierte, empfindsam gewordene Gesellschaft bringt neue Formen des Miteinanders hervor und die Buchdruckkunst sorgt für hochwertige Bücher. Literarische Bildung, Ästhetik und Lebensgenuss stehen hoch im Kurs – zumindest für diejenigen, die es sich leisten können.[111]

Im besten Fall, der wahrscheinlich nicht so häufig eingetreten ist, teilen die Dichterinnen ihre künstlerischen Vorlieben mit dem Ehemann. Li Qingzhao hat diesbezüglich Glück! Sie und ihr Ehemann gehören zur politischen Elite und sie tragen gemeinsam eine beachtenswerte Sammlung von Kalligrafien, Büchern, Bronzen und Malereien zusammen. Nach seinem Tod gibt Li Qingzhao einen Katalog der Sammlung mit einem Nachwort heraus, in dem sie das Lebenswerk ihres Mannes würdigt und zugleich ihre Autobiografie verfasst.

Aber auch „bei der einzigen Frau unter den zwölf großen Dichtern aus vormoderner Zeit" findet sich schon in frühen Gedichten und zu einer Zeit, als ihr Mann noch lebt, das Motiv von

Einsamkeit und Beklemmung: „Einsam tief hinten im Gemach. Mein Innerstes: jeder Zoll von Leid mit tausend Stricken eingeschnürt. Ich liebe den Frühling, der Frühling aber ist vorbei."[112]

So erleben wir auch Li Qingzhao als eine große Seufzerin. Seufzen und Wein trinken sollten so manche Schwere austreiben. Nicht selten spielte der Frühling dabei eine Rolle. Denn immer wieder nutzte der Ehemann die Frühlingszeit und ließ seine Frau allein zu Hause. Indem sie sich auch in ihren Gedichten als einsame Weintrinkerin stilisiert, begibt sich die Dichterin in die Nähe und Tradition ihrer männlichen Dichterkollegen und verstößt zugleich gegen die Anstandsformen, die für eine Ehefrau ihrer gesellschaftlichen Stellung gelten.

> Verstummt das Lied der Jadeflöte. Wo bleibt der Spieler?
> Wieder ist ein Frühling vorbei,
> und herzlos hat er die Rückkehr nicht eingehalten.
> *Li Qingzhao*

Was aber ist das mit dem Ehemann, der immer mal wieder eigene Wege geht? Und dies gewiss nicht nur, weil seine Beamtenpflicht ihn ruft.* Nein, er geht zu seiner Geliebten und so trauert die Zurückgebliebene nicht nur über einen Abschied, sondern auch über verratene Gefühle. In der dichterischen Symbolik spielt hier der Kuckucksruf eine wesentliche Rolle: „Ich kann den Ruf es Kuckucks hinter den Wäldern nicht ertragen", schreibt Li Qingzhao und gibt der Kennerin traditioneller chinesischer Dichtkunst den Hinweis: der Kuckuck steht in Anlehnung an eine Kaiserlegende dafür, dass der Mann eine Geliebte hat.[113]

Wir haben dieses Kapitel mit der Geschichte vom Affenkönig begonnen. Im fiktiven Roman „Cox oder der Lauf der Zeit" von Christoph Ransmayr finden wir uns in einer skurril anmutenden Szene wieder: Qianlong, der Kaiser von China, stattet seinen britischen Gästen in der Verbotenen Stadt einen unerwarteten Besuch ab. Der Herr der Welt ist in Begleitung einiger

* Die Beamtenlaufbahn verpflichtete die Staatsdiener dazu, alle drei Jahre eine neue Aufgabe in einer anderen, oft vom Heimatort weit entfernten Provinz zu übernehmen. Insofern waren Trennungen und Abschiede an der Tagesordnung.

Konkubinen und zeigt sich gut gelaunt. Mit fröhlichen Wortspielchen beschäftigt, fällt er lachend und kichernd aus der kaiserlichen Rolle.

Das Spiel, so der Autor, bestand offensichtlich darin, innerhalb kürzester Zeit eine größtmögliche Zahl von Reimen auf ein Wort zu finden, das der Kaiser der heiteren Runde vorgab.(114) Und da taucht er dann wieder auf, der Affenkönig: sein Name in singender Übersetzung dient der Belustigung und dem Spiel. Aber er bleibt wandelbar, so wie wir ihn kennen, und verschwindet in den Zwischenräumen einer unwirklich anmutenden Szenerie: ein kurzes Intermezzo, eine flüchtige Erscheinung, ohne Gestalt.

Für den chinesischen Schriftsteller Lin Yutang, der viele Jahre im Westen verbracht hat, ergibt sich aus dem Epos vom Affenkönig der Fortschritt der menschlichen Geschichte. Seiner Einschätzung nach verfügen wir zwar über eine durchaus wirkungsvolle Verstandeskraft. Aber diese sei recht spät dazu gekommen und zeichne sich durch große Unvollkommenheiten aus. Schuld an unserem schlechten Betragen seien wohl eher die animalischen Triebe. „Wenn man mich fragt", so Lin Yutang, „ich finde am Affen etwas, das mich ihn allen [...] Tieren vorziehen lässt, und am Menschen wiederum ist etwas von der Affen-Neugier und Affen-Gescheitheit und macht, dass ich froh bin, ein Mensch zu sein."(115)

> „Ich schreibe gerne in der Stille. Schreiben bedeutet für mich, der Stille Raum geben und sie aushalten."
>
> Robert Seethaler

Die Beschäftigung mit dem Affen mag die Leserin fordern. Und vielleicht wirkt das Schicksal von Li Qingzhao auch noch ein wenig nach. Nun, auch die Dichterin ist älter und gelassener geworden. Sie hat sich mit den Jahren dem Daoismus und dem chinesischen Buddhismus angenähert, als sie die Zeile schreibt: „Lasse nicht nach, o Wind, trage mein Boot zum Südlichen Ozean." Der ferne Südliche Ozean: das ist Licht und Wärme und Leben – das ist Unsterblichkeit.(113)

養生

Nähren des Lebens
yangsheng

ESSAY 9

DER WEG IST DAS ZIEL: LITERARISCHE STREIFZÜGE UND MEDITERRANE ANZIEHUNGSKRAFT. DAS NOMADISCHE PRINZIP, DAS GEHEN UND FLANIEREN. ZHUANGZI WIRD AUS DEM PARK VERTRIEBEN.

In dem ersten Winter, wo ich noch wenig Menschen kannte, ging ich oft weite Wege allein, besonders am See entlang, der dunkel unter wogenden Nebeln starrte, und das waren besonders glückliche Stunden ahnungsvoller Träumereien.
Ricarda Huch

Ich habe oft bedauert, dass ich keine Wissenschaftlerin geworden bin. Eifrig und unverdrossen, mit Leib und Seele, hätte ich zumindest einen Teil meiner Lebenszeit in einem Elfenbeinturm verbracht und mich dem Entdecken von Gesetzmäßigkeiten und Zusammenhängen verschrieben. Von oben, quasi aus der Vogelperspektive, wäre der Blick hinunter gegangen auf das geschäftige Treiben der Stadt. Vielleicht hätte ich hin und wieder den Turm verlassen, um Bücher abzuholen, im Café zu sitzen oder um spazieren zu gehen.

Wenn es in diesen Tagen mit dem Schreiben nicht vorwärts geht, laufe ich in der Wohnung hin und her. Wenn das nicht hilft, mache ich mich auf den Weg nach draußen. So kann der Kopf wieder frei werden und mit der Bewegung ordnen sich die Gedanken neu. Ein Überbleibsel aus dem Lateinunterricht: „Ambulando solvitur" – beim Gehen lösen sich die Gedanken. Ich bin diesem Satz später in „Traumpfade" von Bruce Chatwin wieder begegnet. Für den britischen Autor stellte das Gehen ein Allheilmittel gegen jede Art von geistig-seelischer Belastung dar.

Auch der Lehrspruch „Der Weg ist das Ziel" kommt mir in den Sinn, der Konfuzius zugeschrieben wird. Der Weg meint bei Konfuzius immer einen Prozess des Lernens. Über die Jahre wurde mir der Gedanke, dass Weg und Ziel eins sein könnten, stetig zugänglicher und vertrauter. Ohnehin geht das Älterwerden mit inneren Verschiebungen einher: Wertigkeiten, Größenordnungen und der Rahmen des Pläneschmiedens müssen immer wieder neu justiert werden. Zahlreiche Wegstrecken sind bewältigt. Andere stehen noch aus und bei manchen deutet sich an, dass sie vielleicht nicht mehr begangen werden können. Immer aber habe ich mich als Philosophin gefühlt und bin dem nomadischen Prinzip treu geblieben: im Gehen, Wandern oder Pilgern erhalten sich Körper und Geist ihre Geschmeidigkeit.

Wenn der nächste Schritt das Ziel ist, entfaltet sich die Methode der kleinen Schritte gleichsam aus sich selbst heraus. Die Zielerreichung steht dabei nicht immer an erster Stelle. Vielmehr geht es darum, im Augenblick zu sein und sich auf den Weg zu machen. Zuweilen weichen wir vom Weg ab, gehen im Kreis oder über Umwege. „Umwege erhöhen die Ortskenntnis" – so lautet ein Zitat, das manchmal dem Schriftsteller Kurt Tucholsky zugeschrieben wird. Und doch: wenn jeder Schritt von Bedeutung ist, gelangen wir wie von selbst in einen eigenen Rhythmus. Wer gut geht, kann Harmonie und Ausgeglichenheit erfahren.

> Wer gut geht, dem geht es besser.
> *Claudio Hofmann*

Zuletzt hat das Gehen und Laufen während der Corona-Zeit eine Art Renaissance erlebt. „Das Rausgehen, das in andere Gegenden gehen," so die Publizistin Carolin Emcke, „ist eines der Dinge, die mir immer noch wichtig sind. Ich glaube, die größte Sorge, die jemand wie ich jetzt hat, ist, dass diese Pandemie uns den Blick immer weiter verengt."[116] Draußen kann man besser durchatmen und Entspannung finden. Auch scheint die Sehnsucht nach einer stärkeren Verbindung mit der Natur an Bedeutung zugenommen zu haben.

Viele jener Menschen, mit denen ich gemeinsam Qigong praktiziere, erfreuen sich auch am Walking oder Nordic Walking im Freien. Wenn das „Gehen mit Stöcken“ ohne sportlichen Leistungsanspruch, gleich einem sanften Ganzkörpertraining ausgeführt wird, kommt es einer achtsamen Qigong-Übung sehr nahe. Beide Bewegungsformen können auch miteinander kombiniert werden: beim Vorwärtsbewegen der Stöcke werden die Hände geschlossen, beim Zurückschwingen der Arme öffnen sich die Hände wieder – somit werden unter anderem die Herz-Punkte in der Mitte der Handteller aktiviert.

Mit Gehübungen oder „gehenden Schritten“ erreicht man eine Stärkung des Körpers und mehr Kraft in den Beinen. Diese Wirkung ist auf jede Übung im Gehen übertragbar. Auch bei der Gehmeditation, wie ich sie bei dem buddhistischen Meditations- und Achtsamkeitslehrer Thich Nhat Hanh kennenlernen durfte, wird die Bewegung in Verbindung gebracht mit der Achtsamkeit: „Es ist wirklich ein Wunder, am Leben zu sein und auf diesem wunderschönen Planeten gehen zu können,“ so Thich Nhat Hanh. „Sei dir, wenn du gehst, jedes einzelnen Schrittes bewusst. Dann übst du Gehmeditation, achtsames Gehen. Das praktizieren wir jeden Tag. Gehmeditation hilft uns, jeden Augenblick des Tages tief zu erleben.“[(117)]

Auf diese Weise lässt sich eine harmonische Verbindung zwischen der heilenden Kraft des Gewahrseins, der Beruhigung des Geistes und der Körperbewegung herstellen. Achtsames Gehen, sanftes Atmen, vielleicht auch mal ein bewusstes Innehalten, können spürbar Entlastung in von Stress und Nervosität geprägte Abläufe bringen. Achtsames Schreiten verbindet uns mit der Erde, die in der chinesischen Tradition für die Mitte steht.

Die Übungsweise im Gehen gilt auch im Lehrsystem Qigong Yangsheng als eine natürliche Weiterentwicklung der Formen im Stehen. Das Gehen ermöglicht eine rhythmische Bewegungsabfolge und zugleich üben wir uns in der Kunst des vorausschauenden Denkens. Zunächst werden die Bewegungen langsam ausgeführt, um die Feinregulation der Haltungen und Abläufe kennenzulernen.

> Gehen und Stehen setzt das Werk Buddhas fort.
>
> **Thich Nhat Hanh**

Wer zu Fuß unterwegs ist, sucht vielleicht den Abstand zum Alltag, will den Boden unter den Füssen spüren und jene Ein- und Ausblicke genießen, die demjenigen vorbehalten sind, der geht. Jede Form der Fortbewegung auf zwei Beinen hat nahezu zwangsläufig mit Entschleunigung zu tun. Mit dem Auto, mit der Bahn und mit dem Flugzeug ist man gewiss schneller unterwegs. Nachdem wir längere Strecken zurückgelegt haben, entsteht allerdings manchmal der Eindruck, dass es zu schnell gegangen ist, dass wir nicht mehr „hinterherkommen". Das erinnert an die bekannte Geschichte des schnellfüßigen Entdeckers David Livingstone, dessen Lastenträger nach drei Tagen im Eilmarsch eine Pause einlegten und nicht zum Weitergehen zu bewegen waren. Sie beharrten darauf zu warten, bis die Seelen nachgekommen waren.

Aus dem Nachdenken über das facettenreiche Verhältnis von Geschwindigkeit und Verlangsamung ergibt sich eine gute Gelegenheit, noch einmal im Hesse-Garten in Gaienhofen vorbeizuschauen. Der Blick will hinunter zum See schweifen, findet doch nur einen kleinen Ausschnitt, den die prächtigen Staudengewächse im südlichen Gartenbereich zulassen. Hier hat der Dichter versucht, sesshaft zu werden. Bereits nach wenigen Jahren geht es Hesse um die Überwindung genau dieser Sesshaftigkeit, die ihm nunmehr wie eine bedrückende Gefangenschaft vorkommt. Er will jetzt ein Nomade sein, der Grenzen überwindet; auch Landesgrenzen, indem er die Alpen in Richtung Norditalien überquert.

„Noch einmal liebe ich", so schreibt Hesse, „all dies Heimatliche mit verstärkter Innigkeit, weil es zum Abschied ist. Morgen werde ich andere Dächer, andere Hütten lieben. Ich werde nicht, wie es in Liebesbriefen heißt, mein Herz hier zurücklassen. O nein, ich werde mein Herz mitnehmen, ich brauche es auch drüben über den Bergen, zu jeder Stunde. Denn ich bin ein Nomade, kein Bauer. Ich bin ein Verehrer der Untreue, des Wechsels, der Fantasie. Ich halte nichts davon, meine Liebe an irgendeinen Fleck der Erde festzunageln. Ich halte das, was wir lieben, immer nur für ein Gleichnis. Wo unsere Liebe hängen bleibt und zur Treue und Tugend wird, da wird sie mir verdächtig."[(118)]

Mit dieser Haltung befindet sich der Dichter in guter Gesellschaft: Das Nomadische zieht sich auch durch das Leben des Philosophen Jean-Jacques Rousseau (1712-1778), des Künstlers

Joseph Beuys (1921-1986) und der Schriftstellerin Virginia Woolf (1882-1941), die durch die Straßen Londons flaniert oder ihre zwanzig Kilometer an der englischen Südwestküste entlangwandert. Auch der Grafikerin Käthe Kollwitz (1867-1945) wird es zuhause zu eng und sie geht zu Fuß von Florenz nach Rom. Die Wissenschaftlerin Marie Curie (1867-1934) überquert gemeinsam mit ihrem Kollegen Albert Einstein (1879-1955) und dessen Ehefrau und Sohn die Alpen sie wandern bis zum Comer See. Der Gipfelblick reinigt und erhebt den Geist. Die noch junge Bettina von Arnim (1785-1859) erfreut sich entlang des Rheins am Wandern. „Hier sind noch tausend herrliche Wege, die alle nach berühmten Gegenden des Rheins führen", schreibt die Schriftstellerin im Jahr 1808 an ihren Weimarer Brieffreund Goethe. Ihre Wanderausrüstung bestand aus einem weißen Kleid, einem Strohhut und einem langen Wanderstock.(119)

Für die Generation von Hermann Hesse – und hier vor allem für die Lebensreformbewegung – gehören Wanderungen zum Lebensstil. Sie sind assoziiert mit einer asketischen Lebensweise, mit Orientierung finden, mit Autonomie und Bescheidenheit – auch mit Sinnsuche. Und sie können als Reaktion auf den gesellschaftlichen Wandel verstanden werden, der mit der Industrialisierung und der wachsenden Einflussnahme des Kapitalismus einherging.

Für den vom pietistischen Familienmilieu im Nordschwarzwald geprägten Dichter Hesse wird das Wandern zur Überlebenskunst. Er ist in der Lebensmitte angekommen, wirkt zufriedener und schlägt neue Töne an: „Es ist nicht mehr Frühling in meinem Herzen. Es ist Sommer. Anders klingt der Gruß der Fremde zu mir herauf. Sein Widerhall in meiner Brust ist stiller. Ich werfe keinen Hut in die Luft. Ich singe kein Lied. Aber ich lächle, nicht nur mit dem Munde. Ich lächle mit der Seele, mit den Augen, mit der ganzen Haut, und ich biete dem heraufduftenden Lande andere Sinne entgegen als einstmals, feinere, stillere [...] mein Auge ist zufrieden mit dem, was da ist, denn es hat sehen gelernt. Die Welt ist schöner geworden seit damals."(118)

Wer die Faszination des Südens nicht selbst erlebt hat, mag bei den Schriftstellern nachlesen und sich an den Werken der Malerinnen erfreuen. Wahrscheinlich ist der wärmere, liebliche Süden immer schon eine beliebte romantische Verklärung von nördlich der Alpen lebenden Menschen gewesen. „Der Süden: wie atmet er geheimnisvoll aus bläulichen Tälern herauf", schreibt Hesse.(118)

Das Mediterraneum gilt als die Wiege Europas, ein kulturelles Erbgut, mit dessen Attributen wir aufgewachsen sind. Der Philosoph und Schriftsteller Albert Camus (1913-1960) verband mit dem „mittelmeerischen Denken" das Ideal der Einfachheit und wollte damit „die westliche Welt von ihren Fortschrittsideologien befreien".[120] Die Ästhetik der Einfachheit, die sich auch auf das Schreiben bezog, entwickelte sich aus der alten, nordwestafrikanischen Kultur des Maghreb, der Vorstellungswelt der Wüste und der Lebensweise der Nomaden. Die Wüste entwickelt sich bei Camus zu einem „Sehnsuchtswort" – „das Wüstendenken zielt auf das Wesentliche".[120]

> Die Wüste zwingt einen, alles abzuwerfen, was überflüssig ist.
> Und man stellt fest, dass so ziemlich alles überflüssig ist.
> **Edmond Jabes**

In unserer technokratischen Welt werden die Elemente der Natur vor allem auf ihre Nutzbarkeit hin überprüft. Beim Wandern hingegen verbinden wir uns mit der Natur, tauchen in sie ein. Aus dieser Verschmelzung, aus dem einfachen Gehen, entsteht ein Gefühl von individueller Freiheit und Autonomie. Zuweilen wird die Welt reiner und sanfter während des Gehens. „Ich glaube, dass ich meine körperliche und geistige Gesundheit nur bewahre, indem ich täglich mindestens vier, gewöhnlich jedoch mehr Stunden damit verbringe, absolut frei von allen Forderungen der Welt durch den Wald und über Hügel und Felder zu schlendern", schreibt H. D. Thoreau, für den das tägliche Unterwegssein in der Natur ebenso eine Notwendigkeit darstellt.[121]

Auch der unruhige Schnellläufer und Autor Bruce Chatwin (1940-1989) steht für das nomadische Prinzip und schlägt den Bogen zum Schreiben, zur Poesie: er sieht im Gehen eine poetische Handlung, die die Welt von ihren Übeln heilen kann. Bei seiner ersten Begegnung mit dem Filmemacher Werner Herzog sollen die beiden Männer als erstes über die Kräfte des Gehens gesprochen haben. Herzog vertrat die Ansicht, dass das Wandern eine Tugend sei und dass alle Fehlschläge und der kommende Untergang unserer Zivilisation mit der Aufgabe des nomadischen Lebens zu tun hätten. Herzog hatte einen kurzen Prosaband, „Vom Gehen im Eis", geschrieben, der diese Theorie untermauerte und von dem Chatwin begeistert war.[122]

In China kann man nicht selten Menschen beobachten, die (zuweilen recht zügig) rückwärtsgehen. Während wir beim Vorwärtsgehen üblicherweise zuerst mit der Ferse auftreten, setzt man beim Rückwärtsgehen in der Regel erst mit dem Fußballen auf. Auf diese Weise wird weniger Druck auf das Knie ausgeübt. Durch das Rückwärtsgehen sowie die Ausübung von Qigong-Übungen im Rückwärtsschritt kann man zu harmonisierenden Bewegungs- und Wahrnehmungsmustern zurückfinden. Auch hat diese Art der Fortbewegung nachweislich positive Auswirkungen auf die Gehirnfunktionen – vor allem auf die Leistungen des Kurzzeitgedächtnisses.

„Durch Rückwärtsgehen bewegt man sich in Richtung Nieren, Richtung Mingmen, Richtung Rücken und rückwärtigem Raum," so beschreibt die Ärztin und Qigong-Lehrerin Ingrid Reuther das Stützen der Nieren-Energie durch das Rückwärtsschreiten. Im Entsprechungssystem der TCM und der Theorie der Wandlungsphasen gehören zum Funktionskreis Niere unter anderem der Rücken, die Beine und Füße. „An diesen Körperteilen bzw. Funktionen lassen sich das Alter und das Altern ablesen. Eine chinesische Spruchweisheit sagt: der Mensch altert in den Füssen und Beinen zuerst."[123]

Vor diesem Hintergrund wird verständlich, weshalb das Rückwärtsgehen zuweilen als eine Art Verjüngungskur beschrieben wird. Mit Bezug auf das daoistische Gedankengut symbolisiert die Rückkehr die Bewegung des Dao: zurück zur Wurzel und zur Stärkung des Ursprungs. „Achtsamkeit, Entschleunigung und verändertes Bewusstsein als Elemente von Qigong-Übungen", so Ingrid Reuther, „lassen sich noch einmal verstärken, wenn im Qigong das Rückwärtsgehen ganz bewusst geübt wird." So werden mit dieser Bewegungsform wiederum körperliche, geistige und psychische Aspekte angesprochen: „es wird das Gleichgewicht trainiert, die Aufrichtung, [...] die veränderte Sicht auf die Dinge, oder eben auch das Vertrauen, dass man gehen kann, ohne zu sehen, nur mit Spüren und Wahrnehmen durch die anderen Sinne. Es erschließt den Raum hinter uns, der meist unbewusst und unbekannt ist."[123]

> Auf die Dauer ist das langsame Schreiten schneller als das ungeduldige und hastige Gehen.
>
> *Jiao Guorui*

An dieser Stelle lade ich Sie zu einem historischen Spaziergang ein: die Neuentdeckung der Natur sowie die Hygienisierung europäischer Städte im ausgehenden 18. Jahrhundert ging einher mit einer Gesundheitsprophylaxe, die Bewegung und möglichst tägliche Spaziergänge in frischer Luft propagierte. Dass so wenige Frauen unter den schreibenden Spaziergängern zu finden sind, hat vor allem einen Grund: es war verpönt, dass (ehrbare) Frauen* sich ohne männliche Begleitung in der Öffentlichkeit bewegen. Während Männer als „Flâneure" ganz selbstverständlich in Europas Großstädten umherspazierten, kam das weibliche Flanieren zu jener Zeit einem emanzipatorischen Akt gleich. Trotzdem gab es „zu allen Zeiten viele Frauen in der Stadt und eine Menge Frauen, die über Städte schrieben, Aufzeichnungen über ihr Leben festhielten, Geschichten erzählten, fotografierten, Filme drehten und sich auf alle möglichen Arten mit der Stadt auseinandersetzten …", so die amerikanische Essayistin Lauren Elkin.[124]

Die Schriftstellerin Virginia Woolf schrieb am 31. Mai 1928 in ihr Tagebuch: „Auch kann London selbst mich immer wieder ansprechen, stimulieren, mir ein Theaterstück und eine Geschichte und ein Gedicht zuspielen, ohne dass ich mehr machen müsste, als meine Beine durch die Straßen zu bewegen".[124] Lauren Elkin ergänzt: „In den Straßen füllte Woolf ihre Bücher mit den Menschen, vor allem den Frauen, die sie dort beim Vorübergehen, Arbeiten, Pausieren beobachtete. In einer Charakterstudie über eine Frau, der sie im Zug gegenübersaß, verkündete sie bekannterweise, dass alle Romane mit einer alten Dame in der Ecke gegenüber beginnen."[124]

Die flanierenden Schriftstellerinnen haben es mir angetan: auch ich weite meine Spaziergänge aus. Und während ich immer wieder neue Ein- und Ausblicke in mich hineinfließen lasse, verkörpern sich Ideen, nehmen Menschen ihre Plätze ein. In meinem Kopf erweitern sich angefangene Erzählungen und ich folge ihren Fortsetzungen. In unserer Zeit haben Schönheit und Ästhetik in vielen Städten sichtlich abgenommen, sind einer Tristesse aus Gleichförmigkeit und nacktem Funktionalismus gewichen. Zugleich erfordert die Aufdringlichkeit der zur Schau gestellten Waren unsere Aufmerksamkeit, lenkt ab von jenen Objekten und Momenten, die uns auf der assoziativen Suche nach Eingebungen gewöhnlich inspirieren.

---

* Frauen auf der Straße, im öffentlichen Raum, waren einst vor allem Bedienstete oder Prostituierte. Erst im 20. Jahrhundert wurde es für Frauen möglich, sich zumindest in den Städten freier zu bewegen.

Deshalb spaziere ich lieber im Park, in schön angelegten Gartenanlagen, in Kulturlandschaften mit kleinen Seen und Wasserläufen, mit Sitzgelegenheiten in grünen Nischen und bunter Blumenpracht im Wandel der Jahreszeiten. Auch mag ich Friedhöfe mit kleinen Kapellen und uralten, bewohnten Bäumen – in solchen Natur-Sphären findet das Auge jene Ordnung, die der Seele wohltut.

> So besteht die Welt für die Seele, um deren Durst nach Schönheit zu stillen.
> **Ralph W. Emerson**

Wer im alten China an den südlichen Ufern des gelben Flusses* spazieren geht, hat gute Chancen, dem Philosophen Zhuangzi zu begegnen. Auch Zhuangzi befreit sich als Gehender zu seiner Zeit von den Erschwernissen des Alltags. Er wandelt zweckfrei und selbstvergessen umher und kommt dadurch in einen Zustand, in dem es keine Unterschiede mehr gibt – auch nicht zwischen dem Spaziergänger und der Natur. Wem eine solche Loslösung gelingt, der mag eine deutliche Zunahme an Freiheit erfahren.

Zhuang ist der Familienname und Zi bedeutet sowohl „Sohn" als auch „Meister". Er gilt als der Verfasser des gleichnamigen Weisheitsbuches „Zhuangzi", einer aus 33 Kapiteln bestehenden Textsammlung. Weitere Kapitel, das weiß man heute, sind unwiderruflich verloren gegangen. Während der Tang-Zeit erhielt die Schrift den Ehrentitel „Dschuang Dsi: Das wahre Buch vom südlichen Blütenland". Im Lehrsystem von Jiao Guorui wurde der Begriff Yangsheng hinzugefügt, um die „sehr weiträumige Bedeutung von Qigong konkreter zu fassen". Mit Yangsheng ist das umfassende Nähren und Kultivieren des Lebens gemeint und so werden die Qigong-Übungen „in den Kontext der Lebensführung insgesamt" gestellt. Historisch betrachtet findet sich dieser Begriff im 3. Kapitel des Buches „Zhuangzi", in dem es „zum ersten Mal auftaucht und

---

* Neben dem Jangtse ist der „gelbe Fluss" Huanghe die wichtigste Lebensader des Landes. Er gilt als Mutterstrom und als Wiege der chinesischen Kultur: an seinen Ufern sollen der legendäre Gelbe Kaiser geherrscht und vor 6000 Jahren erste neolithische Siedlungen entstanden sein. Auch die Heimat des Konfuzius findet sich hier.

in dem im weitesten Sinne auf die Bedeutung des Erkennens und Respektierens der Naturgesetze hingewiesen wird".[125]

Der Sinologe Henrik Jäger hat mit Blick auf das Werk „Zhuangzi" einmal von einem „großen Feuerwerk der Metaphern" gesprochen. Wie beim „Daodeijing" geht man auch hier nicht von einer einzigen Autorenschaft, sondern von einer Textsammlung verschiedener Schreiber aus. Und ich will es zugestehen: in ähnlicher Weise wie Laozi (6. Jh. v.u.Z.) und das „Daodejing" waren mir auch Meister Zhuang (365 bis 290 v.u.Z.) und das ihm zugeschriebene „Zhuangzi" eine Herausforderung.

Es finden sich im „Zhuangzi" keine griffigen Thesen oder Prinzipien. Auch gibt es kein nachvollziehbares, in sich schlüssiges philosophisches Gedankengebäude. Vielmehr „strebt Meister Zhuang die Aufhebung der Grenzen der menschlichen Reflexionskraft an, sowohl in Bezug auf die eigene innere wie die äußere Natur".[126] Meister Zhuang lebte in der „Zeit der Streitenden Reiche" (475-221 v.u.Z), einer Episode großer politischer und philosophisch-geistiger Umwälzungen. Freilich suchte er nicht danach, was man der Zwietracht entgegensetzen könnte.

In der Tradition von Laozi stehend, nahm er eine Haltung des „Nicht-Handelns" ein und strebte an, sich auf eine andere Ebene zu begeben. Aus dieser Haltung heraus kann man ungestört dem Lauf der Dinge, der „leisen Musik des Dao" lauschen. Dem gegenüber wird alles andere unwesentlich. Meister Zhuang versucht auf seine Weise, insbesondere mit Polemik und Ironie, auf festgefahrene, unechte (Denk-)Strukturen aufmerksam zu machen. Ihm zu eigen ist auch die Abkehr von der Illusion, dass es nur eine Wahrheit geben könnte, die für alle gilt.

Eine Vertiefung dieser Betrachtungsweise ist auch in der Praxis des Qigong und Taiji möglich. Über die Arbeit mit dem Qi kann es gelingen, das begriffliche, an den Dingen orientierte Denken ein wenig hinter sich zu lassen. Solche Verfeinerungsübungen finden sich im „Zhuangzi" unter dem poetischen Ausdruck „Fasten des Herzens". Durch Sitzen in Meditation oder auch durch „Sitzen in Vergessenheit" kann das Herz frei werden von Gedanken, Gefühlen und Wünschen. Der Körper soll zur Ruhe kommen und das Herz leer und still werden, damit darin das Dao erfahren werden kann. Für Meister Zhuang war vor allem das Vergessen von Unterscheidungen bedeutsam.

„Durch Verstand und Erkenntnis kann diese Trennung nicht aufgehoben werden", so die Sinologin Marlies Bartl, „da das Eine, von dem man sprechen kann, ja gerade dadurch, dass man es bezeichnet, abgegrenzt wird und somit etwas neben sich hat. Das wahre Eine ist also nur erfahrbar, nicht mitteilbar, und um dieses Eine zu erfahren, um in den Zustand der Einheit mit dem großen Ganzen einzutreten, ist es nötig, alle Unterscheidungen zu vergessen".(127)

Mit „Wandern in Muße ist Nicht-Handeln" beginnt das erste Kapitel des „Zhuangzi". In der chinesischen Zeichensprache sind Gehen und Weg eng miteinander verbunden und ebenso gibt es eine Bedeutungsnähe der beiden Begriffe Gehen und Natur. „Jegliche Beschäftigung mit Natur", so ist bei Heinrich Geiger zu lesen, „setzt eine Beziehung voraus, die sich nicht an Zielen, die ihr äußerlich sind, sondern an ihren inneren Möglichkeiten, ihrem So-Sein bemisst. Zhuangzi tritt in dem nach ihm benannten Werk als Gehender auf, der die endlose Kette der Abhängigkeiten durchbricht und sich von den Verhärtungen des Alltagsgeistes befreit. Im Gehen entledigt er sich allen instrumentellen Wissens, das dem Menschen zwar den Zugriff auf die Natur ermöglicht, letztendlich aber auch ursächlich für deren Zerstörung ist".(126)

> Lasst uns in der leeren Weite wandern. Großes Wissen würde sich einstellen, ohne dass wir wüssten, wie es auszuschöpfen wäre.
>
> *Aus dem „Zhuangzi"*

Im 20. Buch des „Zhuangzi" wird die Begebenheit erzählt, wie der Meister im „Park des zackigen Hügels" spazierte und von einem großen Vogel an der Stirn getroffen wurde. „Er schlich dem Vogel nach und sah, […] wie dieser eine Gottesanbeterin fing, die wiederum gerade eine Zikade fraß, welche den Schatten genossen hatte, ohne für ihre Sicherheit zu sorgen". Der Spaziergänger selbst wurde schließlich von einem Gärtner aus dem Park vertrieben. Danach verharrte er drei Tage lang schwermütig: „er hatte nämlich entdeckt, wie die Geschöpfe sich in Gefahr bringen, wenn sie nach Äußerlichem streben und dabei ihr eigenes Wesen vergessen. Auch sein Wandern im Park sei falsch gewesen, weil er dort nur nach einem äußeren Genuss gestrebt und dabei sein eigenes Wesen vergessen habe."(126)

„Es gibt Wichtigeres im Leben, als ständig dessen Geschwindigkeit zu erhöhen," soll Mahatma Gandhi gesagt haben. Dabei wird heute wie vor über 2000 Jahren, zu Zeiten von Meister Zhuang, eine ruhigere Lebensweise oft mit Faulheit gleichgesetzt. – Auch das Pro und Contra Qigong macht sich häufig an der Geschwindigkeit fest, mit der die Formen ausgeführt werden. „Das ist mir viel zu langsam, da werde ich nervös", sagen manche Interessierte und entscheiden sich anschließend für „dynamischere" Angebote.

Ich selbst habe vor allem dann eine Vertiefung in der Selbstwahrnehmung erfahren, wenn ich die Bewegungen eher langsam und bedächtig ausgeführt habe. Schließlich gilt es, auf das Wahrgenommene zu reagieren: mit einer kleinen Veränderung der Haltung, mit einer Zwischenübung oder einer Weiterführung der Bewegung. Manchmal geht es an dieser Stelle aber auch nicht weiter, es stellt sich vielleicht sogar ein unangenehmes Gefühl von Hemmung und Stillstand ein. Die Bewegungen des Körpers mögen dann nicht in einen Fluss kommen, Ausdauer und Durchhaltevermögen werden auf die Probe gestellt.

Jede Weiterentwicklung folgt ihrer eigenen Gesetzmäßigkeit. Unterbrechungen ebenso wie Durststrecken sind Bestandteil von Lernprozessen. Beim „Spiel der 5 Tiere" hat mich die Beschäftigung mit dem Zhuangzi oft darin unterstützt, wieder zu einem natürlichen und spielerischen Ausdruck der Tier-Bewegungen zurückzufinden. Auch meine ich, heiterer geworden zu sein und nicht mehr alles so wichtig zu nehmen. Zugleich gilt: ich übe noch.

Es kann hilfreich sein, sich immer wieder mit den gemeinsamen Grundlagen, hier auch mit der Theorie der Vielzahl von Formen und Methoden zu beschäftigen. Diese sind bei Jiao Guorui in den Übungsprinzipen oder auch als „Schlüssel in das Haus des Qigong" beschrieben:

- Entspannung, Ruhe und Natürlichkeit
- Vorstellungskraft und Qi folgen einander
- Bewegung und Ruhe gehören zusammen
- Oben „leicht" – unten „fest"
- Das richtige Maß
- Schritt für Schritt üben[128]

Diese Schlüsselpunkte durchdringen auch die Texte in diesem Buch. Vielleicht erinnern Sie sich an das Prinzip „Schritt für Schritt üben" im vierten Essay – neben dem ausdauernden Üben sind es die kleinen Schritte, die das Erlernen der geistigen und körperlichen Qigong-Praxis begleiten. In der aufmerksamen Selbstbetrachtung begegnen uns auch die eigenen Hürden.

> Spannung ist, wer du glaubst, sein zu müssen.
> Entspannung ist, wer du bist.
> *Chinesisches Sprichwort*

Ich habe erzählt, wie ich beim Erlernen der „15 Ausdrucksformen des Taiji Qigong" anfänglich stets die siebte Form, der „rote Drache spreizt seine Klauen", vergessen habe. Der rote Drache hatte sich unsichtbar gemacht. Bei dieser Übungsform kommen diagonale und spiralige Kräfte zur Anwendung. Auf die leichte Andeutung einer Rückwärtsbewegung, dem Blick nach oben und hinten, folgt in der Vorwärtsbewegung wiederum ein unerschrockener, offensiver Ausdruck. Neben einer zähen, ausdauernden Kraft sollen Feinheit und Geschmeidigkeit zum Ausdruck kommen.

Da kommen für die Anfängerin viele Aspekte auf einmal zusammen, die erfasst und berücksichtigt werden wollen. Später habe ich meine Abschlussarbeit bei der Medizinischen Gesellschaft für Qigong Yangsheng über die Bedeutung des Drachens in der westlichen und fernöstlichen Kultur geschrieben. Aber wie will man überhaupt etwas wissen? Wie kann ich wissen, was in mir zum Menschen gehört und was zum Himmel? Nun habe ich viele Jahre einen großen Bogen um Zhuangzi gemacht – und jetzt ist er da, präsentiert sich spontan und heiter in diesem Kapitel.

Der chinesisch-französische Autor Francois Cheng weist auf einen Ausdruck im Chinesischen hin, „der den Zustand beschreibt, in dem gegen Abend oder in der Nacht die Natur sich in Schweigen zu hüllen scheint. Der Ausdruck existiert in zwei Fassungen: Wan-lai-wu-sheng, „kein einziger Laut ist zu hören", und Wan-lai-you-sheng, „alles hat seinen eigenen Laut. Diese scheinbar entgegengesetzten Fassungen bedeuten in den Ohren eines Chinesen dasselbe. Erst wenn alles verstummt, hört man das Wesen jedes Lautes. Lernen wir also, uns nicht den lieben, langen Tag durch leere Worte betäuben zu lassen, nicht dem Lärm der Welt nachzugeben. Lernen wir, auf den Generalbass zu hören, der den uns eingeborenen Gesang begleitet, welcher im Innersten der Seele ruht. Diese Seele ist fähig, mit der Weltseele in Einklang zu sein, und vermag uns durch ihre unvermutete Weite zu erstaunen."[129]

Es mag wohl gut gewesen sein, dass ich mein Leben nicht im Elfenbeinturm verbracht habe. Andernfalls wäre ich vielleicht nie dem roten Drachen begegnet. Aber nun bin ich mit seiner Weisheit und Kraft in Kontakt gekommen. Und ich habe verstanden, dass die Essenz des Drachen in seiner Wandlungsfähigkeit liegt. Und wenn die Sinne sich nunmehr feiner und stiller entfalten, ist die Welt wahrlich schöner geworden seit damals.

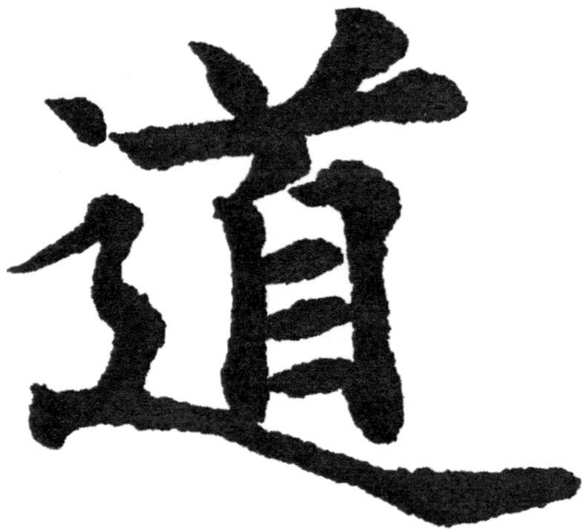

Das universelle Prinzip
dao

ESSAY 10

AUF DEM BERG DES KRANICHRUFS: DRACHENADERN, REINES YANG UND DAOISTISCHE ETHIK. WEISE EREMITEN UND TIERE ALS SEELENFÜHRER. VOM VAGUS-NERV UND DEM TANZ DER KRANICHE.

> Wenn man an der Nordsee im dünner werdenden Abendlicht auf einem Deich im Gras liegt und die Möwen und Limikolen über sich hinwegstreichen sieht und ihre Rufe hört, das Gefieder hell vor dem sich verdunkelnden Blau des Abendhimmels, dann spürt man etwas von dieser Sehnsucht. So möchte man auch dahintreiben, frei und leicht, nicht gekettet an die Erdenschwere.
> *Arnulf Conradi*

Von Chengdu aus reisen wir in die Berge und besuchen für einige Tage das Dao Yuan Holy City Hospital in der Nähe des Hemingshan. Diese Bergregion in der Provinz Sichuan wird das Gebirge des Kranichgesangs oder des Kranichrufs genannt und gilt als der Ursprungsort des religiösen Daoismus. Hier begründete in der späten Han-Zeit (25-220 n.u.Z.) ein Mann namens Zhang Daoling mit dem Himmelsmeister-Daoismus die erste daoistische Schule. Jeder seiner Anhänger brachte fünf Scheffel Reis als Opfer dar und so wurde die Bewegung auch als Fünf-Scheffel-Reis-Daoismus bekannt.

Diese frühen Daoisten praktizierten Methoden, die unter dem Sammelbegriff Yangsheng, die „Gesundheit pflegen", zusammengefasst wurden.[130] Um das Leben und Wirken von Zhang

Daoling ranken sich zahlreiche Legenden. So soll der daoistische Philosoph zunächst auf eine solide Beamtenlaufbahn verzichtet haben. Im Laufe seines Lebens gelang es ihm, vom einfachen Sekretär zum von Laozi höchstpersönlich legitimierten Himmelsmeister und in seinem 123. Lebensjahr zum Unsterblichen aufzusteigen. Zhang widmete sich vor allem der Heilkunst und brachte der Bevölkerung eine Form des Daoismus nahe, die sich durch magische und moralische Elemente auszeichnete.[(131)]

Traditionell gibt es eine enge Beziehung zwischen Nahrungsmitteln und deren Zubereitungsweisen sowie der Kräutermedizin. Bestimmte Ernährungsweisen und die Kräuterheilkunde gehören ebenso zum Oberbegriff Yangsheng wie verschiedene Qigong-Übungen – hier insbesondere die Übungen des Leitens und Dehnens (Daoyin). Daoyin ist der alte, klassische Begriff für die Übungen des Qigong mit Bewegung, Atmung und Leiten des Qi durch den Körper. Im Lehrsystem Qigong Yangsheng sind Daoyin-Übungen Selbstmassageübungen zur Vorbeugung und Behandlung von Krankheiten. Die massierten Körperstellen sind Akupunkturpunkte und Leitbahnen, auf die durch gezielte Massage eine anregende und durchgängigmachende Wirkung ausgeübt wird.

Daoyin-Übungen tragen zur Entspannung bei und dienen der Verfeinerung von Wahrnehmung, Bewegungen und Kräften. Nach traditionellen Beschreibungen zielt das Leiten und Dehnen darauf ab, „pathogenes Qi aus Gliedmaßen, Knochen und Gelenken zu entfernen".[(132)] Der Daoist und Unsterblichkeitssucher Ge Hong (wahrscheinlich 280-340) hat in seinem Werk, dem „Baopuzi", den Daoyin-Übungen das Heilen von Krankheiten zugeschrieben, „wenn sie noch nicht ausgebrochen sind, und regulieren Disharmonien des Qi. Sie sind ein bedeutendes Regularium zur Kultivierung des Lebens und eine wunderwirksame Technik zur Beseitigung von Krankheiten."[(132)]

Seit der Han-Zeit (206 v.u.Z.-220 n.u.Z.) entwickelte sich eine Tradition daoistischer Alchemie, die mit einem umfangreichen Wissen um pflanzliche, mineralische und tierische Stoffe einher ging. Diese dienten zum einen der Suche nach der Herstellung eines Elixiers, das zur Unsterblichkeit führen sollte. Gleichzeitig brachten sie eine Fülle an medizinischem Wissen über die Anwendungsmöglichkeiten einzelner Substanzen hervor. Die daoistische Lebenshaltung zeigte der chinesischen Medizin den Weg zur Harmonie mit der Natur: mit den Jahreszeiten und allen anderen Rhythmen, die das Leben strukturieren, mit der Sonne, dem Mond und den Sternen, mit dem Himmel und der Erde. Auch das Konzept des Qi und die Theorie von Yin und Yang brachten die Daoisten in die Welt der Mediziner. Auf dieser Grundlage entwickelte sich schließlich eine Präventionsmedizin, die in ihrer Komplexität und Tiefe bis heute beeindruckt.

Wir sind angekommen: an einem trockenen, heißen Spätsommertag werden wir von Milliarden Zikaden, von sechs steinernen Kranichen und von Klinikleiter Xue Yongxin empfangen. Die besondere Atmosphäre dieses Ortes ist sofort zu spüren. Vom ersten Augenblick an sind unsere Bewegungen behutsamer und wir achten noch mehr als sonst aufeinander. Es ist, als seien wir vor etwas Bedeutendem zum Stehen gekommen.

Zunächst zögerlich, dann mit zunehmendem Entdeckungseifer beginnen wir, die neue Umgebung zu erkunden. Dabei blieben wir weich und freundlich in Geist und Gesinnung, fühlen uns sicher eingebettet in die Harmonie und Vollkommenheit all dessen, was uns hier umgibt. Auch meinen wir, auf dem Gelände von einer feinen Energie umgeben zu sein: verdichtet an manchen Stellen, unsichtbar und doch allgegenwärtig.

Darauf angesprochen, weiß Herr Xue sofort, was wir meinen. Auf dem Klinikgelände sei das reine Yang vorherrschend, erzählt er. Der Übungsplatz, an dem wir frühmorgens Qigong und Taijiquan üben, sei zudem ein besonderer geomantischer Punkt: hier würden sich zwei Flüsse begegnen, und mit Norden und Westen zwei Himmelsrichtungen. Nordwest sei im Daoismus mit dem reinen Yang verbunden. Aus dem Südosten komme besonders wirkkräftiges Qi. So würden beim Üben von Qigong, Taiji oder auch bei der Meditation an dieser Stelle gute Transformationsmöglichkeiten entstehen.

> Yang ist eine voranstrebende, zielgerichtete Kraft. Der Geist Shen ruht in der Nacht im Herzen und wird dort genährt. Am Tag ist der Geist shen aktiv, wirkt in uns und zeigt sich mental und geistig in unserer Präsenz. Diese Gegenwärtigkeit ist Yang.
>
> **Herr Xue**

Das reine Yang! Hier war es also! Bei John Blofeld hatte ich darüber gelesen: das reine oder kosmische Yang wird dem Himmel und das reine, kosmische Yin der Erde zugehörig beschrieben. Zugleich enthalten beide Kräfte jeweils den Keim der anderen in sich, das eine existiert nicht ohne das andere. An bestimmten Orten existieren unsichtbare Linien, sogenannte Drachenadern, die vom Himmel in die Berge und weiter über die Erde verlaufen. Sie ähneln in ihrer Funktion den Energie-Kanälen im menschlichen Körper. In diesen Drachenadern fließt die kosmische Lebenskraft Yang, um sich mit dem kosmischen Yin zu verbinden.[131]

„In der chinesischen Landschaftsmalerei", so John Blofeld, „findet diese Vorstellung deutlich erkennbar ihren Ausdruck. Dort werden die Adern als weit ausladende Kurven wiedergegeben, in ihrem Ursprung durch die Konturen der Wolken, dann durch die wellenförmigen Linien der Berge und Hügel und schließlich durch die Windungen der Flüsse oder anderer Landschaftszüge. Wenn man solche Bilder oder besonders schöne Landschaften hingebungsvoll betrachtet, vermeint man tatsächlich zu fühlen, wie jene Kraft nach unten strömt und die Umgebung mit Energie durchpulst."[131]

Auf die herzliche Begrüßung folgt ein Vortrag über die daoistische Philosophie und Lebenspflege, bei dem wiederum der große alte Meister Laozi den ihm gebührenden Platz zugewiesen bekommt: die Gedanken des Laozi könnten auch heutzutage zur Lösung der großen Probleme und zum Erreichen des Weltfriedens beitragen, so Herr Xue. In der modernen Welt basiere alles auf (wirtschaftlicher) Konkurrenz. Themen wie Umweltverschmutzung und das Führen von Kriegen seien auf die Gier der Menschen zurückzuführen. Diese müsse sich reduzieren und die Menschen selbst müssten wieder ruhiger werden.

> Ich sammle Chrysanthemen an der Osthecke,
> schau still hinüber zu den Südbergen.
> **Tao Chien**

Das Verhältnis zu uns selbst, zu anderen und zur Natur bedürfe einer Korrektur. Mensch, Himmel und Erde gehörten zusammen. Der Kern der daoistischen Lebenspflege sei die Pflege des

Herzens. An diesem Tag hören wir noch einiges Bemerkenswertes über die daoistische Ethik, aber auch über die Bedeutsamkeit von Bewegungs- und Atemübungen. Schnörkellose Einfachheit, zugleich Lebendigkeit und Leidenschaft im Plädoyer für die Neuauflage einer daoistischen Welt kennzeichnen den Vortrag von Herrn Xue.

Und wieder begegnen wir dieser ursprünglichen Vorstellung davon, wie sich Götter, Mensch und Natur, wie sich Himmel und Erde zueinander verhalten, wie sich Wasser, Holz, Feuer, Erde und Metall gegenseitig bedingen und wie Geist, Seele und Körper zueinander gehören. Tatsächlich wirken diese traditionellen Konzepte zeitlos und moderne Übersetzungen machen sie für uns besser verständlich. Wir fühlen uns bereichert und zugleich auch ein wenig ratlos. Gewiss muss sich etwas ändern in der Welt, an unserer Einstellung und konkret im Verhalten.

Wir steuern geradewegs darauf zu, den Planeten und somit unsere Lebensgrundlage zu zerstören. Könnte der Daoismus auch im Westen ein ethischer Impulsgeber für die anstehende Transformation sein? Sollte er sich als ausreichend pragmatisch und hilfreich erweisen bei der Lösung der gewaltigen weltweiten Probleme? Der Klinikleiter wirkt keineswegs wie ein Schamane von gestern. Freundlich und gelassen entlässt er uns in den Abend.

Ich brachte das frühe daoistische Gedankengut vor allem mit schmächtigen Eremiten zusammen, welche sich viele Jahre in abgeschiedene Bergregionen, in dunkle Höhlen oder einfache Hütten zurückzogen und von Regenwasser, ein bisschen Grünzeug und ansonsten vom Spirit lebten. Tatsächlich spielten vor allem in der Tang-Zeit (617-907) die Eremiten in der Gesellschaft Chinas eine wichtige Rolle. Wer sich aus Widerstand gegen die Regierungspolitik oder aus Enttäuschung über die Gesellschaft vom Beamtenleben zurückzog, der wurde nicht etwa geächtet, sondern galt als besonders weise und edel.

Wenn man sich auf die Reise begibt und in China nach daoistischen Wurzeln zu suchen beginnt, wird man früher oder später auch auf einen Einsiedler treffen. Diese gelehrten Menschen, unter denen sich kaum Frauen befinden, imponieren der westlichen Besucherin mit einer Mischung aus Eigentümlichkeit und Weisheit. Sie essen wenig oder enthalten sich gar völlig der Nahrungsaufnahme. Sie pflegen die Selbstkultivierung, verfeinern das Qi und lächeln freundlich, wenn man sie aufsucht. Auch in der Abgeschiedenheit der Wudang-Berge in Zentralchina fanden viele daoistische Einsiedler Zuflucht. Berge sind in China immer schon die bevorzugten Orte für diejenigen, die sich dem Weltlichen entziehen wollen. Diese Männer konnten sich jedenfalls der Verehrung durch die Menschen in der Region gewiss sein.

> Bist du in Bewegung, sei wie das Wasser des Stromes. Stehst du still, werde zum Berg. Übst du Taijiquan, bleibst du vital und gesund und kannst das Leben genießen bis ins hohe Alter.
> *Dies lehren die Meister der Kampfkünste, die der Legende nach im Wudang-Gebirge ihren Ursprung haben.*[133]

Es bedarf einer gesteigerten geistigen Fähigkeit, um in die Transzendenz zu gelangen oder – im daoistischen Sinn – um sich mit dem Dao zu verbinden. Eine Förderung des Geistes gelingt „nur durch langanhaltende Phasen der Stille und der damit verbundenen Konzentration auf das Innere." Der Sinologe Thomas Milanowski verweist auch auf die Bedeutung der Tierimitation, die im schamanistischen Ursprung bereits über das bloße Nachahmen der Tierbewegungen hinausgeht. Vielmehr geht es um eine Art geistiger Verbindung mit den Tieren. Bestimmte Tiere gelten als „Seelenführer", als „Mittler zwischen Göttern und Menschen", „als hilfreiche Verbündete" – mit „direkter Verbindung zum Jenseits".[134]

Im fünften Essay haben wir erste Anregungen zu den vielfältigen Transformationsmöglichkeiten von Menschen und Tieren in der frühen Geschichte Chinas bekommen. „Diese Vorstellungen waren tief verwurzelt und hielten sich sehr lang. Für den Naturforscher Li Shizhen aus dem 16. Jahrhundert (der als Vater Chinas wissenschaftlicher Forschungstradition gilt) war die wechselseitige Transformierbarkeit von Geschöpfen und Gegenständen von fundamentaler Bedeutung für seine Vorstellung von einem kohärenten, begreifbaren Universum".[135]

Nach diesem Ausflug in die chinesische Geistesgeschichte kommen wir noch einmal zu den Methoden der Vervollkommnung und Selbstkultivierung, die bis heute für die Qigong-Praxis eine Rolle spielen. Unter Vervollkommnung kann das Vermeiden der Vergeudung von

Lebenskraft, stattdessen „Kraftschaffung (Übungspraxis)" und „Krafterhaltung durch bestimmte Lebensgewohnheiten" verstanden werden.[134]

Der chinesische Begriff für Selbstkultivierung steht für „trainieren, sich selbst erkennen und in Ordnung bringen". Meister Chen aus Taiwan drückt das so aus: „Sich selbst ganzheitlich wahrnehmen lernen und über die eigenen Grenzen hinauswachsen, um nicht weiter von den eigenen Dämonen getrieben zu sein, ist das Grundprinzip der Selbstkultivierung."[136]

Buddhistisches und daoistisches Gedankengut sowie neuere Ansätze der Psychologie nähern sich derzeit in ihrem Verständnis von der Entstehung menschlichen Leidens an. Zwar benutzen sie jeweils unterschiedliche Begrifflichkeiten und bleiben so in ihre historischen und kulturellen Kontexte eingebunden. Letztlich aber eint sie die Suche nach Möglichkeiten der Verringerung von menschlichem Leid. Dabei gilt es als ein wesentlicher Aspekt ungünstiger, disharmonischer Entwicklung, dass wir immerzu so viele Gedanken, Meinungen und Konzepte in unseren Köpfen haben, an denen wir unbeirrt festhalten.

Emotionale Verwirrung und Leid entstehen jedes Mal, wenn eine aktuelle Erfahrung nicht mit unseren gedanklichen Bildern und Vorstellungen übereinstimmt. Dann setzen wir zuweilen alles daran, unsere Ideen gegen jegliche Widerstände durchzusetzen. In der Sprache der Traditionellen Chinesischen Medizin (TCM) „brennt das Herzfeuer". Was ist zu tun, wenn das erregte Herz uns drängt? Im siebten Essay haben wir die Weisheit des Herzens kennengelernt, die sich in der Stille zu entfalten vermag. Stress und Unruhe sind keine geeigneten Zustände, um mit einer Übung in Stille beginnen zu wollen. Es ist essenziell für jede Ruhe-Übung, dass wir annähernd entspannt und gelassen sitzen oder stehen können.

> Jede unserer inneren Einstellungen kann uns Probleme bereiten oder aber dazu beitragen, dass wir glücklicher werden.
> **Patanjali (Yoga-Sutra 1.5)**

In der westlichen Medizin gelten Sympathikus und Parasympathikus als die Gegenspieler im vegetativen Nervensystem. Bei jedem Einatmen aktiviert der Sympathikus die Leistungsbereitschaft, bei jedem Ausatmen verlangsamt der Parasympathikus leicht die Herzfrequenz und Entspannung wird möglich. In aufgeregtem Zustand sind Herz und Atmung nicht mehr optimal aufeinander abgestimmt. Sympathikus (Aktivität) und Parasympathikus (Beruhigung), Ein- und Ausatmen sind aus jenem Rhythmus geraten, der es uns gewöhnlich ermöglicht, Erregungszustände, Gedanken und Emotionen zu beeinflussen, ruhig zu bleiben und zu entscheiden, wie wir uns in der aktuellen Situation verhalten wollen.

Leichte Bewegung, Schütteln, Hüpfen, Laufen oder Spazierengehen, kühlendes Wasser und Selbstmassage können hier hilfreich sein. Auch jede Form der Abkühlung durch Wasser sorgt im wahrsten Sinne des Wortes für einen kühlen Kopf. Rückwärtsgehen, das haben wir im neunten Essay gelesen, kann die Distanzierung zu einem Ort, einer Person oder einer Situation erleichtern. Schritt für Schritt vergrößert sich der Abstand, Personen oder Orte werden nicht nur für das Auge kleiner.

Auch durch eine Veränderung der Atemmuster können wir wieder zu mehr Ausgeglichenheit finden. Sobald es gelingt, sich auf den Atem zu konzentrieren, kann man damit beginnen, in den Bauch zu atmen – und etwas länger aus- als einzuatmen. Der Atem ist ein Weg zum Sein und zum eigenen Rhythmus. „Das Ausatmen ist Aussage" – so hat es Ilse Middendorf (1910-2009) einmal benannt.

Als der wichtigste Mitspieler des parasympathischen Systems gilt der Vagus-Nerv, der vereinfacht ausgedrückt die Auswirkungen von Stress zu lindern vermag und Erholung ermöglicht. Manche Autoren bezeichnen ihn als „Selbstheilungsnerv". Der Vagusnerv verläuft entlang unseres Rückenmarks und versorgt über kleine Nervenäste unsere Augen, Mund, Rachen, Hals, Lunge, Herz, Leber, Nieren, Milz, den Magendarmtrakt bis hin zu den Geschlechtsorganen.[137]

Er übermittelt Informationen von den Organen zum Gehirn und umgekehrt und hat somit auch Einfluss auf unsere Stimmung sowie auf Anspannung und Entspannung. Durch Maßnahmen und Übungen, die den vagalen Tonus erhöhen, kann das parasympathische Nervensystem beeinflusst werden. Das kann mit progressiver Muskelentspannung oder autogenem Training gelingen. Wenn wir zu Selbstregulation und Selbstfürsorge (zurück)-finden möchten, führt der Weg stets über die Achtsamkeit.

In der Achtsamkeitspraxis lernen wir, die Aufmerksamkeit bewusst und absichtsvoll zu lenken, uns für den gegenwärtigen Augenblick zu öffnen und diesen freundlich und wertfrei anzunehmen. Auch beim Qigong, Taiji und Yoga kann es mit Konzentration und Einfühlungsvermögen gelingen, in den Körper hineinzulauschen und ganz individuell bei bestimmten Haltungen manchmal „Schieflagen", Irritationen, Schmerz oder auch Trauer wahrzunehmen. Durch die Kombination von Atem-, Bewegungs- und Konzentrationsübungen lässt sich eine Harmonisierung körperlicher und seelischer Abläufe erreichen.

> So du zerstreut bist, lerne auf den Atem achten.
>
> **Gautama Buddha**

Wie wir uns selbst und die Welt um uns herum erleben, wird davon bestimmt, worauf unsere Aufmerksamkeit sich richtet. „Wo das Herz ist, ist die Vorstellungskraft. Wo die Vorstellungskraft ist, ist das Qi. Wo das Qi ist, ist die Kraft", so Jiao Guorui. So kommt dieser aktiven, geistigen Übung eine besondere Rolle bei der Bewegung des Qi zu. Dabei sollte die Vorstellungskraft nicht zu stark oder zu konkret eingesetzt werden. Oft ist die Vorstellungskraft auch „wie ein wilder Affe oder wie ein wildes Pferd, d.h. sie ist immer in Bewegung und schwer zu kontrollieren. Nur beständiges Üben führt zu einem Einklang von Vorstellungskraft und Qi."[(138)]

Auch das „Tönen" kann beruhigen: bei der Qigong-Übungsform der „Sechs Laute" werden einfache Bewegungsabläufe mit der Atmung und sechs unterschiedlichen Lauten kombiniert. Durch die „Lautartikulationen werden bestimmte Entspannungs-Anspannungszustände und Vibrationen erzeugt, die auf entsprechende Körperbereiche und Organe, aber auch auf den ganzen Körper wirken, indem sie dort Resonanzschwingungen hervorrufen."[(139)] Beim „Tönen" wird jedoch nicht alles „laut" nach außen gegeben. Besser ist es, einen Teil nach innen zu leiten – dies entspricht dem nährenden Aspekt des Qi.

Zur Beruhigung eines Kindes kann man eine leise Melodie summen. So ähnlich ist das mit Bhramari, der Bienen- oder Hummelatmung aus dem Yoga: ausatmend summen wir wie eine Biene. „Durch dieses Summen entsteht" in vergleichbarer Weise wie bei der Laute-Übung „in allen Resonanzräumen des Kopfes, im Nacken und im Brustraum ein intensives Schwingen."[140] So kann auch diese nährende Atmung beruhigend auf das Gehirn wirken.

Im Rachen- und Brustraum ist der vordere Vagus-Ast besonders präsent. Dieser wird immer dann durch Vibrationen „gestreichelt", wenn wir atmende Töne erzeugen. Durch Singen, Summen und Brummen erreichen wir den Parasympathikus, erwirken eine Beruhigung des Herzens und eine Entspannung des Atems. Die Yoga-Lehrerin Anna Trökes bezeichnet das Bienensummen als „stimmungsaufhellende Atmung".[140]

Es regnet im Gebirge des Kranichgesangs. Tiefhängende, dunkelgraue Wolkenmassen verhindern die Sicht auf die Berge. Tropfnass hängen die Äste der Bäume vor den Fenstern und die Zikaden sind verstummt. Dies ist eine gute Gelegenheit, sich intensiver mit der Tradition der Himmelsmeister zu beschäftigen. Sie bildete die Grundlage für die etwa ab 370 n.u.Z. gegründete Schule der Höchsten Klarheit.

Auch hier war wiederum eine Erscheinung mit im Spiel: die heiligen Schriften, die einem Mann namens Yang Xi von Göttern und Geistern übermittelt wurden, bildeten das Fundament des religiösen Lebens. Sie führten den Menschen auf seinem spirituellen Weg und hatten somit eine Funktion, die in anderen Schulen dem Meister zukam. Der Daoismus der Höchsten Klarheit orientierte sich vor allem nach innen und somit kam der Meditation eine große Bedeutung zu. Die innere Praxis sollte insbesondere im eigenen Herzen stattfinden, äußere Methoden der Lebenspflege traten in den Hintergrund.

Die Notwendigkeit der Rückkehr auf den Pfad der Tugend bei Menschen, die aus höherer Sicht vom Weg abgekommen waren, ergab sich umso dringender, als es nach der damaligen daoistischen Vorstellung die Götter waren, welche die Anzahl der Lebensjahre der Menschen festlegten. Die einem zur Verfügung stehende Lebenszeit wurde abhängig gemacht von der Tugendhaftigkeit, die ein Mensch an den Tag legte.

Bei Martina Darga ist zu lesen, dass es zu den erwünschten Verhaltensweisen gehörte, „armen Menschen zu helfen, heilige Texte zu rezitieren, in der Lebenshaltung mäßig zu sein, die Natur zu schützen und den natürlichen Fluss des Lebens zu erhalten. Der Mensch nimmt im kosmischen Geschehen eine zentrale Position ein und ist daher für den harmonischen Fluss der Lebensenergie im Kosmos mit verantwortlich. Entsprechend sollte er das Gleichgewicht von Yin und Yang sowie das natürliche Wechselspiel der fünf Wandlungsphasen nicht stören". Hierfür gab es in früher Zeit konkrete Vorstellungen: „wenn Männer (Yang) auf dem Marktplatz (Yin) zu viel Wein (Yin) tranken, dann schädigten sie das Yang und die soziale Ordnung drohte durcheinander zu kommen."[141]

> Jemand, der sich auf das beschränken kann, was er braucht und was ihm zusteht, fühlt sich sicher. Ein solcher Mensch findet Zeit zum Nachdenken und Meditieren und wird so vollkommenes Verständnis von sich selbst gewinnen.
>
> **Patanjali (Yoga-Sutra 2.39)**

Während des Aufenthalts am Hemingshan halten wir uns oft bei dem steinernen Kranich-Ensemble auf: entspannt in Unterhaltungen vertieft oder das geordnete Leben auf dem Gelände beobachtend und in jene Szenerien hineinspürend, die an uns vorbeiziehen. Es sind keine leibhaftigen Kraniche zu sehen. Und doch fühlen wir uns ihnen ganz nah – am Berg des Kranichrufs, im Ursprungsgebiet des Daoismus und den mit ihm einhergehenden Mythen. Manchmal wehen die feinen Töne des Klangspiels vom kleinen Tempel herüber.

Im chinesischen Volksglauben ist es vor allem der Rotkronenkranich (auch: Mandschurenkranich), der neben der Schildkröte und der Kiefer das Wunschsymbol für ein „langes und glückliches Leben" darstellt. Der große, reinweiße Kranich mit der karmesinrot leuchtenden Kopfplatte und den schwarzen Federn an Kinn, Kehle und der Oberseite des Halses vermag während der Balz Tänze zu zeigen wie kaum eine andere Kranichart. Der Rotkronenkranich als Motiv in der ostasiatischen Malerei gibt für den Zoologen Dietrich Neumann Hinweise darauf, wie es zur symbolischen Zuordnung von langem Leben, ja sogar Unsterblichkeit, oder dem Kranich als idealem Himmelsgefährt für die daoistischen Unsterblichen gekommen sein könnte.

Bis heute ist der Rotkronenkranich in der chinesischen und japanischen Bildkunst ein beliebtes Motiv – dies unabhängig von der korrekten Darstellung des Vogels: „So wurden Attribute einer auf den ersten Blick zwar ähnlichen, aber ökologisch doch gänzlich anders ausgerichteten Vogelgruppe auf den Rotkronenkranich übertragen, nämlich von den weißen Reiher-Arten, die als standorttreue Brutvögel ganzjährig und häufiger als die Kraniche im Land verbreitet waren." Schließlich gilt in der alten ästhetischen Tradition neben „formaler Ähnlichkeit" der „Widerhall der Lebenskraft" als wichtigste Grundregel.[(142)]

Auch in der Literatur findet sich der Kranich und die ihm zugeneigten Attribute. Der Kranich berührt uns im Herzen: eine aufrechte, stolz wirkende Gestalt am Boden, manchmal tanzend und werbend, oben am Himmel leicht und unbeschwert im Flug. Unser Lehrer in den Wudang-Bergen, Tan Dajiang, hat diese Leichtigkeit in lyrischer Form beschrieben: „In Kiefern, am Boden, entdeckst du ihn niemals, den Kranich. Ob Frühling, ob Herbst, in den Lüften nur siehst du ihn schweben. Doch sucht er nicht, strebt nicht in Wolken nach Höhe und Größe. Ein Kranich braucht Freiraum, er sehnt sich, in Freiheit zu leben."[(143)]

Gedichte sind erschaffen, so der Sinologe und Musikwissenschaftler Manfred Dahmer, um in ihrer Ganzheit begriffen, auswendig gelernt und rezitiert zu werden. „Selbst heute ist man in China wieder, nach den Jahrzehnten der kulturlosen Kulturrevolution, zurückgekehrt zu den jahrhundertelang erprobten Werten des Auswendiglernens berühmter Werke der großen Kulturepochen der Dichtung. Eigentlich gilt diese Behauptung des Auswendiglernens für die Gedichte aller Kulturen, zu allen Zeiten. Gleichwohl scheint es an der Zeit, auf dieserart Bildungsmöglichkeiten, bei denen etwas auswendig, „aus dem Herzen" herausgebildet werden sollte, gesondert hinzuweisen [...]".[(144)]

Nicht wenige der im Gedichtband von Manfred Dahmer enthaltenen Gedichtübertragungen sind für die Qigongkurse der medizinischen Gesellschaft für Qigong Yangsheng entstanden. Diese haben uns, so etwa beim Üben und Erforschen der Kranichsequenzen, stets inspiriert: „Der Kranich erhebt sich leicht und schwerelos in die Lüfte. Unbeschwert und sorglos in den Wolken schwebend genießt er seine Freiheit." Wenn wir den Kranich praktizieren, kann die äußere Bewegung mit der inneren Vorstellung von Weite und „Über-den-Dingen-Schweben" einhergehen. In der Ausweitung vermag man sich dem Erleben von Leichtigkeit und Ungebundenheit anzunähern.

Über die Qigong-Praxis haben sich auch meine ornithologischen Ausflüge verändert: Vogelbeobachtung geht ebenso mit einem ruhigen Fokussieren im Augenblick einher. Vergleichbar mit den Empfindungen bei der Beschäftigung mit immer feineren Übungsdetails bildet sich auch inmitten der Schönheit der Natur eine neue Welt des Staunens aus. Während Mönchsgrasmücke und Zilpzalp in der ersten Märzsonne an ihren Gesängen feilen, streife ich durch die Rheinauen und sehe am Ufer eines kleinen Sees den Graureiher stehen. Kraniche bekommen wir im Südwesten kaum zu sehen. Nur manchmal sind ihre Trompetenrufe weit über uns zu hören, wenn sie auf der westeuropäischen Vogelflugroute im Herbst zurück in die wärmeren Wintergebiete über uns hinwegfliegen.

Deshalb wählen wir – wie so manche asiatischen Künstler, von denen Dietrich Neumann berichtet – zur Beobachtung und Nachahmung des Kranichvogels im Qigong schon mal den häufig vorkommenden Graureiher. Vielleicht kann der Reiher nicht mit der Lebendigkeit und Anmut eines tanzenden und springenden Kranichs mithalten, aber er leistet uns ganzjährig Gesellschaft. Wenn er über die abgeernteten Felder stakst und zuweilen gemeinsam mit dem Weißstorch nach Futter sucht, vermag er uns doch an die Gestalt des Kranichs zu erinnern.

Wie gerne möchten wir teilhaben an der Leichtigkeit derer, die sich scheinbar mühelos in die Lüfte erheben. Die Qigong-Übungspraxis lehrt uns das offene, urteilsfreie Beobachten. Der Reichtum der Vorstellungsbilder lässt uns freier atmen und besser leben. „Der Kranich erhebt sich leicht und schwerelos in die Lüfte. Unbeschwert und sorglos in den Wolken schwebend genießt er seine Freiheit". Das gilt es, in der Tiefe unserer Herzen zu bewahren und zu pflegen.

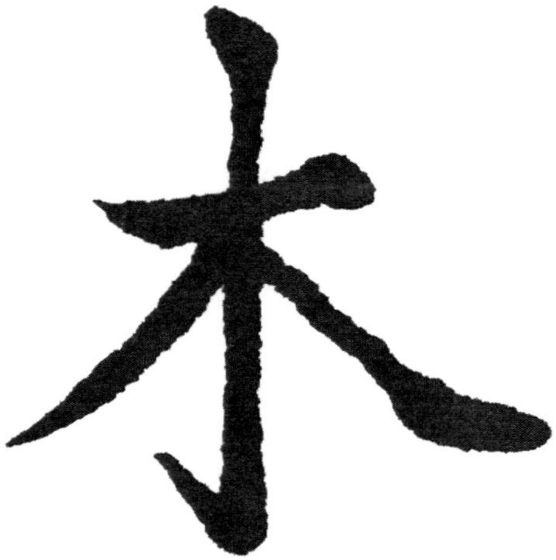

Holz
mu

ESSAY 11

DIE HÄNDE WIE ZIEHENDE WOLKEN. WOLKENMEERE UND NEBELSCHWADEN IM DAOISMUS. HEILIGE BERGE UND HARMONIE IM FENGSHUI. VERWURZELUNG UND FLEXIBILITÄT IM HOLZELEMENT.

> Es war einmal ein Zen-Schüler, der in den Bergen saß und meditierte. Nach einigen Jahren kam ein Meister vorbei und sprach zu ihm: "Was tust du da?" – „Ich versuche, über den Berg zu meditieren, aber es gelingt mir nicht. Zu viel Nebel raubt mir die Sicht", erwiderte der Schüler. Der Meister lachte und verschwand. Einige Jahre später erschien der Meister erneut und stellte dem Schüler dieselbe Frage: „Was tust du da?" Der Schüler antwortete: „Ich meditiere über den Nebel." Nach dieser Antwort verneigte sich der Meister vor dem Schüler und sprach: „Du bist mein Lehrer!"
>
> **Sandy Taikyu Kuhn Shimu (Das Tao der Worte)**

Die erhabene Schönheit und Eigenwilligkeit der Berge haben auf den Menschen immer schon eine besondere Anziehungskraft ausgeübt. Seltsam magisch wirkt sie, diese ursprüngliche Schöpfung, und zugleich fühlen wir uns von ihrer Mächtigkeit auch bedroht. Manche Felsformationen wissen die Fantasie anzuregen und haben allein aufgrund ihrer Gestalt so manche Geschichten und Abenteuer in die Welt erzählt.

Oben in der Höhe ist die Luft klar und rein. Der Blick kann ungehindert umherschweifen und den Horizont absuchen. Wo sonst ist man dem Himmel, dem Kosmos, so nahe wie auf einem Gipfel? Hier kann man der Enge entkommen, vielleicht eine Sinnsuche einleiten, Antworten finden – fern vom Lärm und Alltag unten in den Tälern und Städten. Die kosmischen Wirkkräfte der Bergwelt können den Menschen durchdringen, stärken und inspirieren. Gleichsam sich selbst neu in die Welt setzend, verschieben sich innere und äußere Relationen.

In der daoistischen Welt gehört der Berg den Geistern und Göttern. Sein Gipfel berührt den Himmel, sein Gewicht gibt der Erde Festigkeit. Berg und menschlicher Körper sind einander gleichgestellt: „Der Kopf des Menschen ist rund wie der Himmel, aber seine Füße sind flach wie die Erde. [...] In der Welt der Natur, deren Bild der Berg war, stellt das Wasser die Verbindung zwischen Himmel und Erde dar. In der Welt der Kultur ist es der Mensch" – „Der Berg ist das vollkommene Abbild des Universums, denn er vereinigt in sich die drei Ebenen: seine Gipfel kommunizieren mit dem Himmel, sein Gewicht hält die Erde an ihrem Ort und das Wasser fließt durch die unterirdischen Netze seiner Höhlen."(146)

In der Natur sowie in der künstlerischen Darstellung zeigen sich um die Berge häufig dichte Nebelschwaden und Wolkengebilde. Diese repräsentieren eine Verdichtung der kosmischen Lebenskraft Qi. Bei der Sinologin Gudula Linck findet sich hierzu folgende Beschreibung: „Als kosmische Lebenskraft ist Qi zuständig für die Beschaffenheit der Wesen und Dinge in der Welt, im Geschehen zwischen den Polen sorgt sie zugleich für deren Dynamik in Zeit und Raum [...]. Auf der Erde pulsiert Qi in Flüssen und Bergen, Bäumen und Pflanzen; am Himmel hält Qi Sonne, Mond und Sterne auf ihrer Bahn, türmt sich zu Wolkengestalten, stürzt herab als Licht, Regen, Frost und Tau [...] Bei Mensch und Tier liegt Qi verdichtet vor in Knochen und Fleisch, fließend in Blut, Tränen und Schweiß, spürbar als Wille, Lebens- und Geisteskraft."(147)

Manchen Menschen wird im Daoismus ein höherer Grad an spiritueller Entwicklung zugesprochen und diese werden gerne mit mühelos und ziellos dahinschwebenden Wolken verglichen: sie haben sich von jeglicher Begierde befreit, leben leicht und ohne Sorge. Als Wolkenwanderung wird eine Methode des religiösen Daoismus zur Kultivierung des Lebens beschrieben. „Wenn Daoisten auf Reisen gehen," so schreibt Qiu Xinde, der sich selbst auf

Wolkenwanderschaft begeben hat, „um Wahrheit zu finden und Wissen über das Dao zu sammeln, so bezeichnet man dies als Wolkenwanderung".

Die Pilgernden vertrauten sich dem Himmel an, führten ein entbehrungsreiches Leben und lernten, Not zu ertragen sowie Glauben und Willen zu festigen. „Es ist Aufgabe," so Qiu weiter, „sein Herz zu durchleuchten und sein Wesen zu kultivieren [...] Sprechen und Handeln stehen im Einklang. Man ist demütig und nachgiebig, mit reinem Geist und voller Bescheidenheit".(148) In manchen Schulen wurde großer Wert auf die Wolkenwanderung gelegt: so etwa in der Schule der Vollkommenen Wahrhaftigkeit. Dessen Begründer, Wang Chongyang (1112-1170), lebte in einer Einsiedelei im Gebirge südwestlich der Stadt Xian.(149) Seiner Meisterschülerin Sun Buer sind wir im dritten Essay begegnet.

In Anlehnung an diese daoistischen Grundgedanken lässt sich das einfache, bescheidene Leben und die Zurückgezogenheit in der Natur vor allem in der Abgeschiedenheit der Berge praktizieren. Wer in einer schlichten Holzhütte am Berghang oder in einer Höhle meditiert und Selbstkultivierung betreibt, kann Erkenntnisgewinn sowie die körperliche und spirituelle Unsterblichkeit erlangen. „Höhlen und Grotten in Bergen und unter der Erde galten im Daoismus seit je als besonders reich an ursprünglicher Lebensenergie."(149) Mit Höhlen verbinden sich Möglichkeiten zum Übergang in andere Welten. Sie gelten als Orte, an denen eine Durchdringung sowie eine Verbindung von Dingen stattfinden kann, die sonst voneinander getrennt sind.(150)

> Klar vor Augen,
> wie sinnlos das Streben:
> von selbst ist, dass die Berge grünen,
> von selbst ist, dass die Wasser fließen.
>
> **Wang Chongyang (Gedanken zum Tao)**

Die Sinologin Martina Darga beschreibt Höhlen als „Orte, deren Öffnung sich oft nicht leicht finden lassen. Um in sie zu gelangen, muss man eine Enge durchschreiten, hinter der sich ein

Raum öffnet." Dieser Raum steht für die innere Welt, die nur durch eine Pforte erreicht werden kann. Viele daoistische Schülerinnen „empfingen deshalb ihre Einweihung in Höhlen oder Grotten."[149]

Das höchste Ziel daoistischer Kultivierung ist es, sich mit dem Dao zu verbinden, mit ihm eins zu werden und so in die Sphäre der Unsterblichen zu gelangen. Der zeitgenössische Philosoph Wang Zongyu verortet den Ursprung des Glaubens an Götter und Unsterbliche weit zurück liegend in der chinesischen Geschichte (viertes und drittes Jahrhundert vor unserer Zeit). Höhlenhimmel und glückbringende Orte kennzeichnen die alte chinesische Vorstellung von magischen Plätzen, die sich zumeist in den Bergen befinden und deren Charakter durch immer wieder neue Legenden und Interpretationen angereichert wurde. Diese sind fast immer von „der daoistischen Religion geprägt, manchmal gibt es auch Vermischungen mit buddhistischen Einflüssen. Das macht deutlich, dass der Daoismus eine autochthone Religion ist, die mit dem Leben der Bevölkerung in enger Verbindung steht. Die daoistische Religion lässt die Bevölkerung eine wechselhafte Beziehung mit der Natur eingehen, die Natur genießen und beschützen. Immer mehr Wissenschaftler heutzutage fangen an, die ökologische Funktion des Daoismus zu erkennen."[151]

Diese Beschreibung von Wang Zongyu mag an die Begegnung mit Herrn Xue im zehnten Essay erinnern. Das Verhältnis zu uns selbst, zu anderen und zur Natur bedürfe einer Korrektur, hat Herr Xue gesagt. Und dass Mensch, Himmel und Erde zusammengehören. Im Daoismus müssen wir uns nirgendwohin bewegen, um zum Dao zu gelangen. Das Dao ist überall und allgegenwärtig. Ohnehin kommt es in der Praxis der Lebenspflege vor allem auf die innere geistige Haltung an. Diese kann zeitweise mit einer emotionalen „Abkehr von der Welt", einem „inneren Einsiedlerleben" einhergehen.[152] Wenn man mit dem Erlernen von Qigong oder Taiji beginnt, wird man in der Regel kein mönchisches Dasein anstreben. Doch ist es eine wertvolle Erfahrung, dass die feinen inneren Bewegungen dann spürbar sind, wenn wir uns in einem unaufgeregten Zustand ruhiger Aufmerksamkeit befinden.

Eine intensive Beschäftigung mit den Attributen Berg und Wolken ist auch im Rahmen der Bewegungsübungen des Qigong Yangsheng möglich: „Zerteile die Wolken, halte den Mond",

„Schiebe den Berg mit beiden Händen" und „Pferdschritt – Die Hände wie ziehende Wolken" sind drei Übungen aus den „15 Ausdrucksformen des Taiji-Qigong" von Jiao Guorui. Auch hier gilt wiederum die Vorstellungskraft als der „Dirigent aller anderen Übungsaspekte."[153]

Diese in geeigneter Weise einzusetzen, will erprobt werden. So habe ich mir bei der Übung „Schiebe den Berg mit beiden Händen" zunächst einen großen, „schweren" Berg vorgestellt, der sich nur mit sehr viel Anstrengung „schieben" ließ. Zu einem späteren Zeitpunkt wurde gelehrt, man solle sich eher einen „Berg leichter Federn" vorstellen. Vielleicht passt keines dieser Bilder und auch in meiner Übungspraxis hat es sich eher bewährt, immer wieder aufs Neue ein geeignetes Maß zwischen „schwer" und „leicht" auszuloten, ohne zugleich diesen Attributen allzu viel Bedeutung zuzumessen.

Den mächtigen Berg direkt vor sich zu haben, fühlt sich nicht wirklich gut an. Wenn Menschen vor einer „großen", schwierigen Aufgabe stehen und das Gefühl haben, diese würde sich gleichsam wie ein Berg vor ihnen auftürmen, kann die Übung „Schiebe den Berg mit beiden Händen" auch auf der psychologischen Ebene hilfreich sein: der Raum vor uns weitet sich, wir können uns neu ein- und ausrichten und als handlungsfähig erleben. Die schiebende Kraft bei dieser Übung kommt aus der Erde über die Füße, Beine, den Rücken und die Schultern bis hin zu den Händen. Im Herzen mag man sich mit der Verlässlichkeit und ruhigen Ausstrahlung des Berges verbinden.

Bei der 5. Übung aus den 15 Ausdrucksformen „Pferdschritt – Die Hände wie ziehende Wolken" symbolisieren die „Wolkenhände" die Bewegung von am Himmel dahinziehenden Wolken. Hier wird geübt, die Wolken am Horizont vorbei ziehen zu lassen: von rechts nach links und wieder von links nach rechts. Sorgenvolle Gedanken lassen sich auch mal beiseiteschieben, der Blick bleibt frei und klar. So hat diese Übung insgesamt eine beruhigende und stabilisierende Wirkung.

Du fragst, warum ich
in den blauen Bergen weile.
Ich lächle, sage nichts.
Wahre im Herzen die Stille.

Pfirsichblüten treiben im Wasser
hin zu den dämmernden Fernen.
Himmel und Erde sind hier
anders als in der Menschenwelt.
Li Bai

Wolken sind Verwandlungskünstler, ungebunden und flüchtig, ohne Beständigkeit. Meister Zhuang, dem das „Zhuangzi", „Das wahre Buch vom südlichen Blütenland" zugeschrieben wird, beschreibt die Wolke als himmlisches Gefährt für all diejenigen, die sich auf dem Weg zur Unsterblichkeit befinden oder sie bereits erlangt haben, sowie für ekstatische Wanderungen oder mystische Erfahrungen: „Die Welt der Wolken ist für jeden Menschen zugänglich, der sein Ich lässt und die Einheit aller Dinge wiederzufinden weiß." Hier begegnen wir auch wieder dem Menschen, der das „Fasten des Herzens" beherrscht, „eins ist mit der großen Leere und in Muße herumwandern kann."[(154)]

Die Wolken stehen für das daoistische und buddhistische Paradies sowie die Welt der Götter und Unsterblichen. „Letztere", lesen wir weiter bei der Sinologin Catherine Despeux, „sind manchmal Gottheiten, noch häufiger jedoch Menschen, die Unsterblichkeit erlangt haben. Dies ist der Fall bei den acht in China berühmtesten Unsterblichen, sieben Männer und eine Frau, von denen es unzählige Erzählungen in Theater, Märchen und Legenden gibt. Die Wolke erscheint als ihr bevorzugtes Gefährt."[(154)]

Wenn man sich in China auf eine Pilgerreise begibt und einen der heiligen Berge besteigt, geht man „zur Audienz in den Himmel". Nach traditioneller Vorstellung „muss man einen Glückstag und eine günstige Zeit wählen" sowie „sich durch Fasten und eine siebentägige Reinigung vorbereiten", so beschreibt der Sinologe John Lagerwey die spirituellen Eigenheiten im Vorfeld der himmlischen Audienz.[(146)]

Für die junge chinesische Studentin aus Hangzhou, die mir in der Mensa in Frankfurt gegenübersitzt, ist das eine klare Sache: wenn ich eine Bergbesteigung in ihrem Heimatland plane, dann muss es der Taishan sein. Außerdem, und hier schenkt sie mir ein ganz besonders bezauberndes Lächeln, sei die Besteigung des Taishan eine Möglichkeit, die Unsterblichkeit zu erlangen. Das gelte allerdings nur für diejenigen, schränkt sie ein, die den Aufstieg zu Fuß machen und nicht die Komfort-Variante mit der Seilbahn bevorzugen.

Dieser heilige Gipfel des Ostens in der Provinz Shandong ist der höchstverehrte daoistische Berg Chinas, auf dem jeder Chinese einmal im Leben gewesen sein sollte. 6660 steile Stufen führen über eine Länge von neun Kilometern vom unteren Himmelstor bis auf den 1545 Meter hohen Gipfel des Taishan. Das Herz des Berges ist der „Tempel der Prinzessin der azurblauen Wolke". Hier versammeln sich die Mönche dreimal täglich zum Gebet.

Entlang des Weges finden sich sowohl buddhistische Symbole wie das in Felsen gravierte Diamantsutra und der Puzhao-Tempel, in dem man übernachten und vegetarisch essen kann, als auch ein ehemaliges daoistisches Nonnenkloster oder der Tempel des Jadekaisers oben auf dem Jadegipfel. Der Jadekaiser ist der Hauptgott im daoistischen Pantheon, das höchste Prinzip des Himmels. Der Gipfel des Taishan gilt als Berührungspunkt von Himmel und Erde. Wenn die untergehende Sonne dem weiten Himmel eine flüchtige, rosarote Einfärbung verleiht, mag man sich schon mal fragen, welche Gottheit sich wohl dahinter verbergen könnte.

Auch auf dem Gipfel des Emeishan, einem Dreitausender in der Nähe der 20-Millionenstadt Chengdu in der Provinz Sichuan, hoffen Pilger und Touristen auf wenigstens eine der vier besonderen Naturerscheinungen: „Sonnenaufgang", „Wolkenmeer", „Buddhaglanz" und „Heiligenleuchte". Buddhaglanz und Heiligenleuchte sind Lichteffekte, die durch die Reflektion der Sonne auf Wolkengebilde entstehen. Alle Erscheinungen dienen auch als Metapher für die geistige Befindlichkeit, die sich bei den Emei-Übungen des Qigong Yangsheng einstellen kann. Diesem Übungssystem wird eine besondere Wirkung auf die Leitbahnen und Akupunkturbereiche zugesprochen.[155]

> Sieht man Bewegung, sieht man fließendes Wasser.
> Spürt man Ruhe, spürt man den Berg.
>
> *Jiao Guorui*

Der Emeishan ist der höchste der vier heiligen buddhistischen Berge im Reich der Mitte. Er verdankt seinen Namen „Augenbrauenberg" der Gipfellandschaft, die in ihrer Gestalt an geschwungene Augenbrauen erinnert. Der Legende nach soll der Bodhisattva Samantabhadra auf seinem weißen dreiköpfigen Elefanten auf den Berg geflogen sein und dort seinen Aufenthaltsort gehabt haben. So wurde oben am Goldgipfel eine beeindruckende, 48 Meter hohe Statue errichtet, die den Bodhisattva* darstellt.

Vom Emeishan aus hat sich der Buddhismus in China ausgebreitet und erfuhr dort während der Tang-Dynastie (618-906) seine Blütezeit. Seit dem dritten Jahrhundert wurden buddhistische Sanskrit-Texte ins Chinesische übertragen und die Art der Übersetzung sollte für die Verbreitung des Buddhismus in China eine große Rolle spielen: da den Übersetzern für die abstrakten buddhistischen Vorstellungen adäquate chinesische Wörter fehlten, behalfen sie sich mit daoistischen Begrifflichkeiten. So übersetzten sie „Nirvana" mit „wu-wei" (absichtsloses Handeln) und „Dharma" mit „Dao" (Weg), das gleichzeitig auch „Bodhi" (Erleuchtung) bedeutet.(156)

Als Geburtsstätte des historischen Chan-Buddhismus (in Japan als Zen-Buddhismus bekannt) gilt das Kloster des buddhistischen Mönchsordens der Shaolin in der Provinz Henan im Herzen Chinas. Neben der Shaolin- und der Wudang-Tradition gehört die Emei-Kampfkunst zu den drei führenden Schulen. Dabei orientierte sich der Kampfkunststil, der sich am Emeishan herausbildete, vor allem an der Nachahmung von Tieren und hier begegnen wir auch dem Spiel des Affen wieder: es gilt, schnell und wendig auszuweichen oder plötzlich und offensiv anzugreifen. Der Affe hält nie still. Die üppigen Regenwälder am Emei-Gebirge sind seine Heimat. So passt es gut ins Bild, wenn größere Horden der in China geschützten Tibet Makaken den mühsamen Weg über die Stufen nach oben zum Gipfel des Emeishan begleiten. Die Söhne des Berges hüpfen leicht und geschmeidig hin und her und sind auch schon mal derart angriffslustig, dass sie mit Bambusstöcken vertrieben werden müssen.

---

* Im Mahayana-Buddhismus werden Bodhisattwas als nach höchster Erkenntnis strebende Wesen bezeichnet, die auf dem Wege der Vollkommenheit der Tugenden die „Buddhaschaft" anstreben. Samantabhadra gehört zu den wichtigsten transzendenten Bodhisattwas und verkörpert die Erkenntnis, dass Gleichheit und Verschiedenheit eins sind.(156)

Wer ans Ziel getragen wurde, darf nicht glauben, es erreicht zu haben.

Marie Freifrau von Ebner-Eschenbach

Einen reichen Fundus an Traditionen und Geschichten aus dem chinesischen Alltag im 20. Jahrhundert, bei dem auch Berge eine Rolle spielen, kann man bei der in China geborenen, britischen Schriftstellerin Jung Chang finden. So etwa die Geschichte von General Xue, der sich nach den Prinzipien der Geomantie selbst jenen Ort ausgesucht hatte, an dem er bestattet werden wollte: „Die Grabstätte befand sich an einem herrlich ruhig gelegenen Fleckchen Erde. Im Rücken hatte er in einiger Entfernung die Berge des Nordens, vorne, zur Südseite hin, floss inmitten von Eukalyptusbäumen ein Fluss vorbei. Dieser Ort drückte aus, dass er Starkes und Verlässliches hinter sich wissen wollte, woran man sich anlehnen kann – die Berge. Vor sich hatte er die herrliche Sonne, das Symbol für wachsendes Wohlergehen."[(157)]

Tatsächlich ist nicht immer im Leben Halt im Sinne von Rückhalt vorhanden. Wir kennen alle die Situation, dass wir uns nicht ausreichend unterstützt fühlen. Etwas Starkes und Verlässliches wollte General Xue selbst im Tod hinter sich wissen. So dient der Berg wiederum als Symbol für etwas Festes, Unverrückbares, an das man sich anlehnen kann. Mit dem Berg im Rücken, bleibt der Blick nach vorne frei und ungehindert.

Wie ein Fels in der Brandung: „sich selbst und anderen ein Berg sein" ist ein Aspekt, dem wir bei unterschiedlichen Qigong-Übungen immer wieder begegnen. Indem wir mithilfe der Vorstellung von der Energie des Kraftortes Berg partizipieren, vermögen wir eine Stärkung von Körper und Geist und auch des psychologischen Qi herbeizuführen, dem das Wollen und der Ausdruck von Beherztheit und Furchtlosigkeit zugeordnet werden kann.[*]

Auch im Yoga zielt das Üben von Tadasana, der Berghaltung, auf die Förderung von Stehvermögen und Gleichgewicht sowie auf das Gefühl von Stärke und Ruhe. Die Bezeichnung „Stehen

* Der zeitgenössische chinesische Philosoph R. Zhu unterteilt das menschliche Qi in das physiologische und das psychologische Qi (auch: Qi der Herz-Struktur). Zum psychologischen Qi zählt er das Geist-Qi, das Qi des Wollens und das Qi des Wagemuts.[(152)]

wie ein Berg" vermag innere Bilder hervorzurufen, die im Zusammenhang mit der (unteren) Stabilität, unserem Stand in der Welt und den Fähigkeiten, das Leben gut zu gestalten, förderlich sein können.

Die Welt der Berge, so der Sinologe Thomas Milanowski, gilt in der daoistischen Tradition als „besonders krafthaltig, denn dort hat sich die Erde aufgetürmt, was im Sinne eines erhöhten Energiepotentials interpretiert wird". Heilige Berge und fließende Gewässer gelten als „ideales Trainingsumfeld im Sinne eines schützenden und Ruhe gewährenden Ortes [...] und „erfüllen, aufgrund ihres äußerst hohen Qi-Potentials, auch die Funktion eines Energie- und Lebenskraftspenders, welche die sich in diesem Umfeld befindenden Lebewesen mit Qi versorgen."[152]

Hingegen erschweren nach klassischer Auffassung der Fengshui-Lehre „verschmutzte Gewässer, stehende Gewässer, verdorrte Bäume und Gräber [...] nicht nur die Aufnahme frischer Energie, sondern führen auch zu einer Entleerung des eigenen Qi-Reservoirs." Im Weiteren werden auch Stellen benannt, an denen sehr starke Winde wehen, und Orte, an denen der Mensch die Harmonie von Himmel und Erde, etwa durch architektonische Eingriffe, gestört hat. All diese Plätze und Landschaften sollten während der Übungspraxis gemieden werden.[152]

Die bei Jung Chang erwähnte, chinesische Geomantik ist uns im Westen besser bekannt als „Fengshui" (wörtlich: Wind und Wasser). Ziel des „Fengshui" ist die Harmonisierung des Menschen mit seiner Umgebung. Die Sinologin Gudula Linck bezeichnet „die Kunst des Fengshui als gekonnten Umgang mit der Lebenskraft." Die Inszenierung wirkmächtiger Atmosphären in der Architektur, in Häusern, Dörfern und Städten, in der Gartenkunst, an Flussläufen, in der Malerei und Dichtkunst erfolgt in Übereinstimmung mit den Prinzipien von Yin und Yang sowie im Einklang mit den fünf Wandlungsphasen und ihren Zuordnungen. Aus alledem eine Situation zu gestalten, am rechten Ort zum rechten Zeitpunkt, so dass „Mensch und Ort sich harmonisch zusammenfügen" – das ist Lebenspflege.[147]

Der Wind (Feng) ist die erste, ursprüngliche Bewegung des Universums und wird auch als der Geist (Shen) des Himmels bezeichnet. Er ist der Energie des Ostens zugeordnet: hier geht die Sonne auf, hier beginnt der neue Tag und hierher gehört jegliches Werden und Wachsen irdischen Lebens. Der Wind erzeugt auch das Holz, „das Element in der chinesischen Medizin, welches die Natur am deutlichsten widerspiegelt. In jeder Pflanze, in jedem Baum begegnet uns die Qualität des Holzes."[(158)] Das chinesische Schriftzeichen für Holz (Mu) zeigt einen Baum; „dieser ist fest im Boden verankert, wächst zeit seines Lebens und breitet sich in seiner Krone nach allen Seiten aus. Um zu überleben, muss er biegsam sein, dem Sturm gegenüber nachgiebig und in seinem Standort fest verwurzelt."[(158)]

Verwurzelung und Flexibilität sind zwei wesentliche Aspekte der Wandlungsphase Holz. Die Verbindung mit der Erde bestimmt die Art und Weise, wie wir in der Welt stehen. Und ebenso wie ein gesunder Baum sich nach allen Seiten biegen kann, vermag auch der Mensch die Fähigkeit entwickeln, sich mit den jeweiligen Umständen vertraut zu machen und sich entsprechend zu verhalten. Das Ziel sollte stets sein, flexibel reagieren zu können, ohne den Halt, ohne die Wurzeln, zu verlieren.[(158)]

In vielen Situationen des Alltags will das rechte Maß zwischen zu viel und zu wenig Flexibilität gefunden werden. Ein sehr hohes Maß an Flexibilität kann als ein Ausdruck von Überangepasstheit und von zu geringer Standfestigkeit gelten. Weniger Flexibilität mag mit Starrheit und Sturheit einhergehen und im Miteinander oft für „verhärtete Fronten" sorgen. Insbesondere in Krisenzeiten fühlt es sich sicherer an, eine stabile Grundlage zu haben.

Erdung (Grounding) geht in der Körperpsychotherapie damit einher, die Tragfähigkeit des Bodens und des eigenen Körpers zu spüren. Im Weiteren wird die Fähigkeit gefördert, einen guten Stand einzunehmen und für sich selbst eintreten zu können. Eine gute Verwurzelung sowie Flexibilität und Leichtigkeit im oberen Bereich begleiten auch die Vorstellung bei der Übung „Stehen wie eine Kiefer". So stellt man sich vor, „zu stehen wie eine Kiefer. Die Kiefer steht fest auf dem Felsen, ihre Wurzeln reichen tief in die Erde. Lenden-Kreuz-Bereich, Becken und Beine sind der Stamm der Kiefer, die Füße sind ihre Wurzeln".[(153)]

Wiederum will die Auswahl der verwendeten Begrifflichkeiten sorgfältig bedacht werden. So ist mit der Festigkeit im unteren Körperbereich keine Steifheit oder Starre gemeint. Vielmehr geht es auch hier um eine äußere Stabilität mit innerer Aufrichtung. Und wenn von der Leichtigkeit im oberen Körperbereich die Rede ist, dann bedeutet das nicht, zu hängen oder zu baumeln. Oberkörper und Rücken bleiben vielmehr aufgerichtet. Entsprechend der Prinzipien von Yin und Yang wird nie nur eine Qualität geübt.

Mit der Wandlungsphase Holz befinden wir uns jahreszeitlich im Frühling: beim Schreiben dieser Zeilen in den ersten Märztagen erfreue ich mich an den Gesangsübungen der Amsel und an Schneeglöckchen im Garten. Nach dem Yin von Herbst und Winter sorgt das junge Yang für eine Wiederbelebung der Pflanzen- und Tierwelt: die ersten Knospen zeigen sich und Tiere erwachen aus dem Winterschlaf. Jede aufsteigende Energie ist eine Bewegung des Holzes.

> Die Natur ist die große Ruhe gegenüber
> unserer Beweglichkeit. Darum wird sie
> der Mensch immer mehr lieben, je feiner
> und beweglicher er werden wird.
> Sie gibt ihm die großen Züge, die weiten
> Perspektiven und zugleich das Bild einer
> bei aller unermüdlichen Entwicklung erhabenen Gelassenheit.
> *Christian Morgenstern*

In der traditionellen chinesischen Heilkunst wird es im Rahmen der Lebens- und Gesundheitspflege als wesentlich angesehen, dass man sein Verhalten dem Zyklus der Jahreszeiten anpasst. Im Frühling streben alle Teile der Natur nach Ausdehnung, nach Größe und Raum. Auch im Menschen drängt die Yang-Energie nach oben und außen. Deshalb sollte die Lebenspflege im Frühling den Eigenschaften der Yang-Energie angepasst werden und hier gilt es vor allem den Funktionskreis Leber zu unterstützen. Zu dessen zahlreichen Aufgaben gehört es, für einen reibungslosen Fluss des Qi im Organismus zu sorgen. Eine Unterversorgung mit Qi oder ein zu hoher Verbrauch der Yang-Energie sollten demnach im Frühling ganz besonders vermieden werden.

Die Leber wird mit den Emotionen Wut und Zorn in Verbindung gebracht. Um den Leberfunktionskreis nicht zu sehr zu belasten, sollte man diese der Wandlungsphase Holz zugeordneten

Gefühle gut lenken. Auch Qigong-Übungen können bei der Emotionsregulation hilfreich sein und negativem Denken und impulsiven Gefühlsausbrüchen entgegenwirken. Allgemein gilt es, mit der jeweiligen Anpassung des Verhaltens zur eigenen Gesunderhaltung beizutragen.

Entsprechende Verhaltensempfehlungen sind bereits im „Buch des Gelben Kaisers" zu finden: „Die drei Monate des Frühlings nennt man beginnende Aktivität und freie Entfaltung. Die Vereinigung von Himmel und Erde bringt neues Leben hervor. So können die zehntausend Dinge aufblühen und sich entwickeln. Man soll zur Nacht ins Bett gehen und in der Morgendämmerung aufstehen. Man soll den Hof mit großen Schritten durchschreiten, die Haare gelöst und den Körper völlig entspannt, um so seinen Lebenswillen auszudrücken. Leben gebären und nicht töten, geben und nichts wegnehmen, belohnen und nicht bestrafen, dies ist der richtige Weg, um in Einklang mit der Energie des Frühlings zu leben."[(158)]

Der richtige Weg, um in Einklang mit der Energie des Frühlings zu leben – in diesen Tagen strecken wir uns dem Frühjahr wie einem Neuanfang entgegen. Nach zwei Jahren Pandemie zeigt sich eine besondere Qualität des Wunsches nach Veränderung, nach Erneuerung und Befreiung von Einschränkung und Einengung. Da kommt der sich öffnende und nach außen gerichtete Charakter dieser Jahreszeit genau richtig: im Frühling kann alles seinen Anfang nehmen. Und „am Himmel des Geistes gehen die Gedanken wie Vögel oder Wolken."[(155)]

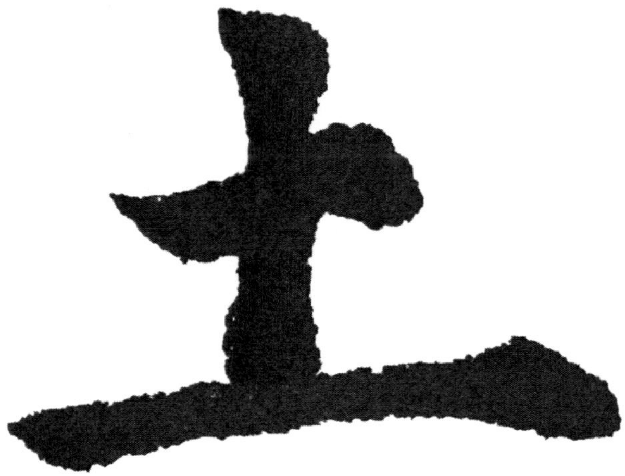

Erde
tu

ESSAY 12

ALLES ENTSTEHT AUS DER MITTE. SELBSTFÜRSORGE UND GUTE ZENTRIERUNG. ENERGIEFELDER, FLÜSSE UND OZEANE IN DER DAOISTISCHEN TRADITION. VOM LEBENSTOR IN DER ÜBUNGSPRAXIS.

Der Gelbe Hof
Gelb ist die Farbe des Mittelpunkts
der Hof ist die Mitte der vier Richtungen.
Außen deutet er auf Vorgänge,
die mit der himmlischen Mitte
und der irdischen Mitte einhergehen.
Innen deutet er auf Vorgänge,
die mit der Mitte des Gehirns,
der Mitte des Herzens
und der Mitte der Milz einhergehen.
Daher nennt man ihn den Gelben Hof.
Sieben Zettel aus dem Büchersack der Wolken

Wer ein Leben in Harmonie, Frieden und Ausgeglichenheit anstrebt, begegnet natürlicherweise dem Begriff „Mitte". Dabei handelt es sich nicht um ein verallgemeinerbares Konzept. Vielmehr bedeutet die „Mitte" für jeden Menschen etwas Anderes. Meist wird ein inneres Gleichgewicht angestrebt und dabei gilt es, mit sich selbst im Einklang und in Balance zu sein und auf dieser Grundlage herausfordernde Situationen besser bewältigen zu können.

„Mesotes" (griechisch für „Mitte") ist ein Begriff der antiken Philosophie, der auf Aristoteles (385-322 v.u.Z.) zurückgeht. Gemeint ist eine „Tugend zwischen zwei einander entgegengesetzten Lastern, dem Übermaß und dem Mangel". Aber auch hier ist die Mitte nicht eindeutig bestimmt, sondern „als ethische Handlungsmöglichkeit zu verstehen, die den Besonderheiten der Personen Rechnung trägt".[(159)] Der Tugendbegriff war zur Zeit der alten Griechen hochgeschätzt, während man den Extremen eher missbilligend gegenüberstand. Wir werden im 15. Essay darauf zurückkommen.

Im Körper siedeln wir die Mitte gewöhnlich im Bereich des Herzens oder in der Bauchgegend an. Im Yoga gilt das Nabelchakra als das Zentrum der Lebenskraft. In der traditionellen Medizin Japans wird das Hara als Energiefeld im Bauchbereich beschrieben und aus der chinesischen Tradition kennen wir das „Zinnoberfeld", das Dantian. Im alten China stand die Erde im Mittelpunkt des Denkens.* Jede der Grundenergien, die wir auch als Wandlungsphasen kennengelernt haben, steht in einer direkten Beziehung zur Erde.

Die vier Elemente Wasser, Holz, Feuer und Metall stehen auch für die Himmelsrichtungen Norden, Osten, Süden und Westen. In dieser Darstellung ist die fünfte Position die Mitte, die Erde, deren Symbol eine quadratische Darstellung ist: jede Seite des Quadrats entspricht wiederum einer der vier Himmelsrichtungen. Je nach Kontext kann mit der Mitte neben der Erde auch das Feuer und damit das Herz gemeint sein. Das Herz ist das Zentrum des Geistes Shen.

Die Erde wird, so der Arzt Klaus-Dieter Platsch, als „ein Energiesystem" verstanden, „das Übergänge ermöglicht. Ihre Position in der Mitte legt sie nicht fest, so dass sie vermittelnd Gegensätze zu überbrücken vermag und ausgleicht." […] „Die Erde steht im Dienst aller: des

---

* Wenn die Erde die Mitte repräsentiert, dann spiegelt das ein dem damaligen Wissensstand gemäßes geozentrisches Weltbild wider, das nicht an den astronomischen Kenntnissen unserer heutigen Zeit gemessen werden darf. „Zugleich gibt dieses chinesische Weltbild einen tiefen Einblick in ein vor allem symbolisches, energetisches und mystisches Verständnis der Dinge des Kosmos und der Erde".[(160)]

gesamten Kosmos, der ganzen Erde und ihrer Bewohner. Sie sorgt für alle ohne Unterschied. So kann sie nicht nur eine Position übernehmen oder repräsentieren [...]. Sie unterstützt alle Facetten irdischer Existenz, sie erschafft alle Wesen und Dinge nach den Gesetzen des Universums. Übergänge zu ermöglichen bedeutet, der Veränderung freien Raum zu lassen. Kommen und Gehen, Werden und Vergehen, sich entfalten und wieder zu seinem Ursprung zurückkehren, sind die Kennzeichen irdischen Lebens und stehen so in engster Beziehung mit der Energie der Erde."[(160)]

In der chinesischen Tradition entfaltet sich alles Leben aus der Mitte heraus und kehrt wieder in die Mitte zurück. Und das ist das Wesen der Erde: aus ihr kommt alles und zu ihr kehrt alles wieder zurück. In Analogie zu diesem kosmischen Prinzip entstehen auch alle Bewegungen des Taiji und Qigong aus der Mitte, von innen nach außen, und kehren über außen nach innen wieder in die Mitte zurück. Die Aufmerksamkeit wird auf die Region um den Nabel herum gelenkt – hier befindet sich das Dantian. Das Qi folgt der Aufmerksamkeit und so kann es gelingen, die Lebenskraft im Dantian zu bewahren und den Qi-Fluss im Körper zu regulieren.

Die Feinheit dieser Übung besteht darin, die Aufmerksamkeit zu halten und zugleich die Gedanken nicht zu sehr zu konzentrieren. Aus den vorher gehenden Kapiteln wissen wir um die Bedeutung der Entspannung von Geist und Bewusstsein. Der Geist darf sich nicht so sehr anstrengen: wir machen uns ein Bild und wir machen uns doch kein Bild – so beschreiben das unsere Lehrerinnen mit einem bedeutungsvollen Lächeln.

Dieser Übungsaspekt begleitet mich bis heute: Gedankenströme, Grübeleien regulieren, störende Gedanken bündeln, vielleicht vorbeiziehen lassen und zugleich mit einer gewissen Natürlichkeit, Entspanntheit an Körper und Geist sowie mit Ruhe im Herzen da sein, sich auf die Übung und ihre Anforderungen konzentrieren. Rückblickend erwies sich der Hinweis als hilfreich, bei wild hin und her springenden Gedanken und unausgewogenen Emotionen nicht allzu streng mit sich umzugehen. Nicht immer gelingt es, den Geist zu bändigen. Auch gilt es, dahingehend Vertrauen zu entwickeln, dass Gedanken und Gefühle kommen – und ebenso wieder gehen. Die Erfahrung zeigt, dass sie nur bleiben, wenn sie zum Verweilen eingeladen werden. Es ist dann wie mit echten Gästen: wenn sie am Tisch sitzen und sich eingerichtet haben, wird man sie nur schwer wieder los.*

> Die Erde ist das,
> wodurch die zehntausend Dinge haben,
> was sie zum Leben brauchen.
> *Aus dem Shujing*

Es ist die Erde, die uns nährt und für uns sorgt. „Sie trägt uns, sie gibt uns festen Boden unter die Füße [...] sie ist Heimat, zuverlässig, beständig und duldsam. Der Erde können wir vertrauen, sie gibt und nimmt, aus der Erde werden wir geboren und in die Erde gehen wir zurück. Die Erde ist eine Metapher für Ausgleich und Gleichgewicht – wenn ich in mir ruhe, dann bin ich geerdet und gemittet. Die Erde und die Mitte stehen in enger Beziehung miteinander."[(160)]

Die fünf Wandlungsphasen werden in verschiedenen Modellen beschrieben, in denen sie zueinander in Beziehung stehen. So nährt nach dem Muster der Hervorbringung das Wasser das Holz. Dieses wiederum bringt Feuer hervor, indem es den Brennstoff liefert. Feuer erzeugt Erde: Materie wird zu Asche und damit zu einem Bestandteil der Erde verbrannt. Erde unterstützt Metall, indem sie Minerale erzeugt und diese an die Oberfläche bringt. Das Element Metall wiederum vitalisiert und reichert Wasser an.

Wenn Wasser das Holz nährt, bedeutet das, auf den Körper und die Funktionskreise übertragen, dass „die Nieren-Essenz das Blut erzeugt, das von der Leber gespeichert wird. So wie Holz das Feuer nährt, kann man sagen, dass das Blut der Leber die Seele im Herzen nährt." Es gewährleistet die Ausgeglichenheit der Emotionen und verleiht dem physischen und mentalen Körper Flexibilität und Anmut. Auf diese Weise erleichtert die Leber die Arbeit des Herzens.

Wir haben gelesen, dass das Herz den Geist, das Shen, beherbergt und das Bewusstsein aufrechterhält. Damit der Herz-Funktionskreis richtig arbeiten kann, muss er vor Unruhe geschützt

---

* Mit bestem Dank an Atafeh Pourahmady, die mich mit diesem Bild in Anlehnung an eine alte Geschichte aus ihrer Heimat Persien vertraut gemacht hat.

werden. Die Wärme des Herzens wiederum erleichtert der Milz die Assimilation und Transformation von Nahrung: „So wie Feuer Erde hervorbringt, unterstützt das Herz die Milz."[161]

Vergleichbar mit Mutter Erde ist in unserem Körper die Milz die ständig Gebende: sie steht im Mittelpunkt und unterstützt die anderen Funktionskreise. Manche Autoren bezeichnen die Milz als das wichtigste Organ.[172] Die Milz stellt Nahrung, Qi und Blut zur Verfügung, reguliert den Stoffwechsel und verteilt die Säfte. Auf diese Weise sorgt die Milz für die Homöostase und hält alle Kräfte in einem harmonischen Verhältnis. Sie ermöglicht auch eine Anpassung an sich verändernde Bedingungen.

Zu viel Essen und Trinken, aber auch zu viel Information und grüblerische, negative Gedanken können die Milz überlasten und schließlich erschöpfen. Stabilität und Ruhe ermöglichen also auch der Milz ein zuverlässiges Arbeiten. Mit angemessener Ernährung sowie mit einer ausgeglichenen Atmung lässt sich der Zustand der Milz und den ihr zugeordneten Funktionen beeinflussen. Auf diese Weise können gute Bedingungen für eine gesunde Mitte geschaffen werden.

Der Aspekt der Mitte nimmt auch in der psychotherapeutischen Arbeit und vor allem in der Körpertherapie einen festen Platz ein. In wohltuendem Kontakt mit sich selbst vermag man besser zu spüren, was einem gut tut. Für die „Mutter der Familientherapie", Virginia Satir, ist Selbstwert der Schlüssel aller Phänomene unseres Lebens. Wer gelernt habe, sich selbst wertzuschätzen, sei in der Lage, kongruent zu kommunizieren und zu handeln* sowie zur Lösung von Problemen beizutragen.

"Wir dürfen nicht zulassen, dass uns die begrenzte Wahrnehmung anderer Menschen definiert," so Virginia Satir. Sie geht davon aus, dass immerzu andere Menschen versuchen, uns zu sagen, wer wir sind, was wir tun sollten und was wir nicht tun dürfen. Wenn wir den Mitmenschen die Macht darüber geben, über uns und unsere Identität zu bestimmen, kommen wir jedoch gar nicht erst dahin, selbst darüber nachzudenken, wer wir sind und wer wir sein wollen.[162]

---

* kongruentes Kommunizieren meint die Übereinstimmung verbaler und nonverbaler Signale (Schulz von Thun)

Selbstwertschutz und Selbstwerterhöhung gehören auch bei Klaus Grawe, der die Neuropsychotherapie entwickelte, zu den spezifisch menschlichen und in hohem Maß subjektiven Grundbedürfnissen. Dabei scheint es eher mit psychischer Gesundheit einherzugehen, wenn das selbstwerterhöhende Verhalten sogar über das hinaus geht, was durch die realen Gegebenheiten gerechtfertigt wäre.[163] Heute prägt der Begriff „Selbstwirksamkeit" die therapeutische Arbeit: Selbstwirksamkeit meint die Überzeugung eines Menschen, selbst schwierige Situationen und Herausforderungen aus eigener Kraft erfolgreich bewältigen zu können.

Die genannten psychologischen Attribute finden sich auch bei der Beschreibung der Wirksamkeit von Qigong- und Taiji-Übungen. Beide Bewegungsformen zielen auf die Stärkung und Entfaltung der jedem Menschen innewohnenden Potentiale ab. „Qigong kann helfen", so schreibt das Autorenteam Claus Fischer und Micheline Schwarze, „körperlich und geistig zu regenerieren". Dabei ist die Erfahrung von Selbstwirksamkeit ein zentraler Aspekt: „durch eigenes aktives Tun auf die Befindlichkeit einwirken zu können und sich von Hilflosigkeit und Ohnmacht zu lösen", eröffnet neue Perspektiven und Handlungsmöglichkeiten. „Qigong-Übungen haben zum Ziel, ein vitales Körpergefühl zu fördern – mit klarem Geist körperlich gut verwurzelt und zentriert zu sein."[164]

Wenn die untere Stabilität und damit ein guter Stand im Leben fehlt, kann einem in den oberen Körperregionen ebenfalls die Orientierung verloren gehen. Besonders nahe sind mir hier psychotherapeutisch tätige Menschen, die in ihrem Berufsalltag nahezu durchgängig mit aus dem Tritt geratenen, verletzten und traumatisierten Menschen, mit Leid und Schmerz zu tun haben. Hier kann sich die regelmäßige Qigong-Praxis zu einem Weg hin zu mehr Selbstfürsorge entwickeln.

Die psychologische Psychotherapeutin Barbara Hofmann-Huber beschreibt im Zusammenhang mit der Selbstregulation von Therapeuten „die Arbeit an der inneren Zentrierung, die Verbindung zur eigenen Mitte, den Umgang mit dem eigenen Erregungsniveau und dem anderer, die Wahrnehmung des eigenen Raums und des Raums der anderen Person als zentrale Wirkprinzipien." Je besser es gelingt, „die therapeutische Arbeit in einer inneren Zentrierung zu gestalten", umso mehr „kann man mit den energetischen Abläufen innerhalb der therapeutischen Beziehung sowohl selbstbezogen als auch empathisch umgehen."[165]

„Je intensiver das Qi als Energie- und Resonanzfeld der Therapeutin gefüllt und in konstruktiver Bewegung ist, umso geschützter ist die Person." Dabei geht es der Autorin an dieser Stelle weniger um die Abgrenzung von der Problematik des anderen als vielmehr um die Verankerung in sich selbst. Erst wenn dieser Selbstschutz nicht mehr ausreicht, kann das Thema Abgrenzung erforderlich werden.[165]

> Wenn es einen Glauben gibt, der Berge versetzen kann,
> so ist es der Glaube an die eigene Kraft.
> *Marie von Ebner-Eschenbach*

In Gesprächen mit medizinischen, psychologischen und sozialpädagogischen Kolleginnen zeigt sich immer wieder ein hohes Maß an Belastung, Frustration und Mitgefühls-Erschöpfung. Tägliches Engagement für andere Menschen bei gleichzeitig reduzierter Selbstfürsorge kann durch gängige Methoden wie Supervision und Intervision kaum ausgeglichen werden und so stellt sich die Frage, wie man eine passende, gesundheitsstabilisierende Maßnahme finden und durchführen kann. Die Teilnahme an fest terminierten Gruppenangeboten ist insbesondere für Menschen mit unregelmäßigen Dienstzeiten (Schichtdienst) kaum möglich. So bleibt am ehesten die individuell abstimmbare Einzelarbeit. Diese ermöglicht einerseits mehr Zuwendung und Intensität, andererseits fehlt die Erfahrung von Gemeinsamkeit und der Austausch in der Gruppe.

Zu großes Mitgefühl und Identifikation mit dem Leiden eines anderen, kann dem Helfer durchaus schaden. Es muss auf jeden Fall eine Abgrenzung erfolgen, wenn der Selbstschutz nicht mehr in ausreichender Weise vorhanden ist oder die geschilderten Erlebnisse das individuell erträgliche Maß zu überschreiten drohen. Die Notwendigkeit einer Grenzsetzung bei geschwächtem Schutzschild wird häufig von helfenden Menschen nicht wahrgenommen.

Deshalb braucht es einen Impuls, der den erschöpften Menschen wieder in Kontakt mit sich selbst bringt. Allzu oft geht dies einher mit einer Erkrankung.

Die Rückbesinnung auf sich selbst kann im Arbeitsalltag helfender Berufe der erste Schritt dahin sein, eine innere Distanz zu den belastenden Themen aufzubauen. Häufig kommen professionelle Helfer im Rahmen einer Auszeit, etwa einer Rekonvaleszenz oder Maßnahme der Rehabilitation und Nachsorge, in Kontakt mit Methoden des Qigong, Taiji oder Yoga. Anschließend geht es darum, das Erlernte und Erfahrene zu vertiefen und in den Alltag zu integrieren. Auch viele „große" Meister haben erst durch eine Krankheit den Weg zum Taiji oder Qigong gefunden.

> Niemand kann einen anderen davon überzeugen, sich zu ändern. Jeder von uns hat eine Tür zur Veränderung, die nur von innen geöffnet werden kann.
>
> *Virginia Satir*

Eine regelmäßige Übungspraxis zuhause oder auch am Arbeitsplatz will erlernt und gut vorbereitet sein. Bei allen guten Vorsätzen erlebte ich insbesondere in der Anfangszeit einige Irritationen, die zumeist damit zu tun hatten, dass ich es zunächst für ausreichend hielt, mich in die erlernte Ausgangsstellung zu begeben und sofort mit den mir bis dahin vertrauten Übungssequenzen zu beginnen. Doch ein abschweifender Gedanke, eine Termin-Erinnerung oder andere Ablenkungen läuteten das frühzeitige Ende der Übungszeit ein.

Im Laufe der Zeit lernte ich, anstehende Arbeiten möglichst zu Ende zu bringen – oder für einen späteren Zeitpunkt vorzusehen. Das Telefon wurde ausgeschaltet und eine Tasse Tee bereitgestellt. Gleichwohl ist es mir noch lange schwergefallen, in empfohlener Weise in die Ruhe einzutreten, ruhig zu atmen oder gar „tausend Gedanken durch einen zu ersetzen". Wie tröstlich, dass es sich bei diesen Beschreibungen um Ideal-Zustände handelt, die mal mehr und mal weniger erreicht werden.

Auch die Vorbereitungs- und Aufwärmübungen sollten nicht hastig und ungeduldig abgearbeitet werden. Die Kunst des guten Anfangs geht mit Sorgfalt und Ernsthaftigkeit einher.

Rituale tragen an dieser Stelle dazu bei, geeignete Rahmenbedingungen zu schaffen. Die Konzentration auf den Nabelbereich oder auch auf ein äußeres Objekt, das Zählen der Atemzüge oder „dem Atem zuhören" können dabei unterstützen, in die Ruhe einzutreten.

Mit „dem Atem zuhören" ist gemeint, sich auf das Geräusch des Ein- und Ausatmens zu konzentrieren und dabei nicht nur mit den Ohren, sondern auch mit dem Dantian „zu hören". Indem man sich vorstellt, das Atmen mit dem Dantian zu „hören", wird die Vorstellung im Dantian bewahrt. Das Bewahren der Vorstellungskraft sollte, wie alle anderen Aspekte im Qigong, nicht erzwungen werden – es ist vielmehr ein geistiger Übungsprozess, der seine Zeit braucht.[(166)]

Claus Fischer und Micheline Schwarze beschreiben die ressourcenorientierten Aspekte des Qigong im Rahmen eines guten Selbstmanagements. „Hier ist der Aspekt Mitte dann besonders wichtig, wenn es um die Themen Präsenz, Authentizität und Gelassenheit geht. Jemand, der in seiner Mitte ist, hat meist mehr Ausstrahlung und Überzeugungskraft." So „ist das Qi bei guter Zentrierung mehr in der Mitte gesammelt. Dadurch kann der Geist ruhiger und weiter werden." Im Qigong kann etwa durch das Kreisen, Streichen oder Ruhen der Hände auf dem (unteren) Bauch eine beruhigende Wirkung erzielt werden. „Manche Übende nutzen die Mitte als eine Art Anker, um bei sich zu bleiben, wenn es Störungen oder größere Herausforderungen im Außen gibt. Andere schlafen besser ein, wenn sie die Hände selbstberuhigend auf das Dantian legen."[(164)]

Um aufzutanken und das Energie-Reservoir aufzufüllen, erweist sich manchmal auch ein ruhiger Waldspaziergang, eine Tasse Tee oder die Hinwendung der Aufmerksamkeit auf die Atmung als hilfreich: in Ruhe ein- und ausatmen bedeutet, sich für diesen Moment mit dem natürlichen Rhythmus des Lebens zu verbinden. Vielleicht mag es sogar gelingen, den Autopilot-Modus anzuhalten, der gewöhnlich unser Leben ausmacht und uns befähigt, mehrere Dinge gleichzeitig zu tun – etwa Geschirr spülen und zugleich Tagträumen nachzuhängen oder zu joggen und währenddessen im Geist anstehende Projekte zu planen.

Das Leben im Autopilot-Modus birgt allerdings auch die Gefahr, „dass wir achtlos auf Situationen reagieren, dass wir über verschiedene Möglichkeiten der Erwiderung überhaupt nicht nachdenken. Das kann häufig zu spontanen und reflexartigen Reaktionen führen, die ihrerseits ähnlich achtlose Reflexe in anderen auslösen. Ein Wasserfall sich verstärkender achtloser Reaktionen kann eine Welt voll gedankenloser Interaktionen, Grausamkeit und Zerstörung schaffen."[167]

Die Kultivierung des achtsamen Gewahrseins geht einher mit zunehmender Offenheit und Akzeptanz – das Annehmen all dessen, was in und um uns herum ist, ermöglicht eine Art Rückkehr zu uns selbst: wir vermögen wieder unsere Füße und jeden einzelnen Schritt, den wir gehen, wahrzunehmen. Ganz besonders in Krisenzeiten oder wenn es um die Auseinandersetzung mit schwierigen (biografischen) Themen geht, brauchen wir im wahrsten Sinne des Wortes festen Boden unter den Füssen.

Das (Neu-)Erleben von Selbstwirksamkeit mag vielleicht zunächst mit professioneller Unterstützung erfolgen. In zunehmendem Maß kann es dann gelingen, sich aus eigener Kraft in Bewegung zu bringen und sich in dieser Beweglichkeit neu zu erfahren. Viele Menschen vermögen über Impulse aus erfahrungs- und körperorientierten Verfahren leichter einen Kontakt zu sich selbst herzustellen. Im psychotherapeutischen Kontext erweisen sich gesprächsorientierte Verfahren häufig als unzureichend, weil sie zum Ablenken, Bagatellisieren und Rationalisieren verleiten.

> Die Weisheit unseres Körpers ist ein guter Einstieg in die verborgenen Dimensionen des Lebens.
>
> **Deepak Chopra**

In der daoistischen Tradition werden mindestens drei Energiezentren beschrieben: unteres, mittleres und hinteres Dantian. Die Lokalisationen der Dantian stimmen mit bestimmten Akupunkturstellen im Leitbahnsystem überein. In der Praxis des Taiji und Qigong stellt man sich eher großzügigere Körperbereiche vor und begreift diese als Qi-Bereiche und Wirkungsfelder. Die zwölf paarig verlaufenden Hauptleitbahnen bilden das tragende Gerüst des Leitbahnsystems.[168] Sie werden oft mit Flüssen verglichen, die oben in den Bergen beginnen und nach unten in Seen oder Meere münden.

Die acht unpaarigen außerordentlichen Gefäße stellt man sich eher als „Ozeane" oder größere Seenlandschaften vor, die sich wie Ausgleichsreservoire verhalten. Sie gelten als der Ursprung des Menschen und sind für die frühe Entwicklung der Konstitution zuständig. Sie schützen und bewahren das menschliche Leben und können überschüssige Energie aufnehmen, speichern und im Bedarfsfall abgeben.

Für die Übungspraxis gelten das Konzeptionsgefäß (aufnehmende Leitbahn: Renmai) und das Lenkergefäß (Leitbahn der Steuerung: Dumai) als wichtige Leitbahnen. Diese verlaufen jeweils auf der Vorder- und Rückseite der Mittellinie des Körpers. Wenn hier eine gewisse Durchlässigkeit erreicht wird, kann Qi auch durch alle anderen Leitbahnen fließen und so wird eine gesundheitsstärkende Wirkung erreicht. Der Renmai gilt als Mutter oder auch als Ozean aller Yin-Energien.

Im Lehrsystem Yangsheng wird dem Punkt Renmai 4 (Guanyuan: „Das erste der Passtore"), drei daumenbreit unterhalb des Bauchnabels auf der vorderen Mittellinie, das untere Dantian zugeordnet. Dieses wichtige Energiezentrum wirkt besonders auf die Yin-Aspekte von Körper und Geist. Stabilität und Verwurzelung können durch Aktivierung und Regulation im unteren Dantian erreicht werden – so etwa durch die Basisbewegung „Steigen und Sinken" oder über die Atmung.[(166)]

Zwischen dem Punkt Renmai 4 und dem Nabel liegt Renmai 6 (Qihai: „das Meer des Qi"). Jiao Guorui beschreibt in der Tiefe des Nabelbereichs das mittlere Dantian: in diese Region wird beim Üben die Aufmerksamkeit gelenkt, „die Vorstellungskraft bewahrt" und so das Qi der Mitte gefördert. Von hier aus können wir Qi nach oben und nach unten lenken. Das mittlere Dantian wird als das Körperzentrum betrachtet. Es gehört zum Funktionskreis Milz und zur Wandlungsphase Erde.[(166)] Die Milz und die Erde, so haben wir oben gelesen, nähren und sorgen für uns.

Es gibt nichts, das die Erde nicht bedeckte,
und nichts, das die Erde nicht unterhielte.

Zhuangzi

Herzhaftes Seufzen kann zur Entlastung des Tanzhong-Punkts (Renmai 17) in der Mitte des Brustbeins führen – hier sind viele Aspekte von Geist, Herz und Seele beheimatet. Auch gilt dieser Punkt vor allem für Frauen als ein wichtiges Zentrum – sie können beim Üben immer wieder versuchen, sich auf die Mitte zwischen den beiden Brüsten zu konzentrieren. Allgemein gilt Renmai 17 als ein Tor zum Aspekt der Selbstfürsorge.[169]

Der Tanzhong öffnet sich mit dem Ausbreiten der Arme. Anschließend wird der Oberkörper sanft eingerollt und die Arme vor dem Körper zusammengebracht. So lässt sich der Oberkörper gleichsam mit einer steigenden, öffnenden und sinkenden, schließenden Welle harmonisieren. Auch beim mehrfachen sanften Drücken des Tanzhong mit den Fingerkuppen beim Einatmen und anschließendem Lösen der Finger beim Ausatmen lässt sich ein wohltuender, eigener Rhythmus initiieren. Danach kann der Renmai mit den Händen von oben nach unten massiert und durchlässig gemacht werden.[169]

Wenn in einer Gruppe alle Anwesenden die Hände auf den Tanzhong gelegt haben und für einen Moment in dieser Haltung verweilen, stellt sich gewöhnlich eine sehr besondere Atmosphäre ein und über die Gesichter der Teilnehmer legt sich eine friedliche Stimmung. Durch das Innehalten und Sich-Selbst-Berühren im Brust- und Herzbereich kommen wir unserem inneren Erleben und Empfinden näher – hier bietet sich eine Querverbindung zum körpertherapeutischen Setting an. So bitten Körpertherapeutinnen ihre Klienten manchmal darum, für einen Augenblick innezuhalten, im Bauch- oder Brustraum zu verweilen, in den Körper hinein und dort den Empfindungen nachzuspüren. So wird der Zugang zum eigenen Erleben intensiviert.

„Wie ich mit mir selbst bin" meint bei dem Psychotherapeuten Klaus Renn eine freundlich-neugierige Zuwendung und Beziehung zu sich selbst. Problemlösungen können auf diese Weise aus konkretem, körperlichem Erleben heraus erwachsen – meist begleitet von einem tiefen Atemzug, einem kleinen Aha-Erlebnis: es macht „Klick" in uns und damit ist ein körperlich wahrnehmbarer Vorgang gemeint.[170]

Drücken und klopfen, massieren und ausstreichen – den Selbstberührungs- und Selbstmassage-Übungen kommt im Rahmen der traditionellen Gesundheitsförderung eine wichtige

Bedeutung zu. Sie verstärken den eigenen, aktiven Anteil, können selbständig durchgeführt werden und machen unabhängiger von äußeren Umständen oder auch von der Anwesenheit anderer Menschen. Eine besonders günstige Zeit für die Selbstmassage ist die Zeit vor dem Schlafengehen.

Im Taiji und Qigong begegnen wir immer wieder dem „Mingmen" (Tor des Lebens; Punkt 4) auf der Mittellinie (Dumai) des Rückens, etwa auf der Höhe des zweiten bis dritten Lendenwirbels, zwischen den beiden Nieren. Im Lehrsystem von Jiao Guorui entspricht das Mingmen dem hinteren Dantian. Nun ist dieser Punkt nicht immer gut spürbar und es bedarf einiger Erfahrung, sich mit dem Lebenstor nach und nach vertrauter zu machen. Hilfreich dabei kann sein, immer mal wieder eine Hand auf den Mingmen zu legen und bei Atem- sowie bei Bewegungsübungen das Öffnen und Schließen dieser Körperregion wahrzunehmen.

Bei Übungen zu zweit kann dieses „Handauflegen" im Bereich des unteren Rückens durch eine Partnerin ebenfalls als unterstützende und wärmende Erfahrung empfunden und erlebt werden. Ein psychologischer Aspekt ist dabei besonders das Anlehnen und Haltfinden: schließlich wissen wir oft nicht, was sich hinter uns, in unserem Rückenbereich, abspielt, ob hier ausreichend Schutz besteht und wir uns sicher fühlen können.

Bei der detaillierten Beschreibung von Leitbahnen und Akupunkturpunkten ist deutlich geworden, dass insbesondere die Energiezentren im Bereich des Nabels nicht leicht voneinander zu unterscheiden sind. So gilt denn auch für die Praxis: wenn wir uns beim Üben zu sehr auf diese Punkte konzentrieren, entspricht das nicht dem Geist des Qigong. Bei übertriebener Anstrengung und Detailgenauigkeit gehen Leichtigkeit und Freude an den Übungen verloren.

In der altindischen Krankheitslehre beeinflussen drei Konstitutionstypen, die sogenannten „Doshas", das körperliche und seelische Potential des Menschen. Mit Blick auf die Zunahme von Zivilisations- und Stress-Erkrankungen, von Überforderung und Burnout geht die Ayurveda-Medizin davon aus, dass wir in einer „Vata-Zeit" leben. Bei vielen Menschen sei dieses Dosha zu stark. In der traditionellen indischen Medizin, die auch Elemente aus dem Yoga und der Meditation einbezieht, machen die drei „Doshas" Vata, Pitta und Kapha eine Art „Dreiklang" unserer Persönlichkeit aus: wenn wir gesund sind, befinden sie sich in einer guten Ausgeglichenheit. So wird auch im Ayurveda von einem Ungleichgewicht grundlegender Prinzipien ausgegangen, wenn Störungen vorliegen.[171]

Immer wieder ist vom außergewöhnlich guten Gesundheitszustand der älteren Bevölkerung auf der japanischen Insel Okinawa zu lesen. Hier leben besonders viele 100-Jährige. Diese Menschen leben sehr traditionell, bewegen sich regelmäßig, bestellen auch im hohen Alter ihre Gärten und kümmern sich umeinander. Der soziale Zusammenhalt und die Anteilnahme sind groß. Sie kümmern sich um die Umwelt und die Natur, essen viel Obst und Gemüse aus eigenem Anbau. Und sie lassen sich anscheinend für alles ein wenig mehr Zeit.[172]

Für den TCM-Arzt Georg Weidinger sind das genau jene Aspekte, welche die Mitte stärken. „Wenn man seine Mitte hat", so der Autor, „kann man seinen Instinkten vertrauen und weiß, was man essen und trinken, wo man schlafen und wie man leben soll."[172] In diesem Sinne kann sich aus der Verbindung zur Mitte Vertrauen in das Leben entfalten. Und es lässt sich offenbar gesünder älter werden, wenn man sich stetig der Lebensführung widmet und gelassen bleibt.

In meinem Umfeld leben einige Menschen, die älter als 90 sind. Ihnen gemeinsam ist ein geregelter Tagesablauf mit Bewegung und ausreichend Schlaf, mit gesunden und zugleich maßvollen Mahlzeiten, mit Freude am Austausch mit anderen Menschen und hier vor allem mit einem allgemeinen Interesse daran, was sich um sie herum abspielt. „Die Mitte?" Meine 94jährige Nachbarin schmunzelt und ihre Augen sind hellwach. Und dann ergänzt sie noch: „Das ist aber interessant!"

動功

Übungen in Bewegung
donggong

ESSAY 13

SEID PÜNKTLICH, WIR WOLLEN TANZEN! WIE DAS GEHIRN SICH ANPASST UND NEURONEN SICH NEU VERKNÜPFEN. WIDERSTREITENDE UND SPIRALIGE KRÄFTE. SOKRATES DREHT SICH AM ENDE STAUNEND IM TANZE.

> Ich glaube, wir lernen durch Erfahrung. Ob wir durch Tanzerfahrung lernen zu tanzen oder durch Lebenserfahrung lernen zu leben, macht dabei keinen Unterschied. In beiden Fällen ist die unbeirrbare und präzise Ausführung einer Reihe von Tätigkeiten unseres Körpers oder Geistes ausschlaggebend für den Erfolg und damit ausschlaggebend für den Sinn unseres Daseins und die Erfüllung unseres Lebens.
>
> *Martha Graham*

Dieses Essay ist dem Tanz und den spiraligen Kräften gewidmet. An den Anfang habe ich zunächst die „Entdeckung" der Neuroplastizität gestellt. Diese kam in der Hirnforschung einer Revolution gleich: mit Neuroplastizität ist die Fähigkeit des Gehirns gemeint, seine Struktur und Organisation kontinuierlich an veränderte Bedingungen und neue Anforderungen anzupassen. Damit das gelingen kann, werden immerzu neuronale Systeme auf andere Weise verknüpft oder Neuronen bilden sich sogar gänzlich neu. Das Gehirn ist während eines gesamten Lebens dazu in der Lage, sich durch gezieltes Training oder aufgrund neuartiger Erfahrungen „umzubauen". Das war die Geburtsstunde des „lebenslangen Lernens".

Im Gehirn wachsen vor allem jene Bereiche besonders stark, die öfter genutzt werden („use it or loose it"). Diese neuronalen Strukturen sind vergleichbar mit zunächst schmalen Pfaden, die sich bei häufigerer Nutzung zu breiteren Straßen entwickeln können. So werden die eingeübten Verhaltensweisen allmählich vertrauter und selbstverständlicher, integrieren sich in das uns zur Verfügung stehende Repertoire – zumindest so lange, wie sie auch genutzt werden.

Nun lehren uns achtsamkeitsbasierte Methoden, dass durch das Lenken der Aufmerksamkeit, durch das bewusste Fokussieren von Energie und Information, bestimmte Regionen im Gehirn aktiviert und somit neuronale Veränderungen herbeigeführt werden können. Wenn wir die Aufmerksamkeit wiederholt auf eine für uns günstige, wohltuende Erfahrung und auf die damit verbundenen (positiven) Gefühle richten, können neue synaptische Verbindungen entstehen.

In der eiszeitlichen „Säbelzahntiger-Epoche" hat der Mensch gelernt, Gefahren zu erkennen und mit diesen umzugehen. Er hat das Wissen darum erworben, wie man sich Überleben und Überlebensvorteile sichert. Daraus erklärt sich evolutionsgeschichtlich, weshalb das menschliche Gehirn stets auf der Hut sein musste und eher einen „Hang zum Negativen" entwickelt hat. Wenn Negatives und Positives in jeweils gleicher Intensität zur Verfügung gestellt wird, reagiert unser Gehirn stärker auf das Negative und speichert es besonders schnell ab. Damit positive Erfahrungen in den Langzeitspeicher gelangen, müssen sie länger beachtet und häufiger wiederholt werden.

Auch das erstmalige „Eintreten in das Haus des Qigong" kommt einer neuen Erfahrung gleich. Theorie und Praxis der Methoden sind zunächst nicht vertraut und mögen fremdartig wirken. Und doch wird gewöhnlich bald spürbar, dass es um das Potential latenter Lebensenergien geht, „das in den tiefsten Schichten der Lebenskraft verborgen ist und dort darauf wartet, dass sein Besitzer es freilege und sich nutzbar mache." – Kursteilnehmer haben „berichtet über das allmählich gewonnene Verständnis bezüglich dieser Lebenskräfte, ihre Mobilisierung, Kultivierung und Ausübung der aktiven Kontrolle mit dem Ziel einer positiven Wirkung für die eigene Gesundheit."[(173)]

Vorstellung und Bewusstsein werden bei Jiao Guorui als die höchsten Ausdrucksformen der menschlichen Lebenskraft beschrieben. „Die Vorstellungskraft ist ein zentraler Aspekt des

Qigong und ein Unterscheidungsmerkmal zu anderen Bewegungsmethoden. Die Wirkkraft positiver Vorstellungen wird in der Qigong-Übungspraxis genutzt. Bewegungen oder Körperhaltungen werden mit einer Imagination und/oder Kognition verbunden, und so bekommen die Übungen mehr Gehalt und Bedeutung als eine rein körperlich ausgeführte gymnastische Bewegung."[174]

Mit Vorstellungskraft sind hier alle geistigen Aktivitäten gemeint: der innere Blick, die Gedanken und Wahrnehmungen. In jene Bereiche des Körpers, in die das Bewusstsein und die Vorstellung gelenkt werden, fließt auch das Qi. Das menschliche Gehirn nimmt die Form dessen an, worauf sich regelmäßig der Geist richtet – auf dieser Grundlage hat auch der Neuropsychologe Rick Hanson eine gezielte Kultivierung positiver Geisteszustände im Blick, wenn er schreibt: „Wir können allein durch mentale Aktivität jene neuronalen Netze stimulieren und stärken, die den positiven Qualitäten, inneren Kraftquellen und dem Glück des Geistes und des Herzens zugrunde liegen." Durch die stärkere Ausrichtung der geistigen Aktivität auf positive Erfahrungen entwickelt sich allmählich die Fähigkeit, besser mit Zeiten erhöhter Sensibilität und Anfälligkeit für Stress zurechtzukommen. Das Gehirn wird dadurch Resilienz* entwickeln und dabei unterstützen, auch in schwierigen Situationen Stärke zu zeigen.[175]

Für psychotherapeutische Behandlungsmöglichkeiten ergeben sich daraus ebenfalls Konsequenzen. Aus den von Klaus Grawe zusammen getragenen Untersuchungsergebnissen wird deutlich, dass die Einflüsse, die dauerhaft Erleben und Verhalten verändern können, „intensiv und langanhaltend sein müssen. Nur intensive Bahnung der erwünschten Abläufe führt dazu, dass sie eine strukturelle Grundlage im Gehirn erhalten. Erst dann ist die Voraussetzung dafür gegeben, dass die therapieinduzierten Veränderungen von Dauer sind." Möglicherweise sind therapeutische Bemühungen manchmal nicht intensiv und nicht häufig genug.[176]

Auch „liegt es auf der Hand, dass bei einem frühzeitigen Beginn der Psychotherapie die Chancen zur Veränderung am größten sind." Von besonderer Bedeutung ist dabei der Kontakt zum Psychotherapeuten. Dessen Aufgabe besteht darin, eine positive Beziehungserfahrung zu

* Mit Resilienz ist eine besondere Kraft der Psyche gemeint, mit Belastungen umzugehen.

ermöglichen. Dadurch können im besten Fall die alten, in der Regel eher ungünstigen Erfahrungen mit frühen Bezugspersonen „überschrieben“ werden.[177]

Das liest sich einfach und doch gestalten sich die Begegnung und Zusammenarbeit in der Therapie stets zwischen zwei Menschen, die sich zunächst als Fremde begegnen. Wir wissen immer noch nicht genug über die weniger erfolgreichen Beziehungen im therapeutischen Kontext. Auch sind Therapieplätze rar und entsprechend ist die Auswahl für Hilfe suchende Menschen nicht eben üppig.

Gute Erfahrungen lassen sich bei einer Vielzahl von Aktivitäten machen: so wird das Singen als „ein ideales Training für Selbstreferenz, Selbstkontrolle, Selbststeuerung und Selbstkorrektur“ beschrieben.[178] Auch rhythmische Bewegungsabläufe, die über einen längeren Zeitraum hinweg geübt werden, erweisen sich als günstig. Sie können dazu beitragen, starke Erregungsmuster zu beruhigen und im Nervensystem Entspannung einzuleiten. Rhythmus als ein aufeinander abgestimmtes Wechselspiel lässt uns an einer Struktur, an einer Ordnung teilhaben oder diese selbst herstellen.

Die positive Beziehung zwischen Bewegung und Heilung konnte hinreichend nachgewiesen werden. In der körperorientierten Arbeit haben sich achtsames Gehen oder auch einfache Tänze als hilfreich erwiesen, um insbesondere zu Beginn des Prozesses eine Grundsicherheit herbeizuführen. Über das Selbsterleben des Körperlichen kann ein besonders guter Zugang zu allen Ebenen des Verhaltens und Erlebens gelingen.

Nun gibt es zahlreiche Ansätze der Annäherung an die Frage, wie es gelingen kann, mit „Leibes-Übungen“ die Selbstheilungskräfte des Körpers zu stimulieren und das Vertrauen in den eigenen Körper und seine Lebenskräfte zu stärken. Die Philosophin Annegret Stopczyk ergreift die leibphilosophische Perspektive mit dem Ziel, die Trennung von Leib und Seele, von Körper und Geist als Illusion erfahrbar zu machen. Davon ausgehend, dass „der Körper mehr weiß, als wir denken“, könnten wir uns in körperlicher Richtung mehr sensibilisieren und einen „Leib-Sinn“ als Erkenntnisorgan entwickeln. Wer die Welt weniger begrenzt wahrnimmt, so ihre Schlussfolgerung, findet mehr Gelegenheiten, eine Aufgabe in der Welt zu finden.[179]

Der folgende Text aus den Frühlings- und Herbstannalen gehört zu den fünf Klassikern, die Konfuzius zugeschrieben werden: „Im Anfang des Herrschers Tau Tang staute sich die dunkle Kraft in hohem Grade und sammelte sich in der Tiefe. Der Lauf des Lichten wurde gehemmt, so dass es sich nicht mehr der Ordnung nach auswirken konnte. Die Stimmung des Volkes wurde trübe und träge. Die Sehnen und Knochen entspannten sich und gehorchten nicht mehr. Da erfand er den Tanz, um die Leute wieder zur Bewegung anzuleiten."[145]

> Am Anfang war der Tanz und nicht das Wort.
> **Rudolf von Laban**

Bereits „sehr alte historische Aufzeichnungen dokumentieren den Gebrauch des Tanzes als Heilmethode sowie die Nachahmung von Tierbewegungen zum Abwenden von Unheil. Dabei wurde nicht grundsätzlich zwischen Unheil, welches den Menschen betrifft, wie etwa Krankheit, und Unheil im Sinne von Naturkatastrophen unterschieden. So wurde etwa der Bärentanz zur Regulierung der Wasserstraßen aufgeführt. Ebenso gab es Tänze zum Vertreiben innerer Dämonen, die als ursächlich für krankhafte Beschwerden angesehen wurden." Die Bezeichnungen „Das Spiel der Tiere" und „Der Tanz der Tiere" werden in den alten Texten abwechselnd und gleichbedeutend verwendet. Heute spricht man hauptsächlich vom „Spiel der 5 Tiere" . Dabei sollen „Natürlichkeit, Unbefangenheit und Freude" das Praktizieren der Tierbewegungen begleiten.[180]

Nach dem Kennenlernen der Bewegungssequenzen von Bär, Kranich, Tiger, Hirsch und Affe wird in einem nächsten Schritt der spielerische Aspekt in die Übung mit einbezogen: Natürlichkeit und auch die Wildheit der Tiere werden zum Ausdruck gebracht. „Durch das Üben dieser Wildheit," so Jiao, „verbindet sich der Rhythmus des eigenen Lebens mit dem Rhythmus der Natur. Das Wiedererlangen der Verbindung mit der Natur führt zu einem inneren Wohlgefühl und dieses wiederum kann als ein Zeichen für harmonische physische und psychische Funktionen" betrachtet werden.[180]

Wer Kurse bei der Medizinischen Gesellschaft für Qigong Yangsheng e.V. besucht, erfährt eine verlässliche, standardisierte Tages- und Seminar-Struktur. Nach drei Stunden Unterricht am Vormittag gibt es in der Zeit zwischen 12 und 15 Uhr eine dreistündige Mittagspause und anschließend wiederum eine dreistündige Seminarzeit. Der Unterricht vormittags und nachmittags besteht aus abwechselnden Übungs- und Theorie-Einheiten. Auf diese Weise werden wesentliche, Sicherheit und Orientierung bietende Rahmenbedingungen geschaffen, die es insbesondere in der Anfangszeit ermöglichen, sich mit den vielfältigen Aspekten und Prinzipien des Qigong nach und nach vertraut zu machen.

Umso überraschender kam dann in einem Seminar mit länger schon Qigong Praktizierenden zu Beginn der Mittagspause die Ankündigung unserer Lehrerin, wir sollten uns pünktlich um 15 Uhr wieder im Seminarraum einfinden: wir würden mit Musik und Tanz in den Nachmittag starten. Das war neu und die Neugierde entsprechend groß. Alle waren frühzeitig zurück im Übungsraum. Was dann geschah, war eher unspektakulär: wir bewegten uns zu Musikrhythmen spielerisch im freien Tanz und so erfolgte ein erster Schritt hin zu einer Lockerung der Abläufe, mehr Geschmeidigkeit in der Bewegung und individuellem Ausdruck.

Die Loslösung von der festen, erlernten Form erwies sich dabei als eine Aufgabe, die auch erst bewältigt werden wollte. Ich war beeindruckt davon, wie sehr die erlernten Formen über die Jahre des Übens hinweg Eingang in mein Bewegungsrepertoire gefunden und sich dort etabliert hatten. Entsprechend schwer fiel es zunächst, sich davon zu lösen und in der freieren Form wohlzufühlen. Das Haus des Qigong hat viele Türen: hier lernten wir mit dem freien Tanz eine weitere, sehr wohltuende Ausdrucksform kennen.

> Beim Tanzen und beim Bogenschießen zeigt sich Wahrhaftigkeit.
> Die Menschen im Altertum wurden in Tanz und Bogenschießen
> unterwiesen, damit sie zur Vollendung gelangen konnten.
>
> **Jinsilu (Aufzeichnungen des Nachdenkens über Naheliegendes)**

Für die Tänzerin und Choreografin Martha Graham erklärt sich die Faszination des Tanzes daraus, dass er gleichsam als Symbol der Bewältigung unseres Lebens gelten kann. Kunst ist zeitlos in dem Sinne, dass sie die innere Landschaft, die Seele des Menschen zeigt. „Oft ist mir der Ausdruck „Tanz des Lebens" begegnet", schreibt Martha Graham in ihrer Autobiografie. „Diese Formulierung berührt mich zutiefst, denn das Medium, durch das sich der Tanz mitteilt, ist dasselbe, durch das auch unser Leben gelebt wird – der menschliche Körper."[181]

Auch die Forschung (beispielhaft die Standford-Studie 2010) hat sich mit der gesundheitsfördernden Wirkung des Tanzens beschäftigt. Im Vergleich zu allen anderen körperlichen Aktivitäten wie Schwimmen, Radfahren oder auch Hausarbeit, kann (regelmäßiges) Tanzen (mit unterschiedlichen Choreografien) als beste Prävention gegen Alzheimer und andere Demenzerkrankungen gelten. Musik und Tanz sind universelle Kraftquellen, die zu innerer Stabilität beitragen können. Hierbei ist es nicht wichtig, wie die Bewegung aussieht, sondern wie sie sich anfühlt.

Im Lehrsystem Qigong Yangsheng werden drei Stufen des Übens beschrieben. In der ersten Stufe wird in fester, meist stehender Position geübt. Danach werden die Übungen im Gehen praktiziert und in der dritten Stufe kann in der freien Form auch das eine und andere „Tänzchen" gewagt werden. In der freien Form werden die Elemente der Übungen nicht mehr in der ursprünglichen Reihenfolge und auch nicht in festgelegten Bewegungsmustern geübt. Stattdessen gibt es nunmehr selbstgewählte Abfolgen und Variationen, die spielerisch zu einem harmonischen Ganzen zusammengefügt werden.[182] So kann jeweils eine individuelle Choreografie ausprobiert werden. Indem man tänzerische Elemente vermehrt in alltägliche Situationen einfließen lässt, kann sich auch hier mehr Leichtigkeit entwickeln.

Im Spiel der Tiere mag die Verspieltheit auf den ersten Blick vielleicht am ehesten beim Affen zutage treten. Zugleich gilt das Spiel als ein Schlüsselpunkt, der nach dem Erlernen der Grundlagen bei allen Tieren beachtet werden darf. Es ist faszinierend, wie viele Nuancen man auch in das Spiel des in der Natur oft so steif und staksig wirkenden Hirschen legen kann: typisch für den „Meister des Laufens" ist viel Dehnung und Streckung. Zugleich sollten die Bewegungen beim

Üben allerdings „behende und mühelos" sein, „durch keinerlei Beschränkungen gehemmt." – „In den gestreckten Körperhaltungen und den ausdehnenden Bewegungen des Hirschspiels achtet man in besonderem Maße auf Entspannung und Lockerheit".[180]

Auch im täglichen Leben gibt es immer wieder Situationen, die mit Ambivalenzen und konfusen Bewertungen einhergehen. Manchmal erwächst dann der Wunsch nach einer Vereinfachung, einer Eindeutigkeit, die in der Komplexität und Mehrdeutigkeit der Lebenswirklichkeit Orientierung geben soll. Einfache Antworten scheinen dann eine Option zu sein, um keine Ambiguität aushalten zu müssen.

Damit sind wir bei einem weiteren Begriff angekommen, der aus der Psychologie nicht mehr wegzudenken ist. Die Entwicklung der sogenannten Ambiguitätstoleranz kann als ein Aspekt der Reifung der menschlichen Psyche verstanden werden. Mit ihr erlangen wir die Fähigkeit, mehrere Wahrheiten oder Wirklichkeiten nebeneinander stehen zu lassen, mehrdeutige Situationen und widersprüchliche Handlungsweisen auszuhalten und mit einem solchen facettenreichen Gebilde des Sowohl-als auch zurecht zu kommen.

> Leben vollzieht sich als Bewegung im Spiel der Kräfte.
> *Jiao Guorui*

Diesem Phänomen begegnen wir auch in der Selbstwahrnehmung: so kann man sowohl angespannt als auch entspannt sein. In der Qigong- und Taiji-Praxis geht es in jedem Augenblick um das Maß von Anspannung und Entspannung sowie um deren Verhältnis zueinander. Hilfreich können hier die manchmal angegebenen Zahlenverhältnisse bei der Gewichtsverlagerung oder zur Sicherstellung von „unterer Stabilität und oberer Leichtigkeit" sein, die immer „unten sieben und oben drei" beträgt. Darüber hinaus bedarf es einer fortwährenden Anpassung.

„Das Erreichen eines gut ausgewogenen Zustandes von Anspannung und Entspannung steht in engem Zusammenhang mit der Anwendung von widerstreitenden Kräften. Niemals wird eine Kraft oder eine Kraftvorstellung in nur eine Richtung angewandt. Geht eine Kraft nach links, so geht auch eine Kraft nach rechts, strebt eine Kraft nach vorn, so strebt auch eine

Kraft nach hinten, eine nach oben aufrichtende Kraft entsteht aus einer nach unten wurzelnden Kraft. Solche widerstreitenden Kräfte," so Jiao Guorui, „in immer feinerer Nuancierung angewandt, führen zu einer subtilen Ausgewogenheit."[173]

Ich begreife die widerstreitenden Kräfte als weitere Optionen im persönlichen Methodenkoffer. Sie können aktiv angewandt, Haltung und Kraftentfaltung selbständig reguliert werden. Mit der Zeit entwickelt sich so ein Gespür für unterschiedliche Kraftqualitäten. Die körperlich-geistige Erfahrung der Wahrnehmung und schließlich des feinen Ausbalancierens widerstreitender Kräfte im Qigong kann auch im Kontakt mit anderen dabei helfen, sich aus Verwirrungen besser zu lösen und zu distanzieren.

Wir müssen nicht auf jedes Pferd aufsteigen, das vorbei gelaufen kommt – geht es doch darum, sich emotionale Unabhängigkeit und Selbstständigkeit zu bewahren. Durch eine beständige Qigong-, Taiji- und Yoga-Praxis vermehren sich Gesundheit und innere Kraft sowie die äußere und innere Aufrichtung. Atmung und Konzentration vertiefen sich, Ausdauer und Geduld werden gefördert und wir gelangen besser in die geistige Ruhe und Klarheit. Dadurch erweitern sich wie von selbst auch die Handlungsspielräume im Alltag.

Bei Patanjali, dem indischen Gelehrten und Verfasser des Yoga-Sutra, des klassischen Leitfadens des Yoga, gibt es in ähnlicher Weise wie oben das Konzept der widerstreitenden Kräfte: so wird es als das Ziel des Yoga angesehen, das innere Chaos der widerstreitenden Antriebe und Gedanken zu besänftigen. Auch der Yoga gilt als eine dynamische innere Erfahrung, die den Körper, die Sinne, den Geist und den Verstand mit dem Selbst in Einklang bringt.[184]

> Leben vollzieht sich als Bewegung im Spiel der Kräfte.
>
> *Jiao Guorui*

Auch für Ilse Middendorf (1910-2009) ist es das Wichtigste, seinen eigenen Rhythmus zu finden. „Und wenn man den gefunden hat, ist man zuhause". Bei der großen alten Dame der Atemtherapie findet sich der Leitgedanke von der kreisenden Kraft des Daseins und so bietet sich hier ein fließender Übergang zum Thema Spirale an: „Es scheint so, dass das gesamte Leben, das wir kennen, aus Spiralen entsteht.“[185]

Die „spiralige Kraft“ als eine Urform im Universum ist ein Begriff, der zu allen Zeiten eine große Rolle gespielt hat und oft mit einer spirituellen Betrachtung einhergeht. Die Spirale ist dynamisch und bringt Bewegung. Sie dreht und wirbelt und tanzt. Sie kommt nahe und entfernt sich wieder. Alles Statische und Festgelegte ist ihr fremd. Die Spirale ist ein Symbol für Veränderung und Leichtigkeit.

Erstmals begegnet bin ich den Spiralkräften in der Arbeit des österreichischen Naturbeobachters Viktor Schauberger (1885-1958). Hier werden Spiralen und Wirbel als die natürlichen Bewegungsformen des Lebens beschrieben. Diese verlaufen demnach „nicht geradlinig, sondern spiralförmig“ [...] „Spiralen sind die Form, die fließende Energie annimmt, wenn sie sich aus dem Chaos heraus in einen Zustand der Ordnung hinein entwickelt“.[186] Auch das Phänomen der Verwirbelung in fließenden Gewässern wurde von Schauberger untersucht. Dabei stellte er fest, dass verwirbeltes Wasser eine größere innere Oberfläche besitzt und so vermehrt Sauerstoff bindet. In einem natürlichen Wasserlauf wird Wasser ständig verwirbelt, neu strukturiert und mit Sauerstoff versorgt. Die Kraft liegt also im natürlichen Fluss.[186]

Im menschlichen Körper scheint die Energie sich ebenso spiralförmig zu bewegen und nahezu alle Strukturen sind spiralig angeordnet. Bei unseren Bewegungen nutzen wir die Mobilität und Stabilität von Spiralen im Körper. Beim Gehen und Laufen etwa profitieren wir von der dreidimensionalen Beweglichkeit der Wirbelsäule. Auch in der Natur gibt es viele Beispiele für die Spiralform: die Galaxie, in der sich die Erde befindet, ist eine Spiralgalaxie; die Doppelhelix-Struktur der DNA gleicht einer gedrehten Strickleiter; eindrücklich zeigt sich die Spiralform in den Häusern von Muscheln und Schnecken; Spinnentiere weben mit einem elastischen, klebrigen Faden jene Spirale, in der sich Insekten verfangen sollen. Leider nehmen wir Pflanzen meist als festgewachsene Organismen wahr, die an Ort und Stelle verwurzelt und somit unfähig scheinen, sich von der Stelle zu bewegen.

Tatsächlich gibt es spiralige Kräfte auch in der Pflanzenwelt. Hier sind die Bewegungen von Pflanzen am besten bei Zeitrafferaufnahmen sichtbar. Lange bevor diese angewandt wurden, hatte der unermüdliche Naturforscher Charles Darwin (1809-1882) bereits herausgefunden, „dass alle Pflanzen in einer spiralförmigen Bewegung schwingen". Das Spiralmuster, die Größe und die Geschwindigkeit, variieren von einer Art zur anderen. „Diese Individualität in der Bewegung" wird durch die Umgebung sowie Faktoren innerhalb der Pflanze beeinflusst. „Darwin war von diesen Bewegungen fasziniert" und kam zu der Schlussfolgerung, „dass die spiralig oszillierenden Tänze die Triebkraft für alle pflanzliche Bewegung sind".[(187)]

Ebenso können die Zeit und ihre Rhythmen wie eine Spirale gezeichnet werden. Vielleicht können wir inmitten unserer Beschleunigungskultur auf diese Weise auch dem flinken Geist eine Anregung zur Beruhigung geben. In Rilkes bekanntem Gedicht vollzieht sich die Eigenzeit des Lebens in wachsenden Ringen, die sich über die Dinge ziehen.

> Ich lebe mein Leben in wachsenden Ringen,
> die sich über die Dinge ziehn.
> Ich werde den letzten vielleicht nicht vollbringen,
> aber versuchen will ich ihn.
>
> **Rainer Maria Rilke**

Als Spiralbewegungen im Qigong und Taiji gelten drehende, schraubende Bewegungen, die grundsätzlich bei allen Formen geübt werden können. Wenn jede Bewegung auf einer inneren spiralförmigen Dynamik beruht, dann haben wir es auch bei den Übungsformen vor allem mit kreis- und spiralförmigen Bewegungen zu tun. Jiao Guorui unterteilt die körperliche Kraft bei den Qigong-Übungen in 14 grundlegende Kräfte. Diese unterscheiden sich nicht von den Kampfkunstkräften. Jedoch werden sie „in den gesundheitsfördernden Übungen des Qigong Yangsheng [...] sanft, mit dem richtigen Maß bezüglich einer Anwendung als lebenspflegender Kraft praktiziert. [...] Die in den praktischen Übungen angewandten Kräfte sind meist aus verschiedenen [...] grundlegenden Kräften zusammengesetzt."[(180)]

„Ning („drehen", „schrauben") gehört zu den spiraligen, schraubenförmigen Kraftentfaltungen und gilt in dieser Kategorie als relativ starke Kraft. Es ist dieselbe Kraft, die man benötigt, um nasse Kleidungsstücke auszuwringen oder auch die Kraft, die man benötigt, um eine Schraube festzudrehen." Im Tierspiel wird die Kraft Ning beispielsweise mit den Bewegungen des Bären geübt.[180]

Über die spiraligen Kräfte habe ich auch mit meiner klugen Freundin Ruth philosophiert. Wir arbeiten beide daran, die Essenz der gesundheitsfördernden Übungen des Qigong immer noch besser zu verstehen -- jede auf ihre Weise. Ruth hat bereits zu einem recht frühen Zeitpunkt von den spiraligen Kräften gesprochen. Ich hatte zu dieser Zeit wenig Ahnung, wovon sie spricht. Heute sind wir uns einig darüber, dass die feinen Kraftnuancen vor allem über die direkte, körperlich-geistige Erfahrung erlebbar sind. Insofern erleben wir beide immer mal wieder während einer Übungssequenz ein durch das Spüren von spiraligen Kräften ausgelöstes Aha-Erlebnis.

Es gleicht dem Eintauchen in eine spirituelle Erfahrung: indem das Verständnis für das Tanzen und die spiraligen Kräfte vertieft und auf verschiedenen Ebenen Verbindungen hergestellt werden, kann Schritt für Schritt eine Annäherung an die Geheimnisse des Lebens erfolgen. Mit Qigong „verfeinert sich die Selbstwahrnehmung und im Laufe der Zeit entwickelt sich ein leichterer Zugang zur inneren Mitte", so habe ich das in der Einstimmung beschrieben.

Gleichwohl ist der Weg, der zum Erkenntnisgewinn führen kann, keineswegs linear. Er wird immer eher einer Annäherungsbewegung gleichen und so ist wiederum die Vorstellung von einer Kreisbewegung hilfreich: ohne vielleicht jemals zu einem vollständigen Verständnis der traditionellen Konzepte zu gelangen, nähern wir uns in Spiralbewegungen an und erreichen mit jedem neuen Kreis eine höhere Verständnisebene. Spiralförmige Bewegungen eröffnen Körper- und Atemräume, Denk- und Handlungsspielräume.

Bei Jiao Guorui steht am Beginn einer solchen Erkenntnisspirale das beharrliche Üben, Wahrnehmen und Beobachten. Im Anschluss daran folgen ein gründliches Nachdenken und erneutes Üben. Dieses Zusammenspiel kann zu einer ersten, kleinen Erkenntnis führen. Dann schließt sich der Kreis und wir beginnen auf der nächsten Ebene wieder von vorne. Das scheint mir wahrlich eine hohe Kunst zu sein: immer wieder neu anfangen, dabei aufmerksam und geduldig bleiben.

> Will man die Wahrheit erfahren, die sich hinter Qigong verbirgt, sollte man es praktizieren.
>
> *Liu Han Wen*

Ich habe jene Art Gesellschaftsspiele, bei denen man aus dem Spiel rausgeworfen werden kann und dann wieder von vorne anfangen muss, nie wirklich gemocht. „Mensch ärgere dich nicht" zum Beispiel. Manchmal konnten die Neuanfänge – „zurück auf Start" – tatsächlich nur verhindert werden, indem man kleine Unkorrektheiten einbaute. Am besten solche, die einem niemand zutraute.

Inzwischen habe ich dazu gelernt und kann über ein positiveres Verhältnis zu Neuanfängen berichten – die Freude am „Schummeln" konnte ich mir allerdings auch bewahren. Tatsächlich beginnen wir im Leben immer wieder von vorne: in der Beziehung zu anderen Menschen und am Arbeitsplatz, wir ziehen um und beginnen an einem zunächst fremden Ort ein neues Leben, wir lernen eine Sprache oder eine Sportart, wir drücken den Startknopf für ein neues Projekt, wir erforschen Länder und Kulturen, wir treten nach einer schweren Krankheit wieder ins Leben ein, wir schlagen die erste Seite eines Buches auf.

Auch in der Qigong-Praxis gilt das Prinzip des wiederholten Anfangs. Die Kunst des (Neu-) Anfangs zeigt sich vor allem in der inneren Haltung: offen sein für die nächste Erfahrung, neugierig bleiben auf jede Entdeckung. So entwickeln sich Körper und Geist in einem zyklischen Rhythmus und zugleich ist bezüglich der eigenen Erkenntnismöglichkeiten auch Bescheidenheit angebracht. Vieles wissen wir nicht und können es auch nicht erkennen. Wie häufig meinen wir, einen Moment der Klärung und des Erkennens zu erleben. Doch dann verschwindet dieser Augenblick wieder, eine mögliche Lösung entzieht sich unserem Zugriff. Es gilt, sich nicht zu überschätzen und zugleich Vertrauen zu haben in die eigenen Möglichkeiten.

Das hat offensichtlich auch der griechische Philosoph Sokrates (469 -399 v.u.Z.) vor mehr als zweitausend Jahren erkannt: so wird von ihm erzählt, dass er im Alter von 70 Jahren noch das Tanzen lernte. Er hatte sein ganzes Leben dem Studium der Selbsterkenntnis gewidmet und kurz vor seinem Tod offenbar bemerkt, dass er einen wesentlichen Teil von sich selbst vernachlässigt hatte. Sokrates bezeichnete den Tanz schließlich als eine der großen Errungenschaften bei der Erschaffung der Welt.

Diese Erfahrung durfte ich in ähnlicher Weise machen und verbuche sie als bereichernde Erfahrung auf meinem Lernweg. Auch bin ich während der Recherchen zu diesem Essay dem Begriff „Leiblichkeit" wieder begegnet. Dabei habe ich mir nicht die Mühe gemacht, eine sorgfältige Unterscheidung von Körperlichkeit und Leiblichkeit auszuarbeiten. Stattdessen habe ich Autoren gefunden, die dem „Leib" in ihren Texten einen angemessenen Platz zuweisen.

Das trifft auch auf den Jesuiten und Zen-Meister Pater Niklaus Brantschen zu, dem hier das Schlusswort gehört: „Einen meditativen Lebensstil pflegen und weise werden heißt: im Leibe leben und eine Beziehung zu sich selber haben".[(188)]

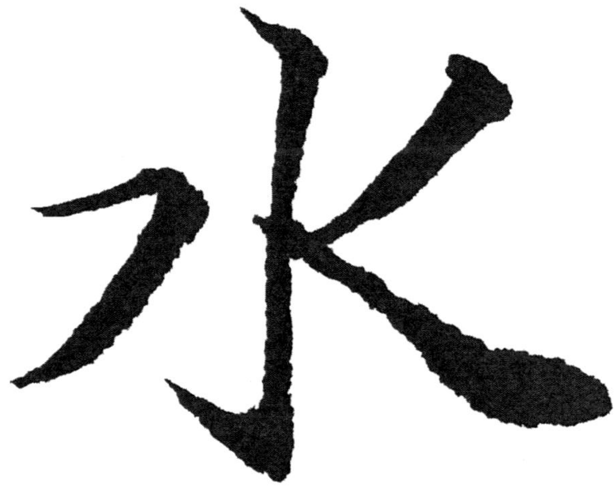

Wasser
shui

ESSAY 14

I DID IT MY WAVE. VOM SURFEN: WIE WIR DIE WELLEN DES LEBENS REITEN. DER LEBENSFLUSS: ZYKLISCH UND HEITER. ASIATISCHE GARTENKULTUR UND WEINTRINKENDE POETEN IM BAMBUSHAIN.

Du kannst die Wellen nicht aufhalten, aber du kannst lernen zu surfen.
Jon Kabat-Zinn

Wir gehören einer kleinen Gruppe von Menschen an, die sich an einem frühen Februarmorgen mit ihren Surfbrettern am Weststrand von Fuerteventura zum Unterricht treffen. Zunächst wird Theorie gelehrt: Grundlegendes über das Verhältnis von Wasser und Brett. Anschließend kommen alle schon bei den Trockenübungen ins Schwitzen. Vor den ersten Praxisversuchen im Meer dann noch eine Aufmunterung durch den Surflehrer: „Seid furchtlos, wenn ihr die Wellen auf euch zukommen seht! Es kann euch nichts passieren!"

Mit dem Eintauchen in die Kraft des Meeres und in dessen pulsierenden Rhythmus mache ich an diesem Tag eine besondere Erfahrung. Kann der Surfsport zuweilen in ein mystisches Erleben münden? Von vielen Surferinnen weiß ich, dass sie auch Yoga praktizieren. Für den französischen Philosophen Gille Deleuze besteht die entscheidende Besonderheit des Wellenreitens „im Umgang mit der Energie. Wellenreiten lebt vom Eintritt in eine entstehende Bewegung und dem Experimentieren mit dieser Energie". Wenn die Surferin nun die Welle reitet, „steigt sie ein in das angehende Werden der Welle. Hier ist verloren, wer die Situation theoretisch erfassen will. In der Welle regiert die Intuition. Es gilt, die Kräfte des Werdens im Moment ihrer Entstehung zu erfühlen und darauf zu reagieren. Der Ritt auf der Welle gelingt nur durch dieses intuitive Erfassen der Dauer – und dem freien Spiel mit ihm."[189]

Als Anfängerin war ich weit davon entfernt, einen geeigneten Zeitpunkt bei der Entstehung der Wellen zu erfassen. Stattdessen habe ich auf meinem Brett wild mit den Armen gerudert, jede Menge Salzwasser geschluckt und darüber die Zeit vergessen. Immer wieder habe ich aufs Neue versucht, auf dem Brett ins Stehen zu kommen – Spiel und Herausforderung zugleich. Augenblick für Augenblick.

Das Wellenreiten hat eine wunderbare Analogie zu den Wellen des Lebens: stets geht es darum, dabei zu bleiben, den eigenen Rhythmus zu finden, mit Höhen und Tiefen umgehen zu lernen und sich nicht von den Extremen mitreißen, sich nicht entmutigen zu lassen. Schließlich fangen wir auch im Leben immer wieder von vorne an. Kaum ist eine Sache erledigt, mahnt schon die nächste Aufgabe ihre Wichtigkeit an. Stetig sind Durchhaltevermögen und Ausdauer gefragt. Und die Fähigkeit, Prioritäten zu erkennen und immer wieder neu zu setzen.

Allgemein gelten Stressreduzierung und Entschleunigung als wichtige Aspekte eines gesunden Lebensstils. Zeit gilt als unser kostbarstes Gut. Sie lässt sich nicht festhalten und nicht zurückdrehen. Sie zeigt sich flüchtig und bewahrt ihre Geheimnisse. So lässt sie uns ein Leben lang im Unklaren darüber, wie lange die Zeitspanne sein wird, die wir zur Verfügung haben. Nahezu unbegrenzt scheint das Angebot an Ratgebern für ein besseres Zeitmanagement – dabei sind Entschleunigung und Zeitmanagement zwei Begrifflichkeiten, die wir nun schon länger in unseren Methoden-Koffern herumtragen.

Der Psychologe Alexander Rubenbauer hat darauf hingewiesen, dass es jedoch allenthalben an Mut fehle, für die ehrlichere Forderung nach "Verlangsamung" einzustehen. Bei einer kleinen Rücknahme der Beschleunigung brauche niemand eine Drosselung der gewohnten Geschwindigkeit zu fürchten. Verlangsamung hingegen würde das Fortschrittsdenken radikal in Frage stellen.[190]

Ein zunehmend bessere Ausgeglichenheit in der Lebensgestaltung ist auch das Ziel einer regelmäßigen Qigong-Übungspraxis. Vielleicht beginnen wir damit, kleine Rituale in den Alltag einzubauen. Mit zunehmender Übungserfahrung wird auch das Innehalten besser gelingen: den Augenblick wahrnehmen und dabei erwartungsvoll bleiben, sich immer wieder neu öffnen für das, was uns begegnet. Auf diese Weise können allmählich immer mehr Elemente des Alltags zu einer Übung werden – dabei dürfen wir freundlich und sanft im Umgang mit uns selbst bleiben: mit Leistungsdenken und Druck kann sich keine Harmonie von Körper, Geist und Seele einstellen.

Die Zen-Lehrerin Linda Lehrhaupt hat sich der Schulung der Achtsamkeitspraxis gewidmet. „Die Wellen des Lebens", so schreibt sie, „können wir nicht aufhalten". Durch die Achtsamkeitspraxis wird es allerdings möglich, ihnen „mit mehr Klarheit und innerer Ruhe" zu begegnen. Somit „stellen wir uns nicht gegen die Wellen, sondern lernen, auf ihnen zu reiten".(191)

Im folgenden Gedicht begegnen wir mit Zhou Xuanjing einer weisen Daoistin in der Tradition der Unsterblichen Schwestern. Gemeinsam mit ihrem Sohn wurde Zhou Xuanjing im zwölften Jahrhundert von Meister Wang Zhe unterrichtet und erhielt schließlich den Titel „Freier Mensch des Mystischen Friedens". Im Gedicht stehen „Fisch" und „Drache" für die gewöhnlichen und außergewöhnlichen Fähigkeiten des Bewusstseins, die „Stille der Wellen" für die emotionale Distanz zum Auf und Ab der Ereignisse. Der „ewige Himmel", die Offenheit, die in der daoistischen Schulung angestrebt wird, lässt das „Mondlicht" des ursprünglichen Geistes in voller Klarheit leuchten.(192)

> Fisch und Drache sind munter,
> die Wellen still –
> da bleibt nur das Mondlicht
> am ewigen Himmel.
>
> *Zhou Xuanjing*

Wir können unsere Gedanken weder zu etwas zwingen noch sie unterdrücken. Es ist nahezu unmöglich, sich gegen den Geist zu stellen. Aber wir können unsere Einfälle bemerken und betrachten, ohne sie einzuladen. Die innere Beobachterin kann wahrnehmen, was wir fühlen und denken, und so wird es zugleich möglich, Abstand zu diesen Emotionen und Gedanken zu bekommen. Wir führen einen Perspektivwechsel herbei: Beobachter und Gegenstand der Beobachtung werden voneinander getrennt und so wird es möglich, sich von der Identifikation mit den beobachteten Inhalten lösen.

Durch das Kultivieren von Achtsamkeit lässt sich auf sanftem Weg ein Zugang finden zu inneren Ressourcen und Kraftquellen. Linda Lehrhaupt unterscheidet bei der Achtsamkeitspraxis zwischen formalen Übungen, zu denen sie achtsame Körperarbeit (Yoga, Taijiquan, Qigong) und Sitz- oder Gehmeditation zählt, sowie informellen Übungen, die „so zahlreich sind wie die Betätigungen unseres täglichen Lebens selbst. [...] Denn alles, was wir tun, können wir achtsam verrichten – essen, Zähne putzen, Geschirr waschen, bügeln, die Fenster streichen, Windeln wechseln [...] Wenn wir uns entscheiden, dem, was wir gerade tun, unsere ganze Aufmerksamkeit zu widmen, bringen wir eine meditative Tiefe in unser tägliches Leben. Es ist nicht die Handlung selbst, sondern unsere Entscheidung, sie bewusst und achtsam zu verrichten, die sie zu einer Achtsamkeitsmeditation werden lässt."[(191)]

Auch ein Spaziergang am Meer kann einer Achtsamkeitsübung gleichkommen: die Beobachtung der Wellen, wie sie kommen und wie sie gehen. Keine Welle gleicht der anderen. Sand wird auf den Strand gespült und Sand wird wieder zurück ins Meer genommen. Der heutige Tag ist anders als der gestrige und ebenso wandeln sich Stimmungen, Meinungen, Aufgaben und Umstände. Warme, sonnige und weiche Episoden wechseln sich mit Zeiten ab, in denen die Bedingungen eher stürmisch, unbändig und rau daherkommen. Diese äußeren Einflüsse lassen sich nicht immer vorhersehen und schon gar nicht kontrollieren. Jedoch können wir zunehmend Einfluss auf unseren Umgang damit nehmen.

Wandlungen bringen zuweilen den Verlust von vertrautem Terrain mit sich und so ist man vorübergehend Verunsicherungen und Irritationen ausgesetzt. Jede Gewöhnung an eine neue, veränderte Situation braucht wiederum ihre Zeit. Diese gilt es sich zu nehmen – auch wenn es dafür keine Zeit zu geben scheint. Keine Zeit für jene Zeit zu haben, in der Nachdenken und Erholung stattfinden kann, erweist sich bei näherem Hinsehen als paradox.

Wohl gibt es günstigere und weniger günstige Phasen für die Umsetzung von Plänen und das Erreichen von Zielen. Die Natur macht es uns vor: nach dem Winter beginnt in der Natur das Wachstum. Im Frühjahr erwacht das Leben neu und will sich mit aller Kraft entfalten. Das ist die richtige Zeit, um zu pflanzen. Die Ernte allerdings wird erst viele Wochen später, im Herbst, eingefahren – dann ist die Zeit reif und die Früchte können geerntet werden.

„Die Natur hastet nie. Ihre Systeme kreisen in gleichmäßigem Tempo", schreibt Henry Thoreau im Jahr 1839 in sein Tagebuch. Und weiter: „Die Knospe schwillt unmerklich an, ohne Eile oder Verwirrung, als wären die kurzen Frühlingstage eine Ewigkeit. All ihre Vorgänge scheinen jeder für sich im Augenblick der einzige Zweck zu sein, auf den alles andere wartet. Warum sollte dann der Mensch eilen, als sei auch das geringste Tun für weniger als die Ewigkeit bestimmt?"[(193)]

Die Welt dreht sich in ihrem eigenen Rhythmus und wir bewegen uns mit ihr. Viele Formen von Veränderung – Neuerungen, Umgestaltungen, Abbrüche und Abweichungen – begleiten das Leben und wir empfinden sie nahezu immer als anstrengend oder gar unpassend. Dabei sind sie doch eher das Normale: lineare Abfolgen und lange Zeiten in Beständigkeit finden sich immer weniger. Weiter unten im Text werden die chinesischen Zick-Zack-Brücken wiederum daran erinnern.

Die Weisheit um den natürlichen Wandel aller Lebenszyklen bildet das Herzstück des daoistischen Denkens sowie der chinesischen Medizin. Die Theorie der fünf Wandlungsphasen dient als Grundlage für die Beschreibung aller zyklisch verlaufenden Lebensprozesse und beschreibt Werden, Wandlung und Vergehen mit Hilfe differenzierter Aspekte von Holz, Feuer, Erde, Metall und Wasser. Im alten China wurde ein komplexes Muster von Beziehungen zwischen den fünf Phasen und der menschlichen Kultur hergestellt. Alle Bereiche gesellschaftlichen Lebens waren nach den sich hieraus abgeleiteten Prinzipien geregelt. So wurden „richtige Zeiten für Aussaat und Ernte" vorgeschrieben, „für Angriff und Rückzug in der Schlacht, für Hochzeit und Zeugung, sowie für die Methoden zur Erhaltung der Gesundheit."[(194)]

Im elften Essay lassen sich Verhaltensempfehlungen für das Frühjahr aus dem „Buch des Gelben Kaisers" nachlesen, einem der ältesten Standardwerke der traditionellen chinesischen

Medizin. Innerhalb dieses Ordnungssystems wird auch das Menschenleben als Abfolge von Phasen und Zyklen beschrieben. „Die fünf Phasen bezeichnen Stadien der Transformation, Muster der Ausdehnung und Kontraktion, der Fortpflanzung und des Verdorrens. Jede Phase hat eine ihr innewohnende Urenergie, einen ontologischen Einfluss, welcher Ereignisse zu formen vermag. So gehen Menschen zum Beispiel im Verlauf ihres Lebens durch Zyklen, die den Jahreszeiten in der Natur ähneln: sie beginnen mit der Geburt und enden mit dem Tod, und dazwischen gibt es Wachstum, Reife und Verfall."[(194)]

In vergleichbarer Weise lassen sich Transformationsprozesse im Tag- und Nacht-Rhythmus, in der Ernährungslehre oder in der Funktion von Organkreisen abbilden. Auch das tägliche Leben lässt sich auf diese Weise beschreiben: „Das Aufwachen ist mit dem Holz verbunden, unsere Bewegung hin zum Zustand der völligen Wachheit mit dem Feuer. Schläfrig werden repräsentiert Metall, und der Zustand des Schlafes selbst entspricht dem Wasser. Erde repräsentiert [...] die Balance zwischen den polaren Bewegungen [...]."[(194)]

> Wie jede Blüte welkt und jede Jugend
> dem Alter weicht, blüht jede Lebensstufe,
> blüht jede Weisheit auch und jede Tugend
> zu ihrer Zeit und darf nicht ewig dauern.
>
> **Hermann Hesse**

Alles geschieht zu seiner Zeit. Mit Anstrengung und Ungeduld lässt sich ein angestrebtes Ziel kaum erreichen. Das gilt für die Alltagsbewältigung ebenso wie für das Erlernen von Übungsformen. Die Fähigkeit zur Geduld ist in der chinesischen Medizin dem Holzelement zugeordnet. Große Ungeduld könnte – vereinfacht – ein Hinweis auf eine Störung im Bereich der Holzenergie sein. Leber (Yin) und Gallenblase (Yang) gehören hierher – zwei empfindsame Funktionskreise, die gut gepflegt werden wollen. Ein aktiver Beitrag zur Pflege der Holzenergie kann auch die Übung des inneren Lächelns sein, mit deren Hilfe sich Leber und Gallenblase entspannen und sich so mancher innere Knoten lösen kann.

Durch „ein leichtes Lächeln […] werden viele Meridiane und Meridian-Punkte im Gesicht entspannt," so Meister Zhi-Chang Li. Diesem Lächeln folgt eine innere Gestimmtheit und es vermag sich „ein Gefühl sanfter, freundlicher Heiterkeit" einzustellen. Diese Praxis lässt sich noch ausweiten, indem man aus den Augen, aus dem Scheitel und aus der Brust lächelt. So kann sich im ganzen Körper ein warmes, sanftes Gefühl ausbreiten. Im Laufe der Zeit „kann das Lächeln zu einer wohltuenden kleinen Gewohnheit werden" – dabei mag eine kleine Andeutung im Gesicht bereits als Auslöser genügen.[(195)]

Meister Zhi-Chang Li lehrt eine Kombination von daoistischen und buddhistischen Übungen. Seine erste daoistische Lehrmeisterin war seine Urgroßmutter – sie führte den erst Sechsjährigen in die innere Kunst ein und prophezeite ihm, dass es 40 Jahre dauern würde, bis er sein Wissen weitergeben könnte. Tatsächlich konnte er im Alter von 46 Jahren in den Westen ausreisen und begann, in Deutschland Qigong zu unterrichten.[(195)]

Lächeln vermag eine Veränderung von Gedanken und Gefühlen herbeizuführen. Zu lächeln und zugleich negativ gestimmt zu sein, ist nahezu unmöglich. Es lohnt sich, das immer mal wieder an sich selbst auszutesten. Nun wurden uns Selbstliebe und Selbstfürsorge zumeist nicht mit auf den Weg gegeben. Sie stellen sich auch nicht automatisch ein. Vielmehr gilt es hier, einen aktiven Prozess einzuleiten: eine Hinwendung zu sich selbst, zu einer bewussten Pflege des Lebens sowie zur Erhaltung von Gesundheit und Sicherheit. „Mein Geschick liegt in mir und nicht im Himmel" meint hierzu das Baopuzi, das Buch des Meisters, der die Einfachheit umarmt.

> Der kürzeste Weg zwischen zwei Menschen ist ein Lächeln.
> *Aus China*

Ein guter Umgang mit der Geduld ist auch nach all den Jahren des Übens und Erforschens immer noch nicht meine Stärke. Wer geduldig ist, muss bereit sein, Zeit verstreichen zu lassen. Und zu akzeptieren, dass es manchmal nicht erwartungsgemäß weiter geht. Dass die Bahn später kommt. Dass Terminplanungen durcheinandergeraten. Dass der erwartete Ansprechpartner im Stau steht. Dass die Rekonvaleszenz länger dauert und dem Aktivitätsdrang (noch) nicht nachgegeben werden kann.

Wir müssen aushalten, dass Zeit verstreicht, dass etwas an uns vorbei geht. Und das sogar zwangsläufig: immerhin sind wir umgeben von einem Überfluss an Waren, Angeboten und Information und nur einen Bruchteil davon können wir für uns nutzen und in Anspruch nehmen. Wie kann aus der Unbehaglichkeit, die Aufschub, Warten Müssen und unerfüllte Wünsche mit sich bringen, ein entspannteres, vielleicht sogar heiteres Innehalten erwachsen? Lassen sich Ungeduld und Unruhe dadurch abmildern, das man sich konsequenter dem Diktat des Konsumdrucks entzieht? Dann könnte aus der Geduld eine erstrebenswerte Haltung werden, ja vielleicht sogar eine Tugend. In der Evolutionsgeschichte haben sich solche Anpassungen stets als vorteilhaft für die Überlebenschancen einer Spezies erwiesen.

Der Neurobiologe Gerald Hüther hat beschrieben, dass „die Menschen in unserem westlichen Kulturkreis bisher sehr erfolgreich darin waren, sich all das zu verschaffen und zu nutzen, was es auf der Erde an natürlichen Ressourcen gab. Raub und Plünderung, die Entwicklung von Wissenschaft und Technik sowie Entdeckungen und Erfindungen" dienten meist der Wahrung und Mehrung des Besitzstands. Wir Menschen sind schon lange „als Ressourcenausnutzer erfolgreich unterwegs und haben über Generationen hinweg die Erfahrung gemacht, dass es so geht, dass es sogar sehr gut geht und insofern keinen Grund gibt, darüber nachzudenken, ob es auch anders gehen könnte." Hüther bezeichnet unsere Kultur als „Ressourcenausnutzerkultur".[(196)]

Wir bleiben bei der Geduld, wechseln aber den Kontinent: wenn der Wiener Fotograf und Autor Bernhard Moestl „88 Wege asiatischer Gelassenheit" beschreibt, findet sich natürlich auch ein Kapitel zum Thema Geduld. Als Asien-Reisender berichtet der Autor von einer Erfahrung, die wahrscheinlich alle kennen, die in asiatischen Ländern unterwegs waren: man trägt bei jemandem, den man für zuständig hält, ein Anliegen vor. Dieses wird (meistens lächelnd) entgegengenommen und es wird versprochen, dass man sich darum kümmert. Danach geschieht erstmal nichts. Und gefühlt geschieht eine ziemlich lange Zeit nichts. Ungeduld und Ungewissheit führen schließlich zu einem Grundgefühl von Unmut und Verärgerung. Die Erfahrung geht allerdings dahin, dass das Anliegen irgendwann erledigt ist – alles wird gut und man hat völlig umsonst Stunden oder sogar Tage gegrübelt und Miss-Stimmung mit sich herumgetragen.[(197)]

Auch Moestl orientiert sich am Vergleich mit den Naturphänomenen, wenn er schreibt: „Denken Sie nur an die Bäume im Winter", die nach außen hin so wirken, als würden sie nur rumstehen und nichts tun. Tatsächlich aber bereiten sie sich in ihrem Inneren darauf vor, austreiben zu können, sobald der Frühling kommt. Seien Sie geduldig, geben Sie den Dingen Zeit, und vertrauen Sie darauf, dass alles, was Sie tun, eine Wirkung hat. Auch wenn diese nicht immer sofort zu erkennen ist."[(197)]

Das Prinzip der Harmonie und Einheit von Mensch und Natur findet eine Entsprechung auch in der chinesischen Gartengestaltung. Früher glaubte man in China, dass ein schöner, gepflegter Garten anziehend auf die Götter wirken kann. Stets berührt hat mich die Geschichte von Chinas letztem Kaiser Puyi, der bereits im Alter von zwei Jahren als Kind-Kaiser getrennt von seinen Eltern in der Verbotenen Stadt lebte. Als er vom Tod seiner Mutter erfährt, darf er diese weder sehen noch an ihrer Beerdigung teilnehmen. Die strengen Verhaltensvorschriften und Rituale in der abgeschotteten Palastanlage schränken auch den Kaiser in seinen Handlungsmöglichkeiten ein. Viele Jahre und Ereignisse später arbeitet er als Gärtner im botanischen Garten in Beijing – der Gärtner wurde in China stets als ein kultivierter Mensch angesehen, der mit den Gesetzen der Natur vertraut ist. Die Gartenkunst gilt neben Kalligrafie, Dichtung, Musik und Malerei als Methode der Lebenspflege.

Ein weiteres prominentes Beispiel ist der Philosoph Zhuangzi, der sich allen Ämtern verweigerte und lieber als Gärtner arbeitete. Diese Tätigkeit stand bei ihm für die Sehnsucht nach der Rückkehr zum Einfachen ebenso wie nach der Freiheit, nichts Besonderes zu tun und in Harmonie mit der Natur zu leben. Ein gutes Zusammenwirken von Mensch und Natur ist damals wie heute die Basis für eine Schonung von Ressourcenpotentialen.

Im Bereich der Gartenkultur gab es stets eine enge Verbindung zwischen China und Japan. Chinesische Gärten, vor allem in Südchina, wirken natürlich und lebendig. Zwischen hoch gewachsenem Bambus und zum Teil sehr altem Baumbestand finden sich traditionelle oder der früheren Architektur nachempfundene Gebäude mit geschwungenen Dächern und kleinen, bunten Figuren auf den Dachfirsten. Wasserläufe, kleine Seen und Gesteinsformationen fügen sich zu einem Ensemble, das sich natürlich und zugleich von Menschen bis ins Detail geplant präsentiert. Häufig sind zickzackförmige Brücken zu sehen. Diese sollen böse Geister abhalten, die sich nur geradeaus bewegen können. Zugleich mahnt uns die Zickzackform, den Weg des Lebens, der auch nicht geradlinig verläuft, achtsam zu gehen.

> Tief berührt mich
> die Geschmeidigkeit des Wassers,
> wenn ich sehe,
> wie es über die Steine sprudelt
> im herbstlichen Talgrund
> *Wakayama Bokusi*

Im japanischen Zengarten finden sich kaum große Pflanzen. Das fehlende Wasser wird durch weißen Kies und Sand verkörpert und sorgfältig gezogene Linien symbolisieren dann Wellenbewegungen. Der Zen-Garten ist buddhistisch und daoistisch beeinflusst – auch hier kommt das Prinzip des Yin und Yang zur Geltung. Die vom Menschen künstlich entworfene Landschaft verändert sich über die Jahreszeiten hinweg kaum, bringt so für die Meditierenden Ruhe und wenig Ablenkung.

In einem Zen-Garten soll es ruhig und geordnet aussehen: auf zu viele verspielte Details wird verzichtet. Das Unwesentliche wird ausgespart, Einfachheit und Stille ermöglichen Rückzug und Innenschau.[(198)] Auf einer Anhöhe im Norden der japanischen Stadt Kyoto, der ehemaligen Hauptstadt des japanischen Kaiserreichs und der Wiege des japanischen Buddhismus, liegt das im 14. Jahrhundert gegründete Daitoku-Ji Kloster.

Hinter den Mauern verbergen sich die Tempelgärten. Hier kann man einen Steingarten entdecken, der die chinesische Landschaft des mythischen Penglai-Berges (Penglai Shan) symbolisiert.* Der Berg wird durch einen großen Stein dargestellt. Weißer Kies drumherum symbolisiert die Wellen, die dagegen schlagen. Der heftige Wellengang kann dem Berg jedoch nichts anhaben. Er steht majestätisch und erhaben da. Selbst zum Fels in der Brandung zu werden, gilt auch als erstrebenswert für den Menschen. Hier geht es also nicht darum, die Wellen zu reiten. Vielmehr „darf sich das Herz nicht von den Wellen beeindrucken lassen. Man muss sein Herz kräftigen, um diese Stärke zu erlangen", sagt der Mönch, der sich seit sechzig Jahren um die Tempelanlage kümmert.(199)

Auch die Dichtkunst kann im weiteren Sinne als ein Aspekt der Lebenspflege verstanden werden. Sie hat sich im Reich der Mitte wie in Japan stets großer Beliebtheit erfreut. In diesem Essay finden sich zwei Kurzgedichte, sogenannte Tanka, des japanischen Dichters Wakayama Bokusui. Mit Tanka ist eine reimlose Gedichtform mit fünf Zeilen und 31 Silben gemeint, in der kurze, prägnante Momentaufnahmen des Alltags dargestellt werden.

Mit zunehmendem Alter
– jedes Jahr wieder –
wünsche ich mir:
beruhige dich mein Herz
sollst stille werden!
Wakayama Bokusui

Bereits das Manyōshū, die „Zehntausend-Blätter-Sammlung" aus dem Jahre 759, enthält über viertausend Tanka. Und diese Tradition findet sich auch heute noch: überall in Japan wird gedichtet, im ganzen Land werden Eindrücke, Stimmungen und Empfindungen in die Kurztext-Form gebracht und in Zeitungen oder Radio- und Fernseh-Sendungen veröffentlicht. Aus den Tanka hat sich später die kürzere Form des Haiku mit nur drei Zeilen und 17 Silben entwickelt.

---

* Nach ursprünglicher daoistischer Auffassung gibt es im Ostchinesischen Meer drei göttliche Berge: den Penglai-Berg, den Fangzhang-Berg und den Yingzhou-Berg. Dort sollen die Wünsche nach Unsterblichkeit in Erfüllung gehen.

Bokusui hatte sich für eine eher ärmliche Existenz als Tanka-Dichter entschieden und war dem Reiswein sehr zugetan. Auch auf dem chinesischen Festland litten die Poeten zuweilen unter Hunger und waren auf Unterstützung angewiesen. Dem Genuss von Alkohol sprachen sie reichlich zu: Wein und Reisschnaps galten als förderlich für die poetische Schöpferkraft. Im achten Essay sind wir der Dichterin und Weintrinkerin Li Qingzhao (1084-1155) begegnet. Mit Wein trinken und Seufzen versuchte auch sie, so manche Schwere des Lebens zu vertreiben.

Von dem Tang-zeitlichen Dichter Bai Juyi (772-846) stammt die Losung „Lebensbewahrung durch den Wein" – Reiswein oder Hirseschnaps vermögen im Winter die Kälte zu vertreiben, in allen Jahreszeiten die Lebensfreude zu steigern und aus dem „vom Wein durchtränkten Zinnoberfeld" sprudeln umso reicher die Verse: „Wie diesen trägen Tag verbringen? In der bleichen Wintersonne einen Becher warmen Wein, einen Beutel voller Reime".[(200)]

Den „Unsterblichen der Dichtung", Li Taibo (701-762), hat das Weintrinken derart inspiriert, dass wahrscheinlich keines seiner Werke in nüchternem Zustand geschrieben wurde. „Einsames Zechen: Ich trinke dem Schattenbild zu, / Während der Hain meine müßigen Lieder vernimmt. / Was wisst ihr langen Kiefern schon von mir? / Für wen ist eure rauschende Klage bestimmt?" Der Legende nach ist der Dichter nachts in einem Boot unterwegs gewesen, hatte ordentlich Wein getrunken und ist beim Versuch, das Spiegelbild des Mondes im Wasser zu ergreifen, aus dem Boot gefallen und ertrunken.[(200)]

„Die Tang-Dichtung" kann als „eine Reaktion auf die Unbeständigkeit der Welt" verstanden werden. „Die Kürze des Lebens, die Vergänglichkeit des Augenblicks, die Einsamkeit in der Gegenwart sind ihre Leitmotive." Den Dichtern dieser Epoche wird ein „Unbehagen in der Kultur" zugeschrieben und „vielleicht ist es", so Kai Vogelsang, „gerade dieses melancholische Gefühl von Entwurzelung, vom Verlust sozialer Bindungen und fragloser Zugehörigkeiten, das die Tang-Dichtung noch heute so zeitgemäß erscheinen lässt."[(201)] [(202)]

Li Taibo war mit dem jüngeren Dichter Du Fu (712-770) befreundet, der „sich auch als Fremder fühlte, wo immer er war."[(201)] Dessen „Strohhütte" in Chengdu im Bambushain am Bach der gewaschenen Blüten durften wir im September 2014 besuchen. Hier soll der Lyriker Du Fu, der zuweilen als „der chinesische Goethe" bezeichnet wird, fünf Jahre in Abgeschiedenheit gelebt und 240 Gedichte geschrieben haben. Heute steht inmitten eines großen Gartengeländes mit üppigem Bambus und einem gewundenen Bachlauf eine Rekonstruktion der „Strohhütte" mit Aufteilung in Studierzimmer, Schlafraum und Küche.

Der melancholische Dichter Du Fu war vor allem im Alter sehr von Krankheiten geplagt und im Lebensunterhalt auf die Hilfe und Unterstützung durch andere angewiesen. Zeitweise hat er selbst Kräuter gesammelt und verkauft. Die Dichter jener Zeit vertrauten nämlich der Kräutermedizin mehr als der teuren Medizin von Ärzten und Heilern, die „womöglich mehr Schaden anrichten als helfen."[200]

Weit weg von meinem Zuhause.
Ich weine den traurigen Herbst
und die Reisen scheinen mir endlos.
Alter Mann, allein von Krankheit überwältigt.
Ich gehe auf diese Terrasse.
Die Nöte, Schwierigkeiten und Qualen,
sie haben meine grauen Haare reichlich gemacht.
Und ich kann nicht anders, als mein Glas beiseitezustellen.

Du Fu[203]

Während der Tang-Zeit (618-907) hatte sich schließlich herumgesprochen, dass die Einnahme von Unsterblichkeitspillen, die vor allem aus Quecksilberschwefelverbindungen bestanden, in nicht wenigen Fällen zum Tod führte und als gesundheitsschädlich galt. Es ist eine skurril anmutende Besonderheit der frühen chinesischen Geschichte, dass ausgerechnet jene Menschen, die besonders eifrig nach der Unsterblichkeit suchten, auf diese Weise beizeiten zu Tode kamen.

Mit zunehmender Kenntnis über diesen Zusammenhang kam man von der „Äußeren Alchemie" ab und praktizierte eine „Innere Alchemie", bei der nun das Qi eine große Rolle spielte. Atemübungen und Lenkung der Lebenskraft Qi begründeten das System der Lebenspflege.

„Wer Qi zu führen weiß, nährt im Inneren seinen Körper und wehrt nach außen hin schädliche Einflüsse ab“, heißt es im Baopuzi, dem Werk des Meisters, der die Einfachheit umarmt.(204)

Das Wellenreiten und die Wellen des Lebens haben uns in dieses Kapitel hineingeführt: I did it my wave. Tatsächlich gibt es historische Hinweise darauf, dass bereits während der Song-Dynastie (960 -1279), die auf die Tang-Zeit folgte, auf dem Qiantang-Fluss nahe der Stadt Hangzhou eine Art Surfen praktiziert wurde. Die Kultur des Wellentretens galt als religiöse Praxis „to placate the God of the Tide“ sowie als „a source of recreation“.(205)

Das Leben am Wasser, am Fluss, am See oder am Meer, ist immer etwas Besonderes gewesen und war stets geprägt von ganz eigenen Sitten und Bräuchen. Sofern Flüsse und Bäche nicht kanalisiert wurden, bahnen sie sich ihre eigenen Wege. Wir können den Lauf des Wassers beobachten, verstehen und uns daran orientieren. Für die Geschmeidigkeit und Flexibilität in Körper und Geist bietet sich die Natur als Vorbild an.

Der Lebensfluss trägt und führt uns. Das Prinzip von Yin und Yang zeigt sich zyklisch und heiter: es vermag uns den Weg aufzuzeigen, wie wir all dem, was im Leben auf uns zukommt, gelassener entgegensehen können. Und manchmal tut es einfach gut, in der Abendsonne unten am Fluss zu sitzen und ein Gläschen Wein zu trinken.

中庸

Maß

zhongyong

ESSAY 15

DIE ALTE TUGEND MASSHALTEN: GESTERN UND HEUTE. CHINESISCHE ERNÄHRUNGSLEHRE UND DAOISTISCHE UMWELTETHIK. GEDULD HABEN GEGEN DAS UNGELÖSTE IM HERZEN. ES IST ERNTEZEIT!

Wie weit du im Leben kommst, wird davon abhängig sein, wie weit du zärtlich mit den Kleinen umgegangen bist, mitfühlend mit den Alten, Anteil nehmend mit denen, die sich anstrengen, und geduldig mit den Schwachen und den Starken. Denn eines Tages wirst du dies alles gewesen sein.

George Washington Carver

„Na schön, das wars," resümiert der Psychotherapeut Jorge Bucay in seinem Buch „Komm, ich erzähl dir eine Geschichte". Und weiter: „Während der letzten Monate habe ich versucht, ein paar von den Geschichten mit dir zu teilen, die ich den Menschen erzähle, die ich mag. Manche Geschichten beleuchten mir die dunklen Abschnitte meines eigenen Weges. Manche Geschichten haben mich Menschen nähergebracht, die ich damals wie heute für ihre Weisheit bewundere. Manche Geschichten gefallen mir einfach, bedeuten mir etwas und werden mit jedem Erzählen wichtiger."[206]

Mit den hier vorgelegten Essays habe ich den narrativen Elementen in meinem Leben nachgespürt: zurückgeblickt, Zusammenhänge hergestellt, nachgefragt, nacherzählt und neu erzählt. Der Beginn einer Geschichte, das Miterleben eines noch unverbrauchten Neuanfangs, der sich nach allen Seiten hin offen und dehnbar zeigt, eröffnete mir stets innere Freiräume, die sich den Begrenzungen der Alltagsroutine zu entziehen wussten. Zu einem späteren Zeitpunkt erwies sich dann die Begegnung mit der chinesischen Geschichte und Kultur als ein weiterer, nahezu unerschöpflich scheinender Quell an Inspiration.

Tatsächlich hatte die konventionell geprägte Enge meiner Kindheit, etwa im Haus der Großeltern, auch noch einen anderen Aspekt, der sich im Rückblick als bedeutsam erweist: inmitten eines Minimalismus und einer Einfachheit, die zwangsläufig den Umständen jener Zeit geschuldet war, fühlte ich mich geborgen und gut aufgehoben. Im Haus der Großeltern ging es in allen Bereichen des Lebens sparsam zu. So wurde im Winter nur die Küche durchgängig warmgehalten. Sonntags dann auch die gute Stube, welche den Besuchern vorbehalten war. Die anderen Zimmer wurden nicht beheizt.

Es gab dicke Federbetten und in sehr kalten Nächten Wärmflaschen und Wollsocken an die Füße. Samstag abends heizte man im Keller die Waschküche ein und wir Kinder wurden nacheinander durch die einzige Badewanne im Haus geschleust. Morgens beim Aufwachen fiel der Blick auf die zarten Eisblumen am Fenster, die sich erst im Laufe des Tages auflösten und dann in schmalen Rinnsalen am Glas nach unten in den Rahmen liefen.

Wir vermissten nichts und litten keine Not, es war genug da. Allerdings alles zu seiner Zeit. Man folgte dem Jahreslauf: so gab es Eiscreme im späten Frühling und im Sommer, keinesfalls in der Zeit von Ende Oktober bis Ostern. Ähnlich verhielt es sich mit Erdbeeren und Tomaten. Das kulinarische Highlight der Weihnachtszeit war Omas Linzertorte – wenn sie aufgegessen war, musste man wieder ein ganzes Jahr warten. Wie es sich tatsächlich anfühlt, Hunger zu haben, hatten die Großeltern und Eltern im Krieg und in der Zeit danach erlebt. Entsprechend gestaltete sich die Kinder-Erziehung: es durfte nur so viel auf den Teller kommen, wie auch gegessen werden konnte. Alles sollte aufgegessen und nichts weggeworfen werden.

Wenn man im daoistischen Sinne das Leben nähren möchte, so haben wir gelesen, gilt es im Wesentlichen zwei Wege zu befolgen: ein Leben in Harmonie mit der Natur und das Prinzip der Mäßigung. Das Maßhalten bezieht sich auf alle wesentlichen Lebensbereiche, so auch auf das Essen und Trinken. Man sollte nicht zu viel und nicht zu wenig, nicht zu viel Kaltes, aber auch nicht zu viel Heißes, nicht nur Yin erhaltende, sondern auch Yang mobilisierende Speisen zu sich nehmen. Maß und Mitte liegen auch der chinesischen Diätetik zugrunde – ohne den Genussaspekt auszuschließen.

Auch in der traditionellen Ernährungslehre begegnen wir den Konzepten von Yin und Yang sowie den fünf Wandlungsphasen wieder: in der Wandlungsphase Wasser, dem Winter, dominiert das große Yin. Die Kälte ist groß, alle Lebensvorgänge sind verlangsamt, es ist die Zeit des Rückzugs und der Sammlung. Wer im Winter die Nieren pflegt und wärmt, sich ausruht und Kraft sammelt, kann so eine gesunde Basis für einen guten Start in das Frühjahr schaffen.

In der chinesischen Medizin stehen Wasser und Nieren in enger Verbindung mit der Willenskraft sowie mit Spiritualität und Weisheit. Der Nierenfunktionskreis wird aus dem Qi der Lungen (Atmung) und dem, was wir essen, genährt. Besondere Lebensmittel und Kräuter werden hier als förderlich angesehen. Suppen mit Wurzelgemüse bringen innere Wärme. Etwas mehr Salz als im Sommer sorgt dafür, dass wichtige Substanzen nach innen gezogen werden. Auch bittere Nahrungsmittel können Substanzen bewahren.[207]

Zur Stützung der Mitte und für die Behandlung von Milz-Qi-Schwäche werden eher Nahrungsmittel mit mild-süßem Geschmack empfohlen: Gerste, Hafer, Kartoffeln, Möhren und reife Früchte in gekochtem, warmem Zustand ebenso wie die bewährte Mischung von Getreide mit Hülsenfrüchten.[207] Zur Entlastung von Milz und Magen sind kleine Portionen sowie sorgfältiges Kauen beim Essen angesagt. Eine lange Tradition hat die kaum gewürzte Reissuppe, über die Buddha gesagt haben soll, dass sie „zehn Dinge schenkt: Leben und Schönheit, Leichtigkeit und Kraft; sie vertreibt Hunger, Durst und Wind; sie reinigt die Blase und die Niere und fördert die Verdauung."[208]

> Mein Meister, der Philosoph Chang spricht: Sich zu keiner Seite hinneigen, heißt Mitte, kein Schwanken zulassen, heißt Maß. Mitte bezeichnet den rechten Weg, den alle unter dem Himmel gehen sollen, Maß bezeichnet das für alle unter dem Himmel gültige Prinzip.
>
> *Zhu Xi*

Medizinische Heil- und Ernährungsaspekte sind in der chinesischen Denkweise eng miteinander verknüpft und viele Empfehlungen sind selbstverständlicher Bestandteil des Alltags in China: dazu gehören regelmäßige Mahlzeiten und das Trinken von abgekochtem warmem oder heißem Wasser zu jeder Tages- und zu jeder Jahreszeit. An chinesischen Flughäfen und Bahnhöfen, in Büros, Hotels und an öffentlichen Plätzen gibt es kostenfreie Heißwasserspender. Heißes Wasser gilt als „idealer Durstlöscher", der im Vergleich mit kalten Getränken nicht die Mitte durch Abkühlung schwächt, sondern „dem Körper Säfte zuführt, die Mitte wärmt" und so für Wohlbefinden sorgt.[(209)]

„In den altersdiätetischen Empfehlungen", so die Sinologin Gudula Linck, „ist dem Trinken wenig Raum gewidmet, so selbstverständlich und unkompliziert war und ist der Genuss von warmem Wasser. Nicht für jeden und jederzeit erschwinglich war grüner Tee [...]. Seit dem achten Jahrhundert begleitet er als Bewusstsein schärfendes Getränk die Meditation und alle anderen Künste der Gelehrtenkultur: Dichtung, Kalligrafie, Malerei."[(210)]

In den Schriften des Arztes Sun Simiao (581?-682) finden sich Empfehlungen für ältere Menschen dahingehend, dass sie „vor allem ihre Emotionen und Stimmungen besänftigen sollten, sich den vier Jahreszeiten anpassen und ausgewogen und moderat in ihren alltäglichen Aktivitäten wie Essen, Trinken, Hören und Bewegen etc. bleiben sollten".[(211)]

Insgesamt wird vor allem die Selbstkultivierung betont: „Die Lebensspanne eines Menschen," so Sun Simiao weiter, „liegt im Praktizieren der Selbstbeschränkung. Wenn der natürliche Rhythmus von Hervorbringen und Vergehen seinen Platz in dir findet, wirst du ein langes Leben erreichen, ohne zu sterben. Wenn du dich jedoch Emotionen und Begierden hingibst, wird dein Schicksal so lange wie der Morgentau dauern".[(211)]

Die auf der daoistischen Tradition basierende Ernährungsweise war vorwiegend vegetarisch. Andere Lebewesen sollten möglichst nicht leiden oder getötet werden. Zugleich wird die Hühnersuppe als heilsam für die Rekonvaleszenz oder die Anämie beschrieben. So gibt es auch in diesem Bereich keine ausschließlichen Vorgaben – vielmehr sollte sich jeder in Übereinstimmung mit der jeweiligen Lebenssituation so harmonisch wie möglich ernähren.

Harmonie, Maß und Mitte sind Begriffe, denen wir in den Essays immer wieder begegnet sind. Bei Konfuzius hält sich der edle Mensch an Maß und Mitte und kann gar nicht anders als jederzeit in der Mitte zu weilen. „Mitte steht gleichsam für das emotionale Zentrum, aus dem heraus der Mensch lebt und das er durch sein Zutun zur Geltung bringen muss." […] Das Maß (Yong) „gehört zur Mitte, seine Bedeutung liegt weniger in Mäßigkeit und im Maß halten, sondern verweist auf das Festhalten an einem Maßstab, den es durch ständige Selbstprüfung neu einzustellen gilt."(212)

Im vierten Essay hatte ich mich zunächst an den Traditionen einer lange zurück liegenden patriarchalen Gesellschaftsstruktur abgearbeitet. Bei intensiverer Beschäftigung mit den alten Texten wurde allerdings auch deutlich, dass ein tieferes Verständnis der Inhalte auch den historischen Kontext berücksichtigen muss. Dessen Betrachtung bringt jene Distanz mit sich, die mich vor übereilten Schlussfolgerungen bewahrt.

> Wahrhaftigkeit wird durch Selbstvervollkommnung erreicht, und den Weg dahin muss der Mensch selbst finden.
>
> **Konfuzius zugeschrieben**

„In der entscheidenden Epoche der Streitenden Reiche (4.-3. Jahrhundert v.Chr.) erlebte China einen großartigen Ideenaustausch zwischen zahlreichen Gedankenrichtungen und ein subtiler Gedankenausdruck bildet sich heraus. In dieser Zeit zeichnet sich alles Spätere ab: Ausgangspunkte, Lösungsansätze, Fragestellungen, Orientierung," schreibt Anne Cheng.(213). Konfuzius, so die Sinologin, hat „als Erster eine ethische Konzeption des Menschen in seiner Ganzheit und Universalität aufgestellt."(213)

Auch das Vermächtnis eines Konfuzius ist in dieser Zeit angesiedelt, in der China aus zahlreichen Fürstentümern bestand, die einander bekriegten. Da er politisch keine Wirkstätte fand, wanderte er im Reich umher, gründete Weisheitsschulen und widmete sich der Unterweisung seiner Schüler. Das mag auch ein geeignetes Momentum sein, um auf die Idee von „Wind und die Knochen" des frühen Literaten Liu Xie (um 465-522) überzuleiten. Anfangs habe ich beschrieben, wie sich die Inhalte in diesem Buch über die Zeit des Schreibens hinweg konkretisiert, verdichtet und verfeinert haben. Das war auch möglich, weil ich über die Grundlagen der chinesischen Tradition – Daoismus, Buddhismus, Konfuzianismus und Heilkunde – auf ein zusammenhaltendes Gerüst, auf die „Knochen" zurückgreifen konnte. „Literatur hängt von den Knochen ab, so wie der menschliche Körper ein Skelett braucht", so Liu Xie.(214)

In ähnlicher Weise wie sich im menschlichen Körper die Lebensenergie Qi bewegt, sollten auch literarische Texte „von Geist durchweht sein". So gibt es neben den Knochen bei Liu Xie den Wind, der als „Ursprung und Quelle von Wandel und Anrührung" beschrieben wird. Und weiter: „Wenn die Worte richtig organisiert sind, dann besitzt das Geschriebene Knochen, wenn der Wille, die Gesinnung und Vitalkraft frei fließen, dann haben wir dort den klaren Wind eines literarischen Werkes."(214)

Nun habe ich in den Essays eine sorgfältige Auswahl an Worten getroffen. Über die Textstrukturen mag es gelungen sein, eine Art Durchlässigkeit für die Bewegungen des Windes und die Feinheit des Geistes bereit zu stellen. Zunächst unbemerkt, hat auch Konfuzius wieder Eingang in die Inhalte gefunden. Für den Meister gehörte neben Bogenschießen, Rechnen und Riten auch die Beschäftigung mit Sprache und Lyrik auf den Lehrplan und galt als Aspekt der Selbstkultivierung. „In ihrer Vieldeutigkeit, die doch in eine erkennbare Richtung weist, halten Gedichte zahllose Lehren bereit [...]. Ein Gedicht hat auch stets Botschaften für das eigene Handeln."(215)

Aus einer anderen Perspektive heraus kann Konfuzius heute wie in zahlreichen Epochen der chinesischen Geistesgeschichte als eine Art Identitätsstifter betrachtet werden: war doch das ursprünglich durch die Jesuiten geprägte positive Bild von China im Laufe der europäischen Aufklärung umgeschlagen und brachte schließlich die „gelbe Gefahr" hervor, die es zu bekämpfen und zu unterwerfen galt.

Die westlichen Kolonialmächte zeigten sich hier mit einer Arroganz und einem Ausbeutungswillen, der mich bei entsprechender Lektüre oft ratlos zurück und zugleich besser verstehen lässt, wie die Abgrenzung Chinas gegenüber dem Westen historisch einzuordnen ist.

Und weshalb der ritualisierten Verehrung „alter" Philosophen und Meister in diesem Zusammenhang gleichsam eine kollektive, heilsame Wirkung zukommen kann.[216]

Sowohl für den Prozess des Schreibens als auch für das Studium des Qigong habe ich jene Sorgfalt und Hingabe beschrieben, mit der eine allmähliche Verfeinerung und inhaltliche Verdichtung einhergeht. Diese wiederum haben nach meiner Erfahrung einen deutlichen Anteil daran, dass Praktizierende dabeibleiben und sich der Vertiefung des Erlernten widmen. Sie spüren, dass es hinter den zahlreichen Details der Übungsbeschreibungen noch weitere innere Qualitäten und umfassende Weisheiten zu entdecken gibt. Die Lebenskraft will erforscht, erspürt und verstanden werden – das braucht seine Zeit.

Als ein gutes Beispiel für literarische Beschreibungen traditioneller Praktiken sei hier das Gedicht von Zhang Sanfeng angeführt, einem legendären daoistischen Unsterblichen, der zur Zeit der nördlichen Song Dynastie (960-1127) in den Wudang-Bergen („Heiligstes Gebirge unter dem Himmel") gelebt haben soll. Dort waren die Menschen zu jener Zeit ständigen Gefahren durch wilde Tiere und Räuber ausgesetzt. Deshalb war Zhang auf der Suche nach einer Methode, mit der man sich besser verteidigen konnte.

Zehn wichtige Prinzipien des Übens
Streichle dein Gesicht so oft du kannst.
Zweitens, wische leicht dir über deine Augen.
Klopfe, zupfe öfter deine Ohren.
Zähneklappern kann zum Üben viertens taugen.
Wärm den Rücken, hüte dich vor Zug.
Und die Brust musst sechstens du vor Stößen schützen.
Streich den Bauch sanft, nie ist es genug.
Reib die Füße rot, das wird dir achtens nützen.
Schluck den Speichel oft, den Jadesaft.
Streich die Hüften zärtlich aus. Geschafft!

Zhang Sanfeng[217]

Eines Tages beobachtete er den Kampf zwischen einem Kranich und einer Schlange.* Diese wich den harten, schnellen Stößen des Kranichschnabels immer wieder geschickt aus und schließlich gab der Kranich erschöpft auf. Zhang leitete daraus das Prinzip des „weichen Kämpfens" mit innerer Kraft ab. Er gilt als der Begründer der inneren Kampfkünste und der "Schule der Vögel und Schlangen", aus der sich später das Wudang Taiji Quan entwickelte.(218)

Lassen Sie uns gemeinsam untersuchen, ob ein maßvolles Leben mit Glück und Zufriedenheit einhergehen kann. Die Philosophen der Antike haben sich ausgiebig mit der Frage beschäftigt, wie der Mensch zufrieden und glücklich werden kann. Dabei stand ebenfalls das rechte Maß im Zentrum der Überlegungen. Im vierten Essay durften wir an der „Begegnung" von Konfuzius mit seinem ionischen Kollegen Heraklit teilhaben. Dessen Zeitgenosse Demokrit galt bereits in der antiken Literatur und später in der bildnerischen Darstellung als der lachende Philosoph, der dem weinenden „dunklen" Philosophen Heraklit gegenübergestellt wird.

Demokrit aus Abdera (460-371 v.u.Z.) liebte im Gegensatz zu Heraklit das ausgedehnte Reisen und ihm wird die Erkenntnis zugeschrieben, dass das rechte Maß für ein harmonisches Leben unerlässlich ist. Sowohl Mangel als auch Überfluss, so der Philosoph, verursachen „große Erregungen in der Seele". Auch sollte man sich besser mit jenen Menschen vergleichen, denen es schlechter geht. Wenn man die eigene Situation mit deren Schicksal vergleicht, dann mag die eigene Lebenssituation in einem positiveren Licht erscheinen und so kann Schaden von der Seele abgewendet werden.(219)

Tatsächlich zeigt die Erfahrung, dass es eine erhebliche Rolle spielt, mit wem man sich vergleicht. Schließlich schneidet man im Vergleich mit denjenigen, denen es materiell oder auch ideell besser zu gehen scheint, schlechter ab. Neid und Konkurrenzdenken sowie das damit

---

* Andere Quellen berichten von einem Kampf zwischen einer Elster und der Schlange. Mehr über Zhang Sanfeng und die Legendenbildung um seine Person ist zu lesen in: Marlies Bartl: Zhang Sanfeng. In Zeitschrift für Qigong Yangsheng, ML-Verlag, Ausgabe 2004; S. 87ff.

verbundene Streben, in ähnlicher Weise „erfolgreich" sein zu wollen, können jedoch zu erheblichem Stress und zu massiver Überlastung führen.*

Wenn nun Maß und Mitte zu einem glücklichen Leben und zu mehr Zufriedenheit beitragen können, gibt es gleichwohl kein allgemein gültiges Rezept dafür, wie ein solches Lebensgefühl zu erreichen ist. Die Mitte als Option zwischen „zu viel" und „zu wenig" zu finden, bleibt in der Feinjustierung die Aufgabe jedes Einzelnen. Wie wir uns verhalten, hängt immer auch von der jeweiligen Situation ab und gelingt mal mehr, mal weniger gut.

Hinzu kommt, dass in unserer Zeit Begrifflichkeiten wie „Mäßigung", „Bescheidenheit" oder „Selbstbeschränkung" eher altertümlich und moralisch überfrachtet wirken. Sie stellen den Mangel als unabwendbar in den Raum, fordern Opfer und Verzicht ein und bedienen die Verlust-Aversion. Diese wiederum begünstigt irrationales Verhalten, wenn Ängste und Unsicherheiten eine Rolle spielen.

> Wie zahlreich sind doch die Dinge, deren ich nicht bedarf.
>
> Sokrates(219)

Hingegen mag eine heilsame Wirkkraft darin liegen, sich in kleinen Schritten in Selbstbeschränkung zu üben. So kann allmählich eine Loslösung von der belastenden Komplexität und Vielfalt von Angeboten und Auslegungen gelingen, die tagtäglich das Herz in Aufregung versetzen. Der Versuch, sich auf verschiedenen Ebenen des Daseins von Überflüssigem zu befreien, kann in zunehmendem Maß mit dem Wiedererlangen von Freiheitsgraden und Kontrolle über die eigene Lebensgestaltung einhergehen.

Das gilt auch für den Umgang mit der uns zur Verfügung stehenden, endlichen Lebenszeit: immerzu rennen wir umher und versuchen, möglichst viel in einer bestimmten Zeit zu erleben und zu erreichen. Auf diese Weise zerstreuen und verwirren wir unser Inneres mit Aktivismus sowie hohen Erwartungen an uns selbst und an andere. Dabei mag es wohltuender sein, sich

* Dem Geist dieses Buches entsprechend sei aber auch darauf hingewiesen, dass dies nicht bedeutet, dass wir uns selbst nicht ernst nehmen sollen.

gründlich einem ausgesuchten Thema zu widmen, sich darin zu vertiefen und darin aufzugehen. So kann sich die Intensität und die Liebe, die wir dafür entwickeln, in uns ausbreiten und uns erfüllen.

Die Philosophie der Mäßigung ist keine neuzeitliche Erfindung: „Zu allen Zeiten, in allen Weltreligionen und in vielen nicht religiösen Philosophien wurde Mäßigung thematisiert und als Rezept für ein geglücktes Leben gepriesen", so der Erziehungswissenschaftler Thomas Vogel. Für ihn müsste Mäßigung mit Blick darauf, dass es heute um das Überleben der Menschheit geht, das Konzept schlechthin werden. Er resümiert „Mäßigung als eine alte Lebensweisheit, die dem Selbstverlust des Individuums vorbeugen soll." Seiner Meinung nach trägt „jeder Mensch mit einem gesunden Verstand und einer natürlichen Sensibilität in sich ein Gespür für das rechte Maß".[219]

In die psychologische Beratung kommen häufig Menschen, die den Glauben an sich selbst verloren haben. Sie befürchten, immer weniger Aufgaben und Anforderungen aus eigener Kraft bewältigen zu können. Eine geringe Selbstwirksamkeitserwartung geht einher mit der Einstellung, „nichts mehr machen zu können". Dabei gelten Selbstwirksamkeit und Kontrollüberzeugung als bedeutsame Ressource und Schutzfaktor für die seelische Gesundheit.

Ein guter Umgang mit den jeweiligen Umständen scheint vor allem Menschen mit einer höheren Selbstwirksamkeitserwartung zu gelingen. Wer sich eine optimistische Grundhaltung und den Glauben in die eigenen Fähigkeiten zu bewahren weiß, wird Misserfolgserleben und Stress eher reduzieren können. Mit körperorientierten Methoden lässt sich der Boden dafür bereiten, in lernendes, aktives Handeln zu kommen und Veränderungen einzuleiten. Vielleicht beginnt man damit, (wieder) regelmäßig Sport zu treiben oder spazieren zu gehen, Qigong, Taiji oder Yoga zu erlernen, gesünder zu essen, sich besser gegen ungünstige Einflüsse abzugrenzen und regelmäßige Ruhepausen in den Alltag einzubauen. Selbstübung beinhaltet immer auch das Ziel der Selbstermächtigung.

Mit dem Gewahrwerden der eigenen Lebenskräfte entstehen Zuversicht und Vertrauen: diese beiden Partner begleiten uns in dem Bestreben, möglichst lange selbstwirksam und autonom zu bleiben. Sich die Gesamtheit aller Fähigkeiten so lange wie möglich zu erhalten (langes

Leben) ist auch das Ziel der daoistischen Übungstradition. So steht beim Aspekt des Maßhaltens auch weniger der Verzicht im Vordergrund, sondern vielmehr eine Form von innerer Freiheit, die es inmitten einer alles und jeden vermessenden und verwaltenden Welt zu erhalten gilt.

> Der Mensch soll in den Stand versetzt werden, auf das Überflüssige zu verzichten, indem man eine Souveränität über sich gewinnt.
>
> *Michel Foucault*

Es wird Sie nicht verwundern, dass ich bei diesem Thema erneut bei Hermann Hesse vorbeigeschaut und hier die Einstellung gefunden habe, dass „mit der Gewohnheit des Maßhaltens die Genussfähigkeit für die kleinen Freuden innig verknüpft ist. Denn diese Fähigkeit, ursprünglich jedem Menschen eingeboren, setzt Dinge voraus, die im modernen Tagesleben vielfach verkümmert und verlorengegangen sind, nämlich ein gewisses Maß von Heiterkeit, von Liebe und Poesie."[(220)] In einem Brief an die junge Madeleine A. schreibt Hesse im Jahr 1956: „[…] mir scheint, „Sie suchen zu gewaltsam. Das kann man ein Leben lang tun, ohne zu finden. Suchen und Finden sind zweierlei, und dem Finden ist ein zu anstrengendes Suchen nicht günstig."[(220)]

Die Auseinandersetzung mit dem rechten Maß begleitet mich bei der Alltagsgestaltung und in der Qigong-Praxis gleichermaßen. Die Kultivierung von Geduld und Gelassenheit, ein angemessenes Tempo beim Erlernen von Formen und Übungsprinzipien sowie das Abwarten von inneren Reifungsprozessen beim Erarbeiten von schönen Texten liegen nah beieinander. Es kann nichts erzwungen werden. Alles braucht seine (Reife-)Zeit.

Zahlreiche Autoren haben wie Hesse die Erfahrung beschrieben, dass an manchen Tagen das Suchen und schon gar das erlösende Finden nicht gelingen will. Die Suche wirkt dann eher verkrampft und mühsam, ein angestrengtes Ringen um kleine Erfolge. An anderen Tagen wiederum scheint jeder Schritt in ein unbeschwertes Fließen zu münden: jene Elemente, nach denen wir gesucht haben, fügen sich fast wie von selbst zusammen und eröffnen eine Erkenntnis, einen Weg, eine neue Verbindung.

Nur wer sich wirklich anstrengt, kann es zu etwas bringen – wieder einer jener Glaubenssätze, die uns stetig Stress bereiten. Dabei kann es, etwa vor einer wichtigen Entscheidung, doch hilfreich sein, sich zurückzulehnen und den Gedanken ihren Lauf zu lassen. Oder eine längere Pause einzulegen, einen ausgedehnten Spaziergang zu machen, eine Nacht darüber zu schlafen. Dem Drängen nicht nachzugeben, kommt einer Übung in Gelassenheit gleich. „Man muss Geduld haben gegen das Ungelöste im Herzen", schreibt der österreichische Lyriker Rainer Maria Rilke:

> Man muss Geduld haben
> gegen das Ungelöste im Herzen
> und versuchen, die Fragen selber lieb zu haben,
> wie verschlossene Stuben
> und wie Bücher, die in einer sehr fremden Sprache
> geschrieben sind.
> Es handelt sich darum, alles zu leben.
> Wenn man die Fragen lebt,
> lebt man vielleicht allmählich,
> ohne es zu merken,
> eines fremden Tages
> in die Antwort hinein.
>
> *Rainer Maria Rilke*

Während wir unaufhörlich damit beschäftigt sind, die Welt um uns herum zu gestalten und zu verändern, geht es in der daoistischen Weisheitspraxis darum, den Dingen ihren natürlichen Lauf zu lassen und nicht dagegen zu wirken. Jenes Prinzip, nach dem sich alles in der Welt dem Wesen nach natürlich und dynamisch entwickelt, wird in der daoistischen Tradition durch den Begriff „Ziran" wiedergegeben: „Ziran ist das, was spontan ist, wie es ist, und was nicht gemacht wurde, wie es ist". Das Natürliche und die Natur bahnen sich ihren Weg: „Die Naturphänomene haben ihren eigenen natürlichen Charakter und Wert“ und jeder Eingriff macht daraus die „künstlich geschaffene Welt des Menschen“.[221]

Wer sich auf den wahren Weg (Dao) begeben möchte, lässt das Selbst hinter sich und geht schließlich im Ganzen (Dao) auf. „Er bewegt sich im Sinne des Ziran innerhalb eines geschlossenen und einheitlichen kosmischen Kreislaufs. In diesem Prozess findet ein zunehmendes Verschmelzen des Einzelnen mit dem Einen und Ganzen statt und die Grenze zwischen Subjekt und Objekt schwindet, bis die Einheit mit allen Dingen im Dao erlangt ist“.[221]

Dieses komplexe Lehre hatte auch im künstlerischen Ausdruck seine Auswirkungen: das Schaffen von Musikern, Malern und Poeten veränderte sich in dem Maß, in dem es ihnen gelang, sich von ihrem Selbst zu lösen sowie „Hand und Herz zu leeren“. Der daoistisch beeinflusste Dichter und „Meister von den fünf Weiden“, Tao Yuanming (365-427), beschreibt den Geist des Ziran so: „Es ist einzig richtig, dem Lauf aller Dinge zu folgen und sich auf der Strömung des großen Wandels treiben zu lassen. Weder Himmel hoch jauchzend noch zu Tode betrübt. Und wenn die Zeit gekommen ist, dann gehe einfach, ohne weiter über all das nachzudenken“.[221]

Es ist ein wenig wie mit den Texten des „Daodejing“: Berührt-Werden und Befremden liegen manchmal nah beieinander. Wenn wir ohne Absicht sind, so habe ich verstanden, entfaltet sich alles in der Welt von selbst. Darüber denke ich nach, inmitten einer Welt, die umgeben ist von mannigfachen Ergebnissen menschlicher Eingriffe. Und ich denke an Herrn Xue Yongxin, den daoistisch orientierten Klinikleiter auf dem Hemingshan. In der modernen Welt, so seine Mahnung, basiere alles auf (wirtschaftlicher) Konkurrenz. Themen wie Umweltverschmutzung und das Führen von Kriegen seien auf die Gier der Menschen zurückzuführen. Vor allem diese Gier, müsse sich reduzieren und die Menschen selbst müssten wieder ruhiger werden.

Zahlreiche Gebote der späten Han-Zeit (25-220), die direkt oder indirekt dem Schutz der natürlichen Umwelt dienten, können als frühe Quellen einer daoistischen Ökologie verstanden werden. So zeigen sich in den „180 Vorschriften des Herrn Lao“, die auf Laozi zurück gehen sollen, traditionelle Bausteine einer daoistischen Umwelt-Ethik. Der schonende Umgang mit Tieren und Pflanzen wird beispielhaft in den folgenden Vorschriften thematisiert:

18. Du sollst nicht willkürlich Bäume fällen.
19. Du sollst nicht willkürlich Kräuter oder Blumen pflücken.
36. Du sollst keine giftigen Substanzen in Seen, Flüsse und Meere werfen.
53. Du sollst keine Moore trockenlegen.
95. Du sollst im Winter keine Insekten oder Tiere ausgraben, die Winterschlaf halten.[222]

Die Beschäftigung mit den alten Schriften vermag auch das Neudenken in der Gegenwart anzuregen. Hier zeigt sich ein umfassendes Potential, das für die anstehende Transformation heutiger Gesellschaften gute Dienste leisten könnte. Der Raubbau an der Erde hat die Lebensgrundlagen der Menschheit zerstört und es bedarf einer Natur-Ethik, deren Handlungsstrategien unabhängig von politischem Zögern für alle Menschen pragmatisch umsetzbar sind.

Es ist Zeit für die Abschlussübungen. Und es gilt, „die Ernte einzufahren". „Mit diesen Übungen", so Jiao Guorui, „werden die Früchte unserer Übung eingesammelt und in den Kumulationsorten des Qi, den Dantian, gespeichert [...]. Das Qi, das durch die Übungen üppig geworden und in harmonischen Fluss gekommen ist und alle Extremitäten gut durchströmt, wird zu seinem Ursprung, also zum mittleren Dantian, zurückgeführt".[223]

> Erst am Ende unseres Weges
> stehen die Antworten
> *Laozi*

Am See ist es wieder Herbst geworden. Nässe tropft von den eingefärbten Blättern der stolzen Kastanienbäume, die sich zur Allee aufgestellt haben. Drüben am Konstanzer Seeufer schmiegt sich ein lang gezogenes Nebelband um die Berghänge. Erst am späten Vormittag lösen sich die dichten Schwaden allmählich auf, fallen nach unten ins Wasser, dorthin, wo sich entlang des Ufers ein schmales Glitzerband gebildet hat. Die letzten Vogelschwärme ziehen in eiligen Formationen südwärts.

Es ist Erntezeit: Augenblicke der wohlwollenden Betrachtung und sorgfältigen Auslese. Reife Früchte werden eingesammelt und haltbar gemacht. Anderes wird dem Erdreich übergeben: es wird zerfallen und von der Erde aufgenommen. In farbenfrohen Augenblicken herbstlicher Impressionen bieten sich Zufriedenheit und Herzensruhe als stille Begleiter an.

Im Schreiben haben sich für die Seele neue Räume geöffnet, in denen sie sich ausbreiten und sogar zu tanzen vermochte. Hier sind auch die Schlussfolgerungen aus den Lebens- und Übungserfahrungen zu finden, die sich als innere Koordinaten und Rhythmusgeber anbieten. Sie geben Halt und Zuversicht. Sie helfen dabei, mit der Komplexität des Lebens besser zurechtzukommen. Sie machen die Essenz des Lebens aus, die immer nur eine vorläufige sein kann.

Die Antworten selbst werden vielleicht erst am Ende unseres Weges stehen.

QUELLENANGABEN

(1) Weigui Fang (Hrsg.): Den Kranich fragen. 155 Gedichte von Bai Juyi; Cuvillier Verlag Göttingen 1999; Hier: aus dem Vorwort

(2) Sarah Elsing: Schreib dich frei! in Yoga aktuell Ausgabe 3/2020, S. 92

(3) Unterrichtsmaterialien von Jiao Guorui zum Lehrsystem Qigong Yangsheng: Stehen wie ein Pfahl. In: Zeitschrift für Qigong Yangsheng 2004; S. 8ff.

(4) Klaus-Dieter Platsch: Die fünf Wandlungsphasen, Urban & Fischer, 2005; S. 1 und 3

(5) Gedicht von Bai Juyi in der Übersetzung von Manfred Dahmer: Zeitschrift für Qigong Yangsheng, 2004; S. 19

(6) Kenneth Cohen: Qigong, Krüger Verlag 1998; S. 191

(7) Martina Darga: Taoismus; Diederichs kompakt 2001; S. 9ff.; S. 26/27; S. 15/16

(8) Hans-Georg Möller: In der Mitte des Kreises; insel tb 2001, S. 31 ff.

(9) John Blofeld: Selbstheilung durch die Kraft der Stille; O. W. Barth 1991, S. 34

(10) Chen Yaoting: Die Grundprinzipien der daoistischen Lebenspflege. In: Zeitschrift für Qigong Yangsheng 2006; S. 74ff.

(11) Wolfgang Ommerborn: Einführung in den Daoismus. In: Zeitschrift für Qigong Yangsheng 2005; S. 56

(12) Kai Marchal: Tritt durch die Wand und werde, der du (nicht) bist; Matthes & Seitz 2019; S. 36

(13) Jan Philipp Reemtsma: Laozi – Daodejing; Verlag Beck München 2017; S. 66; S. 103; S. 70; S. 93

(14) Martina Darga: Laotse; Diederichs kompakt 2003, S. 27

(15) Alain de Botton: Kunst des Reisens, S. Fischer 2002; S. 67 und S. 108

(16) Ted J. Kaptchuk: Das große Buch der chinesischen Medizin, Heyne Verlag München, 2001; S. 36ff.und S. 90ff.

(17) https://www.deutschlandfunk.de/kaiserinwitwe-cixi-von-der-konkubine-zur-herrscherin-chinas (Artikel von Ralph Gerstenberg 05.01.2015)

(18) Jung Chang: Kaiserinwitwe Cixi. Karl Blessing Verlag, 2015

(19) Kai Vogelsang: Geschichte Chinas, Reclam 2013; S. 451

(20) Alberto Manguel: Eine Geschichte der Neugierde. S. Fischer 2015; S. 265ff.

(21) Ina Schmidt: Das Ziel ist im Weg, Bastei Lübbe 2017; S. 21ff.

(22) Shunryu Suzuki: Zen-Geist, Anfänger-Geist; Theseus Verlag 2000, S. 13 (Richard Baker), S. 23 und S. 131

(23) Mindfulness Swiss – MBSR-Verband Schweiz: zuletzt aufgerufen am 22. 08. 2020

(24) Jiao Guorui: Qigong Yangsheng – Ein Lehrgedicht, ML Verlag 1993; S. 214; S. 16

(25) U. Engelhardt; G. Hildenbrand; C. Zumfelde-Hüneburg (Hrsg.): Leitfaden Qigong, Elsevier Urban & Fischer, 2007; S. 9

(26) Jiao Guorui: Qigong Yangsheng; ML-Verlag 2001, S. 16

(27) Claus Fischer und Micheline Schwarze: Qigong in Psychotherapie und Selbstmanagement; Klett-Cotta 2008, S. 135

(28) In Anlehnung an: dtv-Atlas Akupunktur, 2001; S. 21ff.

(29) H. P. Steiner: Integration faszialer Impulse im Qigong und im Taijiquan. In: Taijiquan & Qigong Journal, Heft 68, 2/2017; S. 24

(30) Dietlind Zimmermann: Taijiquan und Qigong als spiritueller Weg. In: Taijiquan&Qigong Journal, Heft 47, 1/2012; S. 28ff.

(31) Petra Hinterthür: Dem Yin folgen in Taijiquang & Qigong Journal 2/2016; S. 38ff.

(32) Jiao Guorui: Die 15 Ausdrucksformen des Taiji-Qigong, ML-Verlag 2001; S. 23/24

(33) Weigui Fang (1), S. 117

(34) Wolfram Eberhard: Lexikon chinesischer Symbole; Diederichs Verlag Köln, 1983; S. 183ff.; S. 133

(35) Thomas Cleary: Das Tao der weisen Frauen; Verlag O. W. Barth 1993, S. 37/38, 147, 23ff. und S. 129

(36) Martina Darga: Die Unsterbliche Sun Buer. In Zeitschrift für Qigong Yangsheng 2022, S. 56ff.

(37) Manxi Zeidler: Die Situation der chinesischen Frau im alten und neuen China, Seminararbeit FU Berlin, Sinologie, 2014, e-book, S. 14

(38) Sylvia Weigelt: Frauen im Mittelalter: Verloren in der Männerwelt. In: Sonntagsblatt 360 Grad Evangelisch 08. 03. 2017

(39) Jiao Guorui: Die 8 Brokatübungen, ML-Verlag Uelzen, 2001; S. 9

(40) Wang Min: Die weiße Schlange. Mythen, Märchen und Legenden aus China; Drachenhaus-Verlag Esslingen 2019, S. 56ff.

(41) Angela Köckritz: Wolkenläufer; Droemer Verlag 2015, S. 257ff.

(42) Udo Lorenzen, Andreas Noll: Die Wandlungsphasen der traditionellen chinesischen Medizin, Band 2, Wandlungsphase Metall, München 2002; S. 155ff.

(43) Moritz Riesewieck, Hans Block: Die Digitale Seele, Goldmann September 2020

(44) Richard Wilhelm, C. G. Jung: Das Geheimnis der goldenen Blüte, Rascher Zürich, 1929, 8. Auflage; S. 41ff.

(45) Hans Joachim Störig: Kleine Weltgeschichte der Philosophie (1), Fischer Tb 1976; S 134ff.

(46) Kai Marchal (12); hier S. 127 und S. 141

(47) Theodora Jenny-Kappers: Muttergöttin und Gottesmutter in Ephesos, Verlag Daimon, 1986; S. 53

(48) Volker Zotz: Konfuzius für den Westen; O. W. Barth 2007, S. 91; S. 20; S. 151ff.

(49) Antje Haag: Versuch über die moderne Seele Chinas. Psychosozial Verlag 2011; S. 17

(50) Stefan Aust, Adrian Geiges: Mit Konfuzius zur Weltmacht. Verlag Quadriga; 2012, S. 14 ff.

(51) Jiao Guorui (32); hier S. 29 und 104ff.; S. 25/26 und S. 115

(52) Jiao Guorui (26); hier S. 79

(53) Kenneth Cohen: Qigong. Frankfurt 1998, S. 438ff.

(54) Henrik Jäger: Es sind wenige in der Welt, die das Herz nicht durch Zwang ersticken. In: Zeitschrift für Qigong Yangsheng 2005; S. 79

(55) Wikipedia.org/wiki/Flow_(Psychologie); Stand 20. 11. 2020

(56) Mihaly Csikszentmihalyi: Flow; Klett Cotta 2017; S. 169

(57) Ulli Olvedi: Das stille Qigong nach Meister Zhi-Chang Li; Ullstein 2004, S. 138

(58) Christa Proksch: Lernen und Lehren in Ost und West. In: G. Hildenbrand und M. Geißler (Hrsg): Qigong und Yangsheng; Tagungsband der 4. Deutschen Qigong-Tage Bonn, 2002; S. 133ff.

(59) Michael Puett/Christine Gross-Loh: Das Wichtigste von allem. Fischer-Krüger 2016; S. 48ff.

(60) Empfehlenswert! Manche Formulierungen übernommen aus der ARTE-Dokumentation: „Unser geheimer 6. Sinn" von Vincent Amouroux, 2019, ausgestrahlt z. B.am 09. 05. 2020

(61) Jiao Guorui: Das Spiel der 5 Tiere; ML-Verlag Uelzen 2001, S. 90ff., S 17; 54; S.128ff.; S. 164ff.; S. 200ff.

(62) Irene Wegner: Sonnenrufer, Kampfmaschine oder Hennenversteher – Zu den vielschichtigen Bedeutungen des Hahns in der chinesischen Kultur in: Zeitschrift für Qigong Yangsheng Ausgabe 2016, S. 89ff.

(63) Wang Shumin, Penelope Barrett: Einblick in eine daoyin-Tradition: Das „Spiel der fünf Tiere". In: Zeitschrift für Qigong Yangsheng 2008, S. 31ff.

(64) Gerard Edde: Das Tao-Handbuch; Windpferd Verlag 2006, S. 51 f.

(65) Klaus-Dieter Platsch (4), hier: S. 1

(66) Christian Schmincke: Chinesische Medizin für die westliche Welt; Springer Verlag Berlin 4. Auflage 2012, S. 28 bis 38

(67) Fritz Friedl: Das Gesetz der Balance; Verlag Gräfe und Unzer München 2009, S. 78 bis 137

(68) Zygmunt Bauman: Flüchtige Zeiten. Hamburger Edition 2016, S. 9/10

(69) Dorothea Hampel: Mit Tiger Bo Qigong Yangsheng kennenlernen. In: Zeitschrift für Qigong Yangsheng 2015; S. 125

(70) Christel Proksch: Taijiquan. Die Kunst der natürlichen Bewegung. Bacopa Verlag 2009, S. 28

(71) Thomas Milanowski: Die magischen Körper-Geist-Übungen Chinas und deren Verbindung zum Schamanismus. ML-Verlag, 2005, S. 354

(72) Dietlind Zimmermann: Immer besser werden. Taijiquan & Qigong Journal 1/2018, S. 20ff.

(73) Zur Vertiefung: Gerd Kaminski: China und Die Gelbe Gefahr. Bacopa Verlag 2022: S. 14ff.

(74) Eva Lüdi Kong: Das Herz im chinesischen Denken. Newsletter Konfuzius Institut Leipzig, #11/2021

(75) Paul Shoju Schwerdt: Stille ist das Licht des Herzens – Handbuch des stillen Qigong. Theseus 2008, S. 12

(76) Peter Sloterdijk: Du musst dein Leben ändern. Suhrkamp 2009, S. 641

(77) Willigis Jäger: Kontemplation: Gott begegnen – heute, Herder 2002. 4. Auflage

(78) Zitiert nach Wikipedia – Kontemplation; 03. 08. 2020

(79) Byung-Chul Han: Duft der Zeit. Ein philosophischer Essay zur Kunst des Verweilens. transcript Bielefeld 2009, S. 8 und S. 109

(80) Henry David Thoreau: Tagebuch I. Matthes und Seitz Berlin; S. 298

(81) Volker Michels: Indien und China im Werk von Hermann Hesse. Edition Faust 2015; S. 43

(82) Kenneth Cohen (53); hier S. 68/69

(83) zitiert nach Michael Friedrichs: Brechts lebenslanges Lernen von den chinesischen Klassikern. In: Zeitschrift für Qigong Yangsheng 2011, S. 53

(84) Bertolt Brecht: Gesammelte Gedichte, Band 2, Suhrkamp 1976, S. 660ff.

(85) Gudula Linck: Yin und Yang; Verlag C. H. Beck, 3. Aufl. 2006, S. 27

(86) Liu Yafei: Innen nährendes Qigong – Nei Yang Gong. Elsevier 2015, 2. Auflage, S. 13 und S. 16ff.

(87) U. Engelhardt et. al. (25); hier S. 42

(88) Jiao Guorui, Gisela Hildenbrand (Hrsg.): Lehrsystem Qigong Yangsheng – Unterrichtsmaterialien. ML-Verlag Uelzen 2019; S. 231

(89) Pascal Mercier: Nachtzug nach Lissabon. Carl Hanser 2004; S. 235

(90) Hermann Hesse: Jahre am Bodensee. Insel Verlag Berlin 2010; S. 208

(91) Günter Baumann: „Es geht bis aufs Blut und tut weh …" – Hermann Hesse und die Psychologie C. G. Jungs (Vortrag auf dem 9. Internationalen Hesse-Kolloquium in Calw 1997)

(92) Verena Kast: Die Dynamik der Symbole. Grundlagen der Jungschen Psychotherapie. dtv 1996, S. 9ff.

(93) Günter Hammerstein: Energetische Prozesse bei C. G. Jung – Verbindungen zu Prinzipien des Qigong. In: G. Hildenbrand und M. Geißler (Hrsg.): Qigong und Yangsheng, Vorträge der 4. Deutschen Qigong-Tage in Bonn; ML-Verlag 2002; S. 116/117

(94) Klaus-Dieter Platsch (4); hier S. 341ff.
(95) Wolfgang Ommerborn: Der Begriff Xin in der chinesischen Geistesgeschichte. In: Zeitschrift für Qigong Yangsheng 2005, S. 106ff.
(96) Martina Darga: Fasten des Herzens – Das Weisheitsbuch des Daoismus. O. W. Barth 2010; S. 79
(97) Chang Chung-Yuan: Tao, Zen und schöpferische Kraft. Diederichs Gelbe Reihe Bd. 30, 1980; S. 44
(98) Gundula Linck (85); hier S. 24
(99) dtv-Atlas Akupunktur, 3. Auflage 1999; S. 27; 39; 182 ff.
(100) Katrin Blumenberg: Die Weisheit des Herzens in Taijiquan & Qigong Journal, Heft 76, 2/2019; S. 42ff.
(101) Dr. Ute Engelhardt: Skript zum Kurs: Qigong für Anfänger; zuletzt aufgerufen auf der Homepage der Internationalen Gesellschaft für Chinesische Medizin e.V. am 13. 04. 2021
(102) Jiao Guorui (39); hier S. 93
(103) Seo Yoon-Nam: Lachend den Berg besteigen. Verlag Irisiana 2004; S. 139
(104) Alain: 81 Kapitel über den menschlichen Geist und die Leidenschaften. Junius-Verlag 1991
(105) Der Affenkönig. Lentz Verlag, München 1992; S. 15, 29, 70
(106) Jiao Guorui (61); hier S.29; S. 215; S. 18
(107) Jiao Guorui (26); S. 265 und S. 81
(108) Janudin Setiawan: Entdeckungsreise durch die Taiji-Form. In: Taijiquan & Qigong Journal, Heft 78, 4/2019, S. 36ff.
(109) Anna Trökes: Yoga bei Depression, Herder 2017; S. 13/15 und S. 138/139
(110) Doris Zölls: Zen als Impuls für eine neue Kultur der Achtsamkeit. S. 108 in: Willigis Jäger, Doris Zölls, Alexander Poraj: Zen im 21. Jahrhundert; Band 1, Kamphausen & Distribution, 2009
(111) Kai Vogelsang (19); hier S. 207 und S. 294ff.
(112) Gudula Linck: Poesie des Alterns. Verlag Karl Alber in der Verlag Herder GmbH, 2019; S. 23ff.; S. 30
(113) Barbara Beuys: Der Preis der Leidenschaft. Piper Verlag 2006; S. 320; S. 461
(114) Christoph Ransmayr: Cox oder der Lauf der Zeit. Fischer Verlag 2017; S. 157ff.

(115) Lin Yutang: Weisheit des lächelnden Lebens. Büchergilde Gutenberg, Frankfurt a. M., 1979; S. 55/56; S. 83/84

(116) Carolin Emcke im RBB Kultur-Gespräch (29. 03. 2021)

(117) Thich Nhat Hanh: Schritte der Achtsamkeit. Herder Verlag 1998; S. 24

(118) Hermann Hesse: Wanderung. Insel Verlag 1996; S. 12, S. 23, S. 22

(119) Ulrich Grober: Vom Wandern. Zweitausendeins Frankfurt, 2006; S. 9/10 und S.187ff.

(120) Iris Radisch: Camus – Eine Biografie. Rowohlt 2013; S.50 und S. 302/303

(121) H. D. Thoreau: Vom Spazieren. Diogenes Tb 2004; S. 10

(122) Nicholas Shakespeare: Bruce Chatwin. Eine Biografie. Kindler Verlag, 200; S. 661 und S. 780

(123) Ingrid Reuther: Rückwärtsgehen als geistige und körperliche Übung. In: Zeitschrift für Qigong Yangsheng 2009, ML-Verlag; S. 63ff.

(124) Lauren Elkin: Flaneuse. Frauen erobern die Stadt. btb-Verlag, 2020; S. 22/23, S. 95, S. 109

(125) Jiao Guorui und Gisela Hildenbrand (Hrsg.) (88); hier S. 10

(126) Heinrich Geiger: Den Duft hören. Verlag Matthes und Seitz Berlin, 2019; S. 74 bis 78

(127) Marlies Bartl: Zhuangzi. In: Zeitschrift für Qigong Yangsheng 2004, ML-Verlag; S. 82

(128) Jiao Guorui (61); S.17ff.

(129) Francois Cheng: Über die Schönheit der Seele. C. H. Beck 2019; S. 80

(130) Zhang Yu Huan und Ken Rose: Den Drachen reiten. Die kulturellen Wurzeln der traditionellen chinesischen Medizin. Verlag O. W. Barth 2001; 119/120

(131) John Blofeld: Der Taoismus oder Die Suche nach Unsterblichkeit. Diederichs 1986, S. 61 f. und S. 27

(132) Stephan Stein: Zwischen Heil und Heilung – Zur frühen Tradition des Yangsheng in China. ML-Verlag Uelzen 1999, S. 140ff.

(133) zitiert aus der SWR-Dokumentation „Der Kampfkunstmeister von Wudangshan" von Ulla Fels, 2005

(134) Thomas Milanowski (71); hier S. 14/15 und S. 353

(135) Wang Shumin, Penelope Barrett (63); hier S. 33

(136) www.meister-chen.de (deutschsprachige Website; zuletzt aufgerufen am 27.01.2023)

(137) Empfehlung zum Weiterlesen: Deb Dana: Die Polyvagal-Theorie in der Therapie; Probst Verlag Lichtenau, 2018

(138) Jiao Guorui (26); hier S. 64/65

(139) Unterrichtsmaterialien von Jiao Guorui zum Lehrsystem Qigong Yangsheng: Die Sechs-Laute-Methode. In: Zeitschrift für Qigong Yangsheng 2003, S. 8

(140) Anna Trökes (109); hier S. 159

(141) Martina Darga (7); S. 45ff.

(142) Dietrich Neumann: Der Rotkronenkranich. In: Zeitschrift für Qigong Yangsheng 2010; S. 28 ff.

(143) Manfred Dahmer: Ein Bündel Holz. Gedichte aus dem Chinesischen. MI-Buchverlag, Kulmbach, 2012, S. 27

(144) Vorstellung des Bandes „Ein Bündel Holz" – Gedichte aus dem Chinesischen von Manfred Dahmer. In: Zeitschrift für Qigong Yangsheng 2012, S. 70 ff.

(145) Frühling und Herbst des Lü Bu We: Buch V, 5. Kapitel; Diederichs Gelbe Reihe, 1979

(146) John Lagerwey: Der Kontinent der Geister. Walter-Verlag 1991; S. 13, S. 62

(147) Gudula Linck. Ruhe in der Bewegung. Verlag Karl Alber 2018; S. 27 und S. 196ff.

(148) Qiu Xinde: Auf Wolkenwanderschaft. In: Zeitschrift für Qigong Yangsheng 2006; S. 93

(149) Martina Darga: Taoismus, Diederichs 2001; S. 84/85

(150) Hans van Ess: Der Daoismus, Verlag C. H. Beck 2011; S. 66/67

(151) Wang Zongyu: Der Glaube an Götter und Unsterbliche (shenxian) im Daoismus. In: Zeitschrift für Qigong Yangsheng 2020, S. 89 bis 91

(152) Thomas Milanowski (71); S. 249; S. 262; S. 275/276

(153) Jiao Guorui (32); S. 26 und S. 37

(154) Catherine Despeux: Himmlische Wanderungen. Zur Symbolik der Wolke in der chinesischen Kultur. In: Zeitschrift für Qigong Yangsheng 2014, S. 18, 20 und 21

(155) Manfred Geißler, Gisela Hildenbrand, Christa Zumfelde-Hüneburg (Hrsg.): Emei-Methode zur Regulierung der Lebenskraft, ML Verlag 2015; S. 12/13

(156) Oliver Bottini: Das große O.W.Barth-Buch des Buddhismus. O.W.Barth 2004; S. 275ff.; S. 125ff.

(157) Jung Chang: Wilde Schwäne. Droemer Tb 2015; S. 51/52

(158) Udo Lorenzen/Andreas Noll: Die Wandlungsphasen der traditionellen chinesischen Medizin, Band 1 Die Wandlungsphase Holz. Waro Fachbuchverlag 1992, S. 16 und S. 22/23 und S. 45

(159) Thomas Vogel: Mäßigung. Was wir von einer alten Tugend lernen können. Verlag oekom, 2018; S. 64

(160) Klaus-Dieter Platsch (4); hier S. 205; S. 202; S. 198

(161) Harriet Beinfield; Effrem Korngold: Traditionelle chinesische Medizin und westliche Medizin. O.W. Barth 2003, S. 129ff.; S. 238

(162) Virginia Satir in: https://www.neverest.at/blog/virginia-satir-kommunikation-und-selbstwert (zuletzt aufgerufen am 17.03.2022)

(163) Klaus Grawe: Neuropsychotherapie. Hogrefe Verlag 2004, S. 258

(164) Claus Fischer und Micheline Schwarze (27); hier S. 16 und S. 104/105

(165) Barbara Hofmann-Huber: Qigong in der Psychotherapie. Reinhardt Verlag 2019; S. 160/161 und S. 78

(166) Jiao Guorui (26); hier S. 80/81; S. 99; S. 126ff.

(167) Daniel J. Siegel: Das achtsame Gehirn. Arbor Verlag 2007; S. 36

(168) Zum Weiterlesen: dtv-Atlas Akupunktur (99); S. 27ff.

(169) Liu Yafei: Frauen Qigong – Nüzi Qigong; DVD bei AV Recording

(170) Klaus Renn: Focusing: Psychotherapie in innerer Achtsamkeit. S. 84ff. in Luise Reddemann (Hrsg.): Kontexte von Achtsamkeit in der Psychotherapie. Verlag Kohlhammer 2011

(171) Geo Wissen Gesundheit: Yoga & Meditation; S. 122 ff.

(172) Georg Weidinger: Die Heilung der Mitte. Ennsthaler Verlag Österreich, 2015; S. 85ff.; S. 299ff. und S. 415

(173) Jiao Guorui, Gisela Hildenbrand (Hrsg.) (88); hier S. 36; S. 40; S. 201

(174) Claus Fischer, Micheline Schwarze (27); hier S. 110

(175) Rick Hanson: Selbstgesteuerte Neuroplastizität. Arbor Verlag 2014; S. 36ff.

(176) Klaus Grawe (163): S. 139ff.

(177) Gabriele Eßing: Praxis der Neuropsychotherapie. Deutscher Psychologen Verlag 2015; S. 69ff.

(178) Gerald Hüther: Was wir sind und was wir sein könnten. Fischer Tb 2013; S. 168ff.

(179) Annegret Stopczyk-Pfundstein: Sophias Leid. Der Körper als Quelle der Weisheit. Carl Auer 1998; S. 187ff.

(180) Jiao Guorui (61); hier S. 13/14 und S. 23 und S. 164 und S. 24/25

(181) Martha Graham: Der Tanz – Mein Leben. Eine Autobiografie. Heyne Verlag 1992; S. 8

(182) Jiao Guorui (32); hier S. 290

(183) XXX

(184) zitiert nach B.K.S. Iyengar: Yoga, Dorling Kindersley London, 2008; S. 47

(185) Ilse Middendorf: „Atem – Stimme der Seele". Eine Studie über den Erfahrbaren Atem von Gerd Conradt; YouTube

(186) Alick Bartholomew: Das Verborgene in der Natur. Die wegweisenden Einsichten von Viktor Schauberger. AT Verlag 2006, S. 69 und S. 98

(187) Daniel Chamovitz: Was Pflanzen wissen. Goldmann Tb 2019; S. 194ff.

(188) Die Kultur der Stille ist der Anfang der Weisheit; Auditorium CD

(189) Auszüge aus: Robin Droemer: Du musst dein Leben surfen! HOHE LUFT-Philosophie-Magazin, veröffentlicht am 25. Juni 2014

(190) Alexander Rubenbauer (18.04.2011) https://psychologie-journal.de/ minimalismus/1097/entschleunigung-oder-verlangsamung.de (abgerufen 09/2022)

(191) Linda Lehrhaupt: Die Wellen des Lebens reiten. Verlag Kösel 2012; S.9 und S.13

(192) Thomas Cleary (35); hier S. 133 und 135

(193) Henry Thoreau (80); hier S. 51

(194) Beinfield und Korngold (161); hier S. 115ff.; S. 118 – 120

(195) Ulli Olvedi (57); hier S. 151 – 152; S. 133

(196) Gerald Hüther (178); hier: S. 146 und 147

(197) Bernhard Moestl: Lächeln ist die beste Antwort – 88 Wege asiatischer Gelassenheit. Droemer Knaur 2015; S. 144 und 145

(198) https://www.japanischer-garten.eu/zen-garten-bedeutung/ zuletzt aufgerufen am 06.02.2023

(199) Aus der ARTE-Serie: Magische Gärten – hier „Daitoku-Ji" mit Jean-Philippe Teyssier; 2016

(200) Gudula Linck (112); hier S 87; S. 21; S 62ff.

(201) Kai Vogelsang (19); hier S. 268ff.

(202) Zum Weiterlesen: Li Tai-bo: Gedichte – Herausgegeben und übersetzt von Günther Debon. Reclam Verlag, Stuttgart 2009.

(203) Zum Weiterlesen: Du Fu: Gedichte. Aus dem Chinesischen übersetzt und kommentiert von Raffael Keller, Dieterich'sche Verlagsbuchhandlung, Mainz 2009

(204) Ge Hong: Baopuzi; zitiert nach Gisela Hildenbrand.

(205) She surf – The rise of female surfing, Gestalten Verlag Berlin, 2020; S. 20ff.

(206) Jorge Bucay: Komm, ich erzähl dir eine Geschichte. Fischer Taschenbibliothek 2020; S. 319

(207) Manuela Heider de Jahnsen: Das große Handbuch der chinesischen Ernährungslehre. S. 171 und S. 237

(208) zitiert nach Ingrid Treufl: https://kurier.at/wissen/tcm-warum-die-suppe-reis-congee-die-lebensenergie-hebt/ zuletzt aufgerufen am 10. 02. 23

(209) Barbara Temelie, Beatrice Trebuth: Das Fünf Elemente Kochbuch. Joy Verlag 2005; S. 400

(210) Gudula Linck (112); hier S. 86

(211) Ute Engelhardt: Den Fetus und das Alter pflegen – zwei wenig bekannte Wege der chinesischen Tradition der Lebenspflege. In: Zeitschrift für Qigong Yangsheng 2020, S. 68

(212) Konfuzius: Das Buch von Maß und Mitte. Reclam Verlag 2021; S. 20; S. 91 und S. 92; S. 80 (Nachwort)

(213) Anne Cheng: Geschichte des chinesischen Denkens. Meiner Verlag 2022; S. 27 und S. 55

(214) Ein Bündel Holz. Gedichte aus dem Chinesischen von Manfred Dahmer, Mediengruppe Oberfranken 2012; S. 24/25; dort zitiert nach Karl-Heinz Pohl (Ästhetik und Literaturtheorie in China, Bd. 5)

(215) Volker Zotz (48); hier S. 222

(216) Empfehlenswert zur Vertiefung: Gerd Kaminski: (73)

(217) Aus: Lass die Bilder klingen. Gedichte aus dem Chinesischen von Manfred Dahmer, ML-Verlagsgesellschaft, 2007; S. 129

(218) https://taiji-forum.de/wudang-shan/ursprung-des-wudang-taiji-quan-und-zhang-san-feng – Taiji Forum – zuletzt aufgerufen am 18. 10. 2022

(219) Thomas Vogel (159): S. 60/61; S. 176

(220) Hermann Hesse: Kleine Freuden (geschrieben 1899). Suhrkamp Verlag Frankfurt a.M. 1977; S. 7ff.

(221) Wolfgang Ommerborn: Der Begriff Ziran in der chinesischen Geistesgeschichte. In: Zeitschrift für Qigong Yangsheng 2004, S. 100/101/103

(222) Volker Olles: Der Mensch zwischen Himmel und Erde – Auf dem Weg zu einer daoistischen Umwelt-Ethik. In: Zeitschrift für Qigong Yangsheng 2011, S 22/23

(223) Jiao Guorui (61); S. 46

DANKSAGUNG

Ein sehr herzliches Dankeschön an

Lisa für ihre liebevolle und ausdauernde Unterstützung.

Nora Frisch vom Drachenhaus-Verlag für ihre Vision von schönen und guten Büchern.

Wang Min, der sich freundlicherweise bereit erklärt hat, für die Essays die Kalligrafien zur Verfügung zu stellen.

Micheline Schwarze, die wesentlich dazu beigetragen hat, dass die Texte ins Fließen gekommen sind.

Christa Zumfelde-Hüneburg verdanke ich sorgfältige und wertvolle fachliche Korrekturen und Veränderungsvorschläge.

Meine Freundin Ruth, die nach vielen Stunden gemeinsamer Buchbesprechung endlich damit einverstanden war, dass ich sie als „klug" bezeichne.

Meinen ersten Qigong-Lehrer Lutz für die „Drachen-Initiation", die mich zum Qigong geführt hat.

Gisela Hildenbrand für die unermüdliche Bereitschaft, ihren reichen Wissens- und Erfahrungsschatz weiterzugeben; für wunderbar berührende Augenblicke der Text- und Gedichtrezitation.

Meinen Kurs-TeilnehmerInnen für ihre Treue.